区分表 LEISI SHANGPIN HE FUWU QUFENBIAO
JIYU NISI FENLEI DI SHIYI BAN (2020 WENBEN)

类似商品和服务区分表
——基于尼斯分类第十一版

国家知识产权局商标局 编著

2020文本

知识产权出版社
全国百佳图书出版单位
—北京—

图书在版编目（CIP）数据

类似商品和服务区分表：基于尼斯分类第十一版：2020文本／国家知识产权局商标局编著．—北京：知识产权出版社，2020.4（2020.5重印）

ISBN 978-7-5130-6839-0

Ⅰ．①类… Ⅱ．①国… Ⅲ．①商标管理—中国 Ⅳ．① F760.5

中国版本图书馆CIP数据核字(2020)第047509号

责任编辑：许　波　　　　　　责任印制：刘译文

类似商品和服务区分表——基于尼斯分类第十一版（2020文本）
LEISI SHANGPIN HE FUWU QUFENBIAO——JIYU NISI FENLEI DI SHIYI BAN（2020 WENBEN）

国家知识产权局商标局　编著

出版发行：知识产权出版社有限责任公司		网　　址：http://www.ipph.cn	
电　　话：010-82004826		http://www.laichushu.com	
社　　址：北京市海淀区气象路50号院		邮　　编：100081	
责编电话：010-82000860 转 8380		责编邮箱：xubo@cnipr.com	
发行电话：010-82000860 转 8101		发行传真：010-82000893	
印　　刷：北京嘉恒彩色印刷有限责任公司		经　　销：各大网上书店、新华书店及相关专业书店	
开　　本：787mm×1092mm　1/16		印　　张：17	
版　　次：2020年4月第1版		印　　次：2020年5月第3次印刷	
字　　数：428千字		定　　价：80.00元	

ISBN 978-7-5130-6839-0

出版权专有　侵权必究

如有印装质量问题，本社负责调换。

编者说明

一、世界知识产权组织提供的《商标注册用商品和服务国际分类》（以下简称《国际分类》）第十一版于2017年1月1日起正式使用。之后，世界知识产权组织对该版本进行了三次调整，形成《国际分类》第十一版（2020文本），并于2020年1月1日起正式使用。以此为基础，国家知识产权局商标局对2017年制定的《类似商品和服务区分表》（以下简称《区分表》）作了三次相应调整，形成《类似商品和服务区分表——基于尼斯分类第十一版（2020文本）》。

二、类似商品是指商品在功能、用途、所用原料、销售渠道、消费对象等方面具有一定的共同性，如果使用相同、近似的商标，易使相关公众认为其存在特定联系，使消费者误认为是同一企业生产的商品。类似服务是指在服务的目的、内容、方式、对象等方面具有一定的共同性，如果使用相同、近似的商标，易使相关公众认为存在特定联系，使消费者误认为是同一企业提供的服务。《区分表》中的类似商品和服务，是商标主管部门为了商标检索、审查、管理工作的需要，总结多年来的实践工作经验，并广泛征求各部门的意见，把某些存在特定联系、容易造成误认的商品或服务组合到一起编制而成的。《区分表》不可能穷尽所有的类似商品和服务项目。认定商品或服务是否类似，应依据相关公众对商品或服务的一般认识综合判断。《区分表》可以作为商标审查人员、商标代理人和商标注册申请人判断类似商品或者服务的参考，也可以作为行政机关和司法机关在处理商标案件时判断类似商品或者服务的参考。

三、《区分表》共分为商品（第一类至第三十四类，共34个类别）和服务（第三十五类至第四十五类，共11个类别）两大部分。"目录"部分收录了各个类别的标题、各类似群号和类似群名称，以便检索。申请人在申请商标注册时，应填写具体商品或服务项目，不得填写类别标题和类似群名称。

四、《区分表》中每一类别的标题原则上指出了归入该类的商品或服务的范围。各类的【注释】部分援引了《国际分类》的注释，为正确确定商品和服务项目的类别提供了思路。

五、《区分表》所列商品和服务项目名称，包括《国际分类》及我国常用但未列入《国际分类》的商品和服务项目名称，两部分内容分段表示，后者在段前用"※"标注以示区别。

六、《国际分类》中出现的与某一特殊类别有关的统称（涵盖某些商品或服务），不能排除这个统称同样在其他类别出现的可能性（涵盖其他的商品和服务）。它究竟归于哪个类别，应依据该统称所表述的方式确定。在这种情况下的商品或服务名称（例如：服装，油漆）要标上星号"*"。《区分表》也采用了该种表述方式。申请人在申请商标注册时，只填写商品或服务项目名称，不填写星号。

七、《区分表》将《国际分类》中使用的商品号和服务号排在商品和服务项目名称后，未列入《国际分类》的我国常用商品和服务项目名称后也编排了顺序号，用"C"标注以示区别。

八、一个类似群内的商品和服务项目原则上是类似商品和服务。若该类似群内的商品和服务项目并不全部判为类似，则按照类似关系将商品和服务项目分为若干部分，用中文（一）、（二）……表示，同一部分的商品和服务项目原则上判为类似，不同部分间的商品和服务项目原则上不判为类似。对于某些特殊情况，该类似群后面用加"注"的形式详细说明。类似的商品和服务项目之间应交叉检索。

九、《区分表》采用层次代码结构。第一层是商品和服务类别，用中文第一类、第二类……表示，共45个类别；第二层是商品和服务类似群，代码采用四位数字，前两位数字表示商品和服务类别，后两位数字表示类似群号，如"0304"表示第三类商品的第4类似群；第三层是商品和服务项目，代码采用六位数字，前两位表示商品和服务类别，后四位数字为商品或服务项目编码，如"120092"表示第十二类第92号商品，六位数字前面加"C"的代码表示未列入《国际分类》的我国常用商品和服务项目，如"C120008"为国内第十二类第8号商品；第四层代码用中文（一）、（二）……表示各类似群中的某一部分；第五层代码在各类似群后面的"注"中出现，用1、2……区分各条说明。

十、对于移类的项目，如果需要交叉检索，则在移入的类别进行加注说明。例如：第七版时"牙科用药"由第五类0507类似群移入0501类似群，则0501类似群加注"牙科用药与第六版及以前版本0507牙科用药交叉检索"；第八版时第四十二类4205类似群中的服务项目分别移入第四十三类4305类似群和第四十四类4403类似群，则4305、4403类似群均加注"本类似群与第七版及以前版本4205交叉检索"；第九版时第一类0117类似群所有商品项目全部移入第四类0407类似群，则0407类似群加注"本类似群与第八版及以前版本0117交叉检索"。为保持类似群号的连续性，《区分表》保留了商品或服务项目已经全部移除的无效类似群，在类似群号前用"#"标注以示区别。类似群中商品或服务项目已经全部移除的无效部分，也标注"#"以示区别。

商品和服务项目正不断更新、发展，市场交易的状况也不断发生变化，商品或服务的类似关系也不会固定不变，希望各方在实际使用中提出宝贵意见，我们将结合实际情况，总结经验，以使《区分表》更加合理和完善。

国家知识产权局商标局
2019年12月

目 录

商 品

第一类

用于工业、科学、摄影、农业、园艺和林业的化学品；未加工人造合成树脂，未加工塑料物质；灭火和防火用合成物；淬火和焊接用制剂；鞣制动物皮毛用物质；工业用黏合剂；油灰及其他膏状填料；堆肥，肥料，化肥；工业和科学用生物制剂。 ………………………………………………………………… 003

0101	工业气体，单质 …………………………………………………………………	003
0102	用于工业、科学、农业、园艺、林业的工业化工原料 …………………………	004
0103	放射性元素及其化学品 …………………………………………………………	008
0104	用于工业、科学的化学品、化学制剂，不属于其他类别的产品用的化学制品 …	008
0105	用于农业、园艺、林业的化学品、化学制剂 …………………………………	011
0106	化学试剂 …………………………………………………………………………	012
0107	摄影用化学用品及材料 …………………………………………………………	012
0108	未加工的人造合成树脂，未加工塑料物质（不包括未加工的天然树脂） ……	013
0109	肥料 ………………………………………………………………………………	013
0110	灭火、防火用合成物 ……………………………………………………………	014
0111	淬火用化学制剂 …………………………………………………………………	014
0112	焊接用化学制剂 …………………………………………………………………	014
0113	食药用化学品（不包括食品用防腐盐） ………………………………………	014
0114	鞣料及皮革用化学品 ……………………………………………………………	014
0115	工业用黏合剂和胶（不包括纸用黏合剂） ……………………………………	015
0116	纸浆 ………………………………………………………………………………	015
#0117	能源 ………………………………………………………………………………	015

第二类

颜料，清漆，漆；防锈剂和木材防腐剂；着色剂，染料；印刷、标记和雕刻用油墨；未加工的天然树脂；绘画、装饰、印刷和艺术用金属箔及金属粉。 ··· 016

 0201 染料，媒染剂（不包括食用） ··· 016

 0202 颜料（不包括食用、绝缘用），绘画、装饰、印刷和艺术用金属箔及金属粉 ··················· 017

 0203 食品着色剂 ·· 017

 0204 油墨 ··· 017

 0205 涂料，油漆及附料（不包括绝缘漆） ··· 017

 0206 防锈剂，木材防腐剂 ·· 018

 0207 未加工的天然树脂 ··· 018

第三类

不含药物的化妆品和梳洗用制剂；不含药物的牙膏；香料，香精油；洗衣用漂白剂及其他物料；清洁、擦亮、去渍及研磨用制剂。 ·· 019

 0301 肥皂，香皂及其他人用洗洁物品，洗衣用漂白剂及其他物料 ··· 019

 0302 清洁、去渍用制剂 ··· 020

 0303 抛光、擦亮制剂 ··· 021

 0304 研磨用材料及其制剂 ·· 021

 0305 香料，香精油 ··· 022

 0306 化妆品（不包括动物用化妆品） ·· 022

 0307 牙膏，洗牙用制剂 ··· 023

 0308 熏料 ··· 023

 0309 动物用化妆品 ··· 024

 0310 室内芳香剂 ·· 024

第四类

工业用油和油脂，蜡；润滑剂；吸收、润湿和黏结灰尘用合成物；燃料和照明材料；照明用蜡烛和灯芯。 ··· 025

 0401 工业用油及油脂，润滑油，润滑剂（不包括燃料用油） ··· 025

 0402 液体、气体燃料和照明燃料 ·· 026

 0403 固体燃料 ·· 026

0404	工业用蜡	027
0405	照明用蜡烛和灯芯	027
0406	吸收、润湿和黏结灰尘用合成物	027
0407	能源	027

第五类

药品，医用和兽医用制剂；医用卫生制剂；医用或兽医用营养食物和物质，婴儿食品；人用和动物用膳食补充剂；膏药，绷敷材料；填塞牙孔用料，牙科用蜡；消毒剂；消灭有害动物制剂；杀真菌剂，除莠剂。 028

0501	药品，消毒剂，中药药材，药酒	028
0502	医用营养品，人用膳食补充剂，婴儿食品	032
0503	净化制剂	032
0504	兽药，动物用膳食补充剂	033
0505	杀虫剂，除莠剂，农药	033
0506	卫生用品，绷敷材料，医用保健袋	034
0507	填塞牙孔用料，牙科用蜡	035
0508	单一商品	035

第六类

普通金属及其合金，金属矿石；金属建筑材料；可移动金属建筑物；普通金属制非电气用缆线；金属小五金具；存储和运输用金属容器；保险箱。 036

0601	普通金属及其合金、板、各种型材（不包括焊接及铁路用金属材料）	036
0602	普通金属管及其配件	037
0603	金属建筑材料，可移动金属建筑物（不包括建筑小五金）	038
0604	铁路用金属材料	039
0605	非电气用缆索和金属线、网、带	039
0606	缆绳用非电气金属附件	039
0607	钉及标准紧固件	040
0608	家具及门窗的金属附件	040
0609	日用五金器具	041
0610	非电子锁	041
0611	保险箱柜	041

0612	金属器具，金属硬件（非机器零件）	041
0613	金属容器	042
0614	金属标牌	042
0615	动物用金属制品	042
0616	焊接用金属材料（不包括塑料焊丝）	042
0617	锚，停船用金属浮动船坞，金属下锚桩	043
0618	手铐，金属制身份鉴别手环	043
0619	（测气象或风力的）金属风标	043
0620	金属植物保护器	043
0621	捕野兽陷阱	043
0622	普通金属艺术品，青铜（艺术品）	043
0623	矿石，矿砂	044
0624	金属棺（埋葬用），金属棺材扣件，棺材用金属器材	044

第七类

机器，机床，电动工具；马达和引擎（陆地车辆用的除外）；机器联结器和传动机件（陆地车辆用的除外）；除手动手工具以外的农业器具；孵化器；自动售货机。……045

0701	农业用机械及部件（不包括小农具）	045
0702	渔牧业用机械及器具	046
0703	伐木、锯木、木材加工及火柴生产用机械及器具	046
0704	造纸及加工纸制品工业用机械及器具	047
0705	印刷工业用机械及器具	047
0706	纤维加工及纺织、针织工业用机械及部件	048
0707	印染工业用机械	048
0708	制茶工业用机械	049
0709	食品业用机械及部件	049
0710	酿造、饮料工业用机械	049
0711	烟草工业用机械	050
0712	皮革工业用机械	050
0713	缝纫、制鞋工业用机械	050
0714	自行车工业用设备	050
0715	陶瓷、砖、瓦制造机械	050
0716	工业用雕刻、打标机械	050

0717	制电池机械	051
0718	日用杂品加工机械	051
0719	制搪瓷机械	051
0720	制灯泡机械	051
0721	包装机械（不包括成套设备专用包装机械）	051
0722	民用煤加工机械	052
0723	厨房家用器具（不包括烹调、电气加热设备及厨房手工具）	052
0724	洗衣机	052
0725	制药工业用机械及部件	053
0726	橡胶、塑料工业机械	053
0727	玻璃工业用机械	053
0728	化肥设备	053
0729	其他化学工业用机械	054
0730	地质勘探、采矿、选矿用机械	054
0731	冶炼工业用设备	054
0732	石油开采、精炼工业用设备	054
0733	建筑、铁道、土木工程用机械	055
0734	起重运输机械	055
0735	锻压设备	056
0736	铸造机械	056
0737	蒸汽动力设备	056
0738	内燃动力设备	057
0739	风力、水力动力设备	057
0740	制办公用针钉机械	057
0741	制纽扣拉链机械	057
0742	切削机床，切削工具和其他金属加工机械	058
0743	非手动的手持工具	058
0744	静电、电子工业用设备	059
0745	光学工业用设备	059
0746	气体分离设备	059
0747	喷漆机具	059
0748	发电机，非陆地车辆用马达和引擎，马达和引擎零部件	059
0749	泵，阀，气体压缩机，风机，液压元件，气动元件	060
0750	机器传动用联轴节，传动带及其他机器零部件	061
0751	焊接机械	063

0752	清洁、废物处理机械	063
0753	单一商品	064
0754	电镀设备	064

第八类

手工具和器具（手动的）；刀、叉和匙餐具；除火器外的随身武器；剃刀。………065

0801	手动研磨器具	065
0802	小农具（不包括农业、园艺用刀剪）	066
0803	林业、园艺用手工具	066
0804	畜牧业用手工具	066
0805	渔业用手工具	067
0806	理发工具，修指甲刀，文身器具	067
0807	非动力手工具（不包括刀、剪）	067
0808	非动力手工器具	068
0809	专业用手工具	069
0810	刀剪（不包括机械刀片，文具刀）	069
0811	除火器外的随身武器	070
0812	餐具刀、叉、匙	070
0813	手工具柄	070

第九类

科学、研究、导航、测量、摄影、电影、视听、光学、衡具、量具、信号、侦测、测试、检验、救生和教学用装置及仪器；处理、开关、转换、积累、调节或控制电的配送或使用的装置和仪器；录制、传送、重放或处理声音、影像或数据的装置和仪器；已录制和可下载的媒体，计算机软件，录制和存储用空白的数字或模拟介质；投币启动设备用机械装置；收银机，计算设备；计算机和计算机外围设备；潜水服，潜水面罩，潜水用耳塞，潜水和游泳用鼻夹，潜水员手套，潜水呼吸器；灭火设备。………071

0901	电子计算机及其外部设备	072
0902	记录、记数检测器	073
0903	其他办公用机械（不包括打字机、誊写机、油印机）	074
0904	衡器	074
0905	量具	074
0906	信号器具	075

0907	通信导航设备	075
0908	音像设备	076
0909	摄影、电影用具及仪器	076
0910	测量仪器仪表，实验室用器具，电测量仪器，科学仪器	077
0911	光学仪器	079
0912	光电传输材料	079
0913	电器用晶体及碳素材料，电子、电气通用元件	079
0914	电器成套设备及控制装置	081
0915	电解装置	081
0916	灭火器具	081
#0917	电弧切割、焊接设备及器具	081
0918	工业用X光机械设备	082
0919	安全救护器具	082
0920	警报装置，电铃	082
0921	眼镜及附件	083
0922	电池，充电器	083
0923	电影片，已曝光材料	084
0924	单一商品	084

第十类

外科、医疗、牙科和兽医用仪器及器械；假肢，假眼和假牙；矫形用物品；缝合材料；残疾人专用治疗装置；按摩器械；婴儿护理用器械、器具及用品；性生活用器械、器具及用品。 085

1001	外科、医疗和兽医用仪器、器械、设备，不包括电子、核子、电疗、医疗用X光设备、器械及仪器	085
1002	牙科设备及器具	086
1003	医疗用电子、核子、电疗和X光设备	087
1004	医疗用辅助器具、设备和用品	087
1005	奶嘴，奶瓶	088
1006	性用品	088
1007	假肢，假发和假器官	088
1008	矫形矫正及助行用品	088
1009	缝合用材料	089

第十一类

照明、加热、冷却、蒸汽发生、烹饪、干燥、通风、供水以及卫生用装置和设备。 …… 090

- **1101** 照明用设备、器具（不包括汽灯、油灯） …… 091
- **#1102** 喷焊灯 …… 092
- **1103** 汽灯，油灯 …… 092
- **1104** 烹调及民用电气加热设备（不包括厨房用手工用具，食品加工机器） …… 092
- **1105** 制冷、冷藏设备（不包括冷藏车） …… 093
- **1106** 干燥、通风、空调设备（包括冷暖房设备），气体净化设备 …… 093
- **1107** 加温、蒸汽设备（包括工业用炉、锅炉，不包括机车锅炉、锅驼机锅炉、蒸汽机锅炉） …… 094
- **1108** 供暖装置及水暖管件 …… 095
- **1109** 卫生设备（不包括盥洗室用具） …… 096
- **1110** 消毒和净化设备 …… 096
- **1111** 小型取暖器 …… 097
- **1112** 不属别类的打火器具 …… 097
- **1113** 核能反应设备 …… 097

第十二类

运载工具；陆、空、海用运载装置。 …… 098

- **1201** 火车及其零部件 …… 098
- **1202** 汽车、电车、摩托车及其零部件（不包括轮胎） …… 099
- **#1203** 摩托车及其零部件（不包括轮胎） …… 100
- **1204** 自行车、三轮车及其零部件（不包括轮胎） …… 100
- **1205** 缆车，架空运输设备 …… 101
- **1206** 轮椅，手推车，儿童推车 …… 101
- **1207** 畜力车辆，雪橇 …… 102
- **1208** 轮胎及轮胎修理工具 …… 102
- **1209** 空用运载工具（不包括飞机轮胎） …… 102
- **1210** 水用运载工具 …… 102
- **1211** 运载工具零部件 …… 103

第十三类

火器；军火及弹药；炸药；焰火。 …… 104

- **1301** 火器，军火及子弹 …… 104

1302	爆炸物	105
1303	烟火，爆竹	105
1304	个人防护用喷雾	105

第十四类

贵金属及其合金；首饰，宝石和半宝石；钟表和计时仪器。 106

1401	贵金属及其合金	106
1402	贵金属盒	106
1403	珠宝，首饰，宝石及贵金属制纪念品	107
1404	钟，表，计时器及其零部件	107

第十五类

乐器；乐谱架和乐器架；指挥棒。 108

| 1501 | 乐器 | 108 |
| 1502 | 乐器辅助用品及配件 | 109 |

第十六类

纸和纸板；印刷品；书籍装订材料；照片；文具和办公用品（家具除外）；文具用或家庭用黏合剂；绘画材料和艺术家用材料；画笔；教育或教学用品；包装和打包用塑料纸、塑料膜和塑料袋；印刷铅字，印版。 110

1601	工业用纸	110
1602	技术用纸（不包括绝缘纸）	111
1603	生活用纸	111
1604	纸板	112
1605	办公、日用纸制品	112
1606	印刷出版物	113
1607	照片，图片，图画	113
#1608	纸牌，扑克牌	114
1609	纸及不属别类的塑料包装物品	114
1610	办公装订、切削用具	114
1611	办公文具（不包括笔，墨，印，胶水）	114
1612	墨，砚	115

1613	印章，印油	116
1614	笔	116
1615	办公或家庭用胶带或黏合剂	116
1616	办公室用绘图仪器，绘画仪器	117
1617	绘画用具（不包括绘图仪器，笔）	117
1618	打字机、誊写机、油印机及其附件（包括印刷铅字、印版）	117
1619	教学用具（不包括教学实验用仪器）	118
1620	室内模型物（不包括教学用模型标本）	118
#1621	单一商品	118

第十七类

未加工和半加工的橡胶、古塔胶、树胶、石棉、云母及这些材料的代用品；生产用成型塑料和树脂制品；包装、填充和绝缘用材料；非金属软管和非金属柔性管。 …… 119

1701	不属别类的橡胶，古塔胶，树胶	119
1702	非金属密封减震制品	120
1703	橡胶，树脂，纤维制品	120
1704	软管	121
1705	保温、隔热、隔音材料	121
1706	绝缘用材料及其制品	122
1707	包装、填充用材料（包括橡胶、塑料制品）	123
1708	单一商品	123

第十八类

皮革和人造皮革；动物皮；行李箱和背包；雨伞和阳伞；手杖；鞭，马具和鞍具；动物用项圈、皮带和衣服。 …… 124

1801	皮革和人造皮革，裘皮	124
1802	不属别类的皮革、人造皮革制品，箱子及旅行袋，日用革制品	124
#1803	裘皮	125
1804	雨伞及其部件	126
1805	手杖	126
1806	动物用具	126
#1807	肠衣	126

第十九类

非金属的建筑材料；建筑用非金属硬管；柏油，沥青；可移动非金属建筑物；非金属纪念碑。 … 127

1901	半成品木材	128
1902	土，沙，石，石料，灰泥，炉渣等建筑用料	128
1903	石膏	128
1904	水泥	129
1905	水泥预制构件	129
1906	建筑砖瓦	129
1907	非金属耐火材料及制品	129
1908	柏油，沥青及制品	129
1909	非金属建筑材料及构件（不包括水泥预制构件）	130
1910	非金属建筑物	131
1911	建筑用玻璃及玻璃材料	132
1912	建筑用涂层	132
1913	建筑用黏合料	132
1914	石、混凝土、大理石雕塑品	132
1915	棺椁墓碑	132

第二十类

家具，镜子，相框；存储或运输用非金属容器；未加工或半加工的骨、角、鲸骨或珍珠母；贝壳；海泡石；黄琥珀。 … 133

2001	家具	133
2002	非金属容器及附件	134
2003	不属别类的工业、建筑配件	135
2004	镜子、画框及部件	135
2005	不属别类的竹、藤、棕、草制品	136
2006	未加工或半加工的骨、角、牙、介及不属别类的工艺品	136
2007	非金属牌照	136
2008	食品用塑料装饰品	137
2009	禽、畜等动物用制品	137
2010	非金属制身份鉴别手环	137
2011	非金属棺材及附件	137

2012	家具部件及非金属附件	137
2013	垫，枕	138
2014	非金属紧固件及门窗附件	138

第二十一类

家用或厨房用器具和容器；烹饪用具和餐具（刀、叉、匙除外）；梳子和海绵；刷子（画笔除外）；制刷原料；清洁用具；未加工或半加工玻璃（建筑用玻璃除外）；玻璃器皿、瓷器和陶器。 …… 140

2101	厨房炊事用具及容器（包括不属别类的餐具）	141
2102	不属别类的玻璃器皿	142
2103	瓷器，陶器（茶具，酒具除外）	143
2104	玻璃、瓷、陶的工艺品	143
2105	茶具、酒具、咖啡具及饮水用具	143
2106	家庭日用及卫生器具	144
2107	梳子，刷子（不包括牙刷），制刷原料	145
2108	刷牙用具	145
2109	牙签	145
2110	化妆用具	145
2111	隔热用具	146
2112	家务用具	146
2113	未加工或半加工玻璃（不包括建筑用玻璃）	147
2114	不属别类的动植物器具	147
2115	家用灭虫、灭鼠用具	148

第二十二类

绳索和细绳；网；帐篷和防水遮布；纺织品或合成材料制遮篷；帆；运输和贮存散装物用麻袋；衬垫和填充材料（纸或纸板、橡胶、塑料制除外）；纺织用纤维原料及其替代品。 …… 149

2201	缆，绳，线，带	149
2202	网，遮篷，帐篷，防水帆布，帆	150
2203	袋子，装卸、包装用物品	150
2204	衬垫，填充料，密封物品（不包括橡胶、塑料制品）	150
2205	纤维原料	151

第二十三类

纺织用纱和线。 152

- **2301** 纺织用纱、丝 152
- **2302** 线 153
- **2303** 毛线 153

第二十四类

织物及其替代品；家庭日用纺织品；纺织品制或塑料制帘。 154

- **2401** 纺织品，布料 154
- **2402** 特殊用织物 155
- **2403** 纺织品壁挂 155
- **2404** 毡及毡制品 155
- **2405** 毛巾，浴巾，手帕 155
- **2406** 床上用品 156
- **2407** 室内遮盖物 156
- **#2408** 洗涤用手套 157
- **2409** 特殊用布 157
- **2410** 纺织品制或塑料制旗 157
- **2411** 寿衣 157

第二十五类

服装，鞋，帽。 158

- **2501** 衣物 159
- **2502** 婴儿纺织用品 159
- **2503** 特种运动服装 160
- **2504** 不透水服装 160
- **2505** 戏装 160
- **#2506** 特殊用鞋 160
- **2507** 鞋 160
- **2508** 帽 161
- **2509** 袜 161

2510	手套（不包括特种手套）	161
2511	领带，围巾，披巾，面纱	161
2512	腰带，服装带	162
2513	单一商品	162

第二十六类

花边，编带和刺绣品，缝纫用饰带和蝴蝶结；纽扣，领钩扣，饰针和缝针；人造花；发饰；假发。 163

2601	花边，饰品及编带	163
2602	不属别类的服饰品，饰针	164
2603	纽扣，领钩扣，拉链	164
2604	假发，假胡须	165
2605	缝纫用具（线除外）	165
2606	假花	165
2607	硬托衬骨	165
2608	修补纺织品用热粘胶片	166
2609	亚麻布标记用品	166
#2610	茶壶保暖套	166
2611	单一商品	166

第二十七类

地毯，地席，亚麻油地毡及其他铺在已建成地板上的材料；非纺织品制壁挂。 167

2701	地毯	167
2702	席类	167
2703	垫及其他可移动铺地板用品	168
2704	墙纸，非纺织品墙帷及非纺织品壁挂	168

第二十八类

游戏器具和玩具；视频游戏装置；体育和运动用品；圣诞树用装饰品。 169

2801	娱乐器械，娱乐物品	169
2802	玩具	170
2803	棋，牌及辅助器材	171

2804	球类及器材	171
2805	健身器材	171
2806	射箭运动器材	172
2807	体操、举重、田径、冰雪及属于本类的其他运动器材	172
2808	游泳池及跑道	173
2809	运动防护器具及冰鞋	173
2810	圣诞树用的装饰品	173
2811	钓具	174
2812	单一商品	174

第二十九类

肉，鱼，家禽和野味；肉汁；腌渍、冷冻、干制及煮熟的水果和蔬菜；果冻，果酱，蜜饯；蛋；奶，奶酪，黄油，酸奶和其他奶制品；食用油和油脂。 ………… 175

2901	肉，非活的家禽，野味，肉汁	175
2902	非活水产品	176
2903	罐头食品（软包装食品不包括在内，随原料制成品归组）	176
2904	腌渍、干制水果及制品	177
2905	腌制、干制蔬菜	177
2906	蛋品	178
2907	奶及乳制品	178
2908	食用油脂	179
#2909	色拉	179
2910	食用果胶	179
2911	加工过的坚果	180
2912	菌类干制品	180
2913	食物蛋白，豆腐制品	180
2914	肠衣	180

第三十类

咖啡，茶，可可和咖啡代用品；米，意式面食，面条；食用淀粉和西米；面粉和谷类制品；面包、糕点和甜食；巧克力；冰淇淋，果汁刨冰和其他食用冰；糖，蜂蜜，糖浆；鲜酵母，发酵粉；食盐，调味料，香辛料，腌制香草；醋，调味酱汁和其他调味品；冰（冻结的水）。 ………… 181

3001	咖啡，咖啡代用品，可可	181
3002	茶、茶饮料	182
3003	糖	182
3004	糖果，南糖，糖	182
3005	蜂蜜，蜂王浆等营养食品	183
3006	面包，糕点	183
3007	方便食品	184
3008	米，面粉（包括五谷杂粮）	184
3009	面条及米面制品	185
3010	谷物膨化食品	185
#3011	豆粉，食用预制面筋	185
3012	食用淀粉及其制品	185
3013	食用冰，冰制品	186
3014	食盐	186
3015	酱油，醋	186
3016	芥末，味精，沙司，酱等调味品	186
3017	酵母	187
3018	食用香精，香料	187
3019	单一商品	188

第三十一类

未加工的农业、水产养殖业、园艺、林业产品；未加工的谷物和种子；新鲜水果和蔬菜，新鲜芳香草本植物；草木和花卉；种植用球茎、幼苗和种子；活动物；动物的饮食；麦芽。 189

3101	未加工的林业产品	189
3102	未加工的谷物及农产品（不包括蔬菜，种子）	190
3103	花卉，草本植物	190
3104	活动物	190
3105	未加工的水果及干果	190
3106	新鲜蔬菜	191
3107	种子	191
3108	动物饲料	191
3109	麦芽	192

| 3110 | 动物栖息用干草等制品 | 192 |

第三十二类

啤酒；无酒精饮料；矿泉水和汽水；水果饮料及果汁；糖浆及其他制饮料用无酒精制剂。 193

3201	啤酒	193
3202	不含酒精饮料	193
3203	糖浆及其他供饮料用的制剂	194

第三十三类

酒精饮料（啤酒除外）；制饮料用酒精制剂。 195

| 3301 | 含酒精的饮料（啤酒除外） | 195 |

第三十四类

烟草和烟草代用品；香烟和雪茄；电子香烟和吸烟者用口腔雾化器；烟具；火柴。 196

3401	烟草及其制品	196
3402	烟具	196
3403	火柴	197
3404	吸烟用打火机	197
3405	烟纸，过滤嘴	197
3406	香烟用调味品	197
3407	电子香烟及其部件	197

服 务

第三十五类

广告；商业经营；商业管理；办公事务。 201

3501	广告	201
3502	工商管理辅助业	202
3503	替他人推销	202

3504	人事管理辅助业	202
#3505	商业企业迁移	203
3506	办公事务	203
3507	财会	203
3508	单一服务	203
3509	药品、医疗用品零售或批发服务	204

第三十六类

保险；金融事务；货币事务；不动产事务。 205

3601	保险	205
3602	金融事务	205
3603	珍品估价	206
3604	不动产事务	206
3605	海关经纪	207
3606	担保	207
3607	慈善募捐	207
3608	受托管理	207
3609	典当	207

第三十七类

建筑服务；安装和修理服务；采矿，石油和天然气钻探。 208

3701	建设、维修信息服务	208
3702	建筑工程服务	209
3703	开采服务	209
3704	建筑物装饰修理服务	209
3705	供暖设备的安装与修理	209
3706	机械、电器设备的安装与修理	209
3707	陆地机械车辆维修	210
3708	飞机维修	210
3709	造船服务	211
3710	影视器材维修	211
3711	钟表修理	211

3712	保险装置的维修	211
3713	特殊处理服务	211
3714	轮胎维修服务	212
3715	家具的修复、保养	212
3716	衣服、皮革的修补、保护、洗涤服务	212
3717	灭虫，消毒服务	212
3718	单一服务	212

第三十八类

电信服务。 …………………………………………………………………………… 214

3801	进行播放无线电或电视节目的服务	214
3802	通信服务	215

第三十九类

运输；商品包装和贮藏；旅行安排。 …………………………………………… 216

3901	运输及运输前的包装服务	216
3902	水上运输及相关服务	217
3903	陆地运输	217
3904	空中运输	218
3905	其他运输及相关服务	218
3906	货物的贮藏	218
3907	潜水工具出租	219
3908	供水电气服务	219
3909	水闸管理服务	219
3910	投递服务	219
3911	旅行安排	219
3912	单一服务	220

第四十类

材料处理；废物和垃圾的回收利用；空气净化和水处理；印刷服务；食物和饮料的防腐处理。 … 221

4001	综合加工及提供信息服务	221

4002	金属材料处理或加工服务	222
4003	纺织品化学处理或加工服务	222
4004	木材加工服务	222
4005	纸张加工服务	223
4006	玻璃加工服务	223
4007	陶器加工服务	223
4008	食物、饮料加工服务	223
4009	剥制加工服务	223
4010	皮革、服装加工服务	224
4011	影像加工处理服务	224
4012	污物处理服务	224
4013	空气调节服务	224
4014	水处理服务	225
4015	单一服务	225

第四十一类

教育；提供培训；娱乐；文体活动。 226

4101	教育	226
4102	组织和安排教育、文化、娱乐等活动	226
4103	图书馆服务	227
4104	出版服务	227
4105	文娱、体育活动的服务	227
4106	驯兽	228
4107	单一服务	229

第四十二类

科学技术服务和与之相关的研究与设计服务；工业分析、工业研究和工业品外观设计服务；质量控制和质量认证服务；计算机硬件与软件的设计与开发。 230

#4201	提供饮食供应，临时住宿服务	231
#4202	提供房屋设施的服务	231
#4203	医疗、社会福利服务	231

#4204	卫生、美容服务	231
#4205	兽医服务	231
#4206	农业服务	231
#4207	法律服务	231
#4208	安全服务	232
4209	提供科学技术研究服务	232
4210	提供地质调查、研究、开发服务	232
4211	提供化学研究服务	233
4212	提供生物学、医学研究服务	233
4213	提供气象情报服务	233
4214	提供测试服务	233
#4215	印刷业	233
4216	外观设计服务	233
4217	建筑物的设计、咨询服务	234
4218	服装设计服务	234
#4219	提供语言文字服务	234
4220	计算机编程及相关服务	234
#4221	提供人员服务	235
#4222	提供照相、录像服务	235
#4223	新闻记者服务	235
4224	提供艺术品鉴定服务	235
#4225	物品清仓服务	235
#4226	殡仪服务	235
4227	单一服务	235

第四十三类

提供食物和饮料服务；临时住宿。 ………………………………………………………… 237

4301	提供餐饮，住宿服务	237
4302	提供房屋设施的服务	237
4303	养老院	238
4304	托儿服务	238
4305	为动物提供食宿	238
4306	单一服务	238

第四十四类

医疗服务；兽医服务；人或动物的卫生和美容服务；农业、水产养殖、园艺和林业服务。 ………… 240

- **4401** 医疗服务 …………………………………………………………………………………………… 241
- **4402** 卫生、美容服务 ………………………………………………………………………………… 241
- **4403** 为动物提供服务 ………………………………………………………………………………… 242
- **4404** 农业、园艺服务 ………………………………………………………………………………… 242
- **4405** 单一服务 …………………………………………………………………………………………… 242

第四十五类

法律服务；为有形财产和个人提供实体保护的安全服务；由他人提供的为满足个人需要的私人和社会服务。 …… 243

- **4501** 安全服务 …………………………………………………………………………………………… 243
- **4502** 提供人员服务 ……………………………………………………………………………………… 243
- **4503** 提供服饰服务 ……………………………………………………………………………………… 244
- **4504** 殡仪服务 …………………………………………………………………………………………… 244
- **4505** 单一服务 …………………………………………………………………………………………… 244
- **4506** 法律服务 …………………………………………………………………………………………… 245

商　品

第一类

用于工业、科学、摄影、农业、园艺和林业的化学品；未加工人造合成树脂，未加工塑料物质；灭火和防火用合成物；淬火和焊接用制剂；鞣制动物皮毛用物质；工业用黏合剂；油灰及其他膏状填料；堆肥，肥料，化肥；工业和科学用生物制剂。

【注释】

第一类主要包括用于工业、科学和农业的化学制品，包括用于制造属于其他类别的产品的化学制品。

本类尤其包括：

——感光纸；

——补轮胎用合成物；

——非食品用防腐盐；

——某些食品工业用添加剂，例如：果胶，卵磷脂，酶和化学防腐剂；

——某些生产化妆品和药品用原料，例如：维生素，防腐剂和抗氧化剂；

——某些过滤材料，例如：矿物质材料，植物质材料和颗粒状陶瓷材料。

本类尤其不包括：

——未加工的天然树脂（第二类），半加工的树脂（第十七类）；

——医用或兽医用化学制剂（第五类）；

——杀真菌剂，除草剂和消灭有害动物制剂（第五类）；

——文具用或家用黏合剂（第十六类）；

——食品用防腐盐（第三十类）；

——褥草（腐殖土的覆盖物）（第三十一类）。

0101 工业气体，单质

（一）氨 *010061，无水氨 010066，氩 010082，氮 010092，一氧化二氮 010093，氯气 010183，氟 010302，焊接用保护气体 010326，工业用固态气体 010328，干冰（二氧化碳）010333，氦 010344，氢 010359，氪 010372，氖 010401，工业用氧 010413，氡 010457，氙 010551

※ 液体二氧化硫 C010001，三氧化硫 C010002，液体二氧化碳 C010003

（二）碱土金属 010039，锑 010074，砷 010084，砹 010086，钡 010101，铋 010125，碳 010148，镥 010153，铈 010161，铯 010163，镝 010250，铒 010276，铕 010287，化学用硫华 010299，工业用

石墨010305，钆010318，镓010321，钛010345，化学用碘010365，工业用碘010368，镧010375，锂010379，汞010387，准金属010390，钕010400，磷010430，钾010447，锆010449，铼010463，铷010466，钐010470，钪010473，硒010479，硅010483，钠010485，硫010493，锶010498，铒010516，碲010517，铽010519，稀土010526，铊010532，铥010534，镱010552，钇010553，碱金属010560，化学用溴010585，石墨烯010715

※钙C010004，工业硅C010005，结晶硅C010006

注：1.本类似群各部分之间商品不类似；

2.氨，无水氨与0102第（二）部分工业用挥发碱（氨水），工业用氨水（挥发性碱）类似，与第九版及以前版本0102第（二）部分工业用挥发碱（氨），工业用氨（挥发性碱），工业用挥发性碱（氨水）交叉检索；

3.碱土金属与0601镁类似。

0102 用于工业、科学、农业、园艺、林业的工业化工原料

注：本类似群各部分之间商品不类似；每部分内的商品根据功能、用途确定类似商品。

（一）酸*010014，盐酸溶液010058，亚砷酸010085，硝酸010095，工业用硼酸010135，碳酸010150，盐酸010185，铬酸010191，氢氟酸010304，碘酸010367，无机酸010396，过硫酸010425，磷酸010433，磺酸010501，亚硫酸010502，硫酸010503，钨酸010541

※蓄电池硫酸C010008，氯磺酸C010009，铬酸酐C010010，钼酸C010011

注：本部分为无机酸。

（二）碱010037，苛性碱010038，氢氧化铝010048，碱（化学制剂）010106，工业用苛性碱010489，工业用苛性钠010490，工业用挥发碱（氨水）010558，工业用氨水（挥发性碱）010558

※氢氧化钾C010012，碳酸氢钠C010013，氢氧化锶C010014，氢氧化镁C010015，氢氧化铈C010016，氢氧化锂C010017，氢氧化镨C010018

注：1.本部分为无机碱；

2.工业用挥发碱（氨水），工业用氨水（挥发性碱）与0101氨，无水氨，0109类似。

（三）氧化锑010075，氧化钡010102，二氧化锰010124，氧化铬010189，氧化锂010378，氧化汞010389，氧化铅010441，工业用二氧化钛010536，氧化锆010556，工业用氧化钴010599

注：1.本部分为金属氧化物；

2.工业用二氧化钛与0202二氧化钛（颜料）类似。

（四）矾土010046，铝矾010047，硅酸铝010049，氯化铝010050，碘化铝010051，明矾010052，

氯化铵010057，氨盐010060，铵明矾010063，硫化锑010076，砷酸铅010083，苏打灰010100，纯碱010100，钡化合物010104，二氯化锡010118，重铬酸钾010119，重铬酸钠010120，碱式棓酸铋010126，硼砂010134，钾盐镁矾010140，碳酸盐010146，碳酸镁010147，二硫化碳010149，碳化物010151，碳化钙010152，稀土金属盐010162，碳酸钙010172，氯化钙010173，氯酸盐010182，盐酸盐010184，铬酸盐010187，铬矾010188，铬盐010190，蓝矾010225，硫酸铜（蓝矾）010225，氰化物010228，氰亚铁酸盐010229，工业用白云石010248，铁盐010290，萤石化合物010303，岩盐010331，水合物010356，次氯酸苏打010360，连二亚硫酸盐010361，碘盐010366，硅藻土010371，菱镁矿010382，氯化镁010383，锰酸盐010384，汞盐010388，工业用贵金属盐010391，工业用盐010397，硝酸铀010405，橄榄石（硅酸盐矿石）010408，氯金酸钠010409，氯化钯010415，过硼酸钠010421，过碳酸盐010422，高氯酸盐010423，过硫酸盐010424，碳酸钾010446，碳酸钾水010448，硝酸钾010469，盐类（化学制剂）010475，原盐010476，正铬盐010477，硅酸盐010481，硫化物010486，煅烧苏打010488，钠盐（化合物）010491，化学用次硝酸铋010494，重晶石010495，尖晶石（氧化物矿石）010496，滑石（镁铝合金硅酸盐）010506，钙盐010510，榍石010537，硫化剂010549，碳酸钡石010550，氯化物010554，硫酸盐010555，工业用碱性碘化物010559，碱金属盐010561，铵盐010567，硝酸银010569，硝酸盐010572，硫酸钡010574，化学用小苏打010578，硅藻土010632，氯化铵溶液010678，碳化硅（原材料）010689，硝酸铵010700，甘汞（氯化亚汞）010709

※麦饭石C010019，碳化铌C010021，碳化钨C010022，合成钡C010023，工业用硝酸铋C010024，碳酸氢铵C010025，轻质碳酸钙C010026，镍盐C010027，硅酸钾C010028，硅酸钙C010029，冰晶粉C010031，锆酸钴C010032，碳酸铜C010033，碳酸锌C010034，碳酸锂C010035，钨酸铵C010036，钨酸钙C010037，钨酸锌C010038，氟硅酸钾C010039，锆氟酸钾C010040，硫氢化钙C010041，碳酸锶C010042，氯化钴C010043，氯化镉C010044，硫化铁C010045

注：1. 本部分为无机盐及其他金属化合物；

2. 氯化铵，硝酸钾，硝酸铵与0109类似；

3. 尖晶石（氧化物矿石）与0104第（四）部分搪瓷着色化学品，玻璃着色化学品类似，与第十版及以前版本0104第（四）部分搪瓷或玻璃着色化学品交叉检索；

4. 硫化剂与0104第（十一）部分，0108第（二）部分类似。

（五）醋酸酐010010，酐010067，邻氨基苯甲酸010070，苯基酸010110，苯酸010112，焦木酸010133，木醋010133，儿茶010139，胆酸010186，工业用柠檬酸010199，冰醋酸（稀醋酸）010277，甲酸010310，制墨用棓酸010320，脂肪酸010340，乳酸010373，油酸010407，草酸010412，苦味酸010437，焦棓酸010453，水杨酸010468，癸二酸010474，硬脂酸010497，单宁010508，单宁酸010511，酒石酸010515，工业用谷氨酸010683

※冰醋酸C010046，蚁酸C010047，稀醋酸C010048，丙酸C010049，丁酸C010050，甲基丙烯酸C010051，琥珀酸C010052，己二酸C010053，氯乙酸C010054，环烷酸C010055，石油磺酸C010056，对苯二甲酸C010057，苯醋酸C010058，邻苯二甲酸酐C010059，顺丁烯二酸酐（即失水草果酸酐）

C010060，没食子酸C010073

注：1. 本部分为有机酸及酸酐类化合物；

2. 儿茶，单宁，单宁酸与0114类似。

（六）醋酸盐（化学品）*010007，草酸氢钾010123，醋酸钙010171，化学用酒石酸氢钾010219，一水草酸氢钾010410，草酸盐010411，醋酸铅010440，非药用酒石010514，工业用藻酸盐010564，乙酸铝*010565，醋酸铝*010565，工业用酒石酸氢钾010668

※ 米吐尔C010061，氯化苄C010062，蚁酸钠C010063，醋酸钾C010064，醋酸锌C010065，醋酸钴C010066，醋酸锰C010067，吐酒石（即酒石酸锑钾）C010068，酒石酸锑钠C010069，戊基醋酸盐C010072

注：1. 本部分为有机盐类化合物；

2. 本部分与第九版及以前版本0104第（十九）部分非医用酒石乳剂，非食用藻酸盐（胶化和加压剂）交叉检索。

（七）乙炔010012，四氯乙烷010013，苯衍生物010111，甲基异丙基苯010230，乙烷010280，甲烷010394，萘010399，四氯化碳010528，四氯化物010529，甲苯010538，工业用甲基苯010576，甲基苯010577，工业用樟脑010638，混合二甲苯010711，二甲苯010712，苯010713，粗制苯010714

※ 乙烯C010074，丁烯C010075，异丁烯C010076，异戊二烯C010077，乙基苯C010078，苯乙烯C010079，异丙苯C010080，苯烷C010081，轻苯C010083，氯乙烯C010084，氯丁二烯C010085，二氯乙烷C010086，环氧丙烷C010087，一氯甲烷C010088，二氯甲烷C010089，工业用三氯甲烷C010090，氯乙烷C010091，三氯乙烯C010092，过氯乙烯C010093，偏氯乙烯C010094，对二氯苯C010095，邻二氯苯C010096，二硝基氯化苯C010097，对硝基氯化苯C010098，邻硝基氯化苯C010099，联苯C010100，间二氯苯C010101，环氧乙烷C010120

注：1. 本部分为烃类及苯衍生物；

2. 本部分与第十版及以前版本0401混合二甲苯，二甲苯，苯，粗制苯交叉检索。

（八）酒精*010040，乙醇010041，戊醇010065，木醇010131，工业用甘油010252，乙二醇010337，酒精010547

※ 精甲醇C010102，异丙醇C010103，丁醇C010104，辛醇C010105，丙二醇C010106，氯乙醇C010107，丙烯醇C010108，异丁醇C010109，叔丁醇C010110，己醇C010111，环己醇C010112，一缩二乙二醇C010113，二缩三乙二醇C010114，季戊四醇C010115，糖醇C010116，山梨醇C010117

注：本部分为醇类化合物。

（九）醚*010281，乙醚010282，乙二醇醚010283，甲醚010284，硫酸醚010285

※ 联苯醚C010119，异丙醚C010121

注：本部分为醚类化合物。

（十）工业用酚 010426，工业用类黄酮（酚类化合物）010703，工业用麝香草酚 010704

※ 肉桂油 C010071，愈疮木酚 C010122，对硝基苯酚 C010123，对苯二酚 C010124，间苯二酚 C010125，对硝基苯酚钠 C010126，对氨基酚 C010127，间氨基酚 C010128，苯酚 C010129，2-萘酚 C010130

注：本部分为酚类化合物。

（十一）联氨 010358，对称二苯硫脲 010533，生物碱 *010562

※ 苯胺 C010082，一乙基苯胺 C010131，二苯胺 C010132，乙酰苯胺 C010133，苯乙酰胺 C010134，多乙烯多胺 C010135，甲萘胺 C010136，盐酸羟基胺 C010137，双氰胺 C010138，三聚氰胺 C010139，甲酰胺 C010140，一甲胺 C010141，二甲胺 C010142，二乙胺 C010143，乙二胺 C010144，三乙醇胺 C010145，二乙醇胺 C010146，一乙醇胺 C010147，硫脲 C010148，硝酸胍 C010149，硫酸肼 C010150，过氧化二苯甲醇 C010151，乙腈 C010152，三氯三聚氰 C010153，皂素 C010154，四甲基吡啶 C010155，溴化棕榈酸吡啶 C010156，丙烯腈 C010157

注：本部分为胺类及其衍生物。

（十二）丙酮 010011，酮 010164

※ 环己酮 C010164，对硝基苯乙酮 C010165，双乙酮 C010166

注：本部分为酮类化合物。

（十三）醛 *010042，氨醛 010062，巴豆醛 010220，化学用甲醛 010311

※ 苯甲醛 C010158，丁醛 C010159，糠醛 C010160，庚醛 C010161，三聚甲醛 C010162，多聚甲醛 C010163，丙烯醛 C010167

注：本部分为醛类化合物。

（十四）乙酸戊酯 010064，酯 *010279，甘油酯 010336

※ 硫酸二甲酯 C010168，乙酰乙酸乙酯 C010169，甲基丙烯酸甲酯 C010170，磷酸三丁酯 C010171，醛酯 C010172，丙烯乙酯 C010174，丁酯 C010175，丙烯酸-2-乙基乙酯 C010176

注：本部分为酯类化合物。

（十五）工业用琼脂 010029，动植物白朊（原料）010033，碘化蛋白 010034，麦芽蛋白 010035，动物蛋白（原料）010069，磷脂 010429，蛋白质（原料）010452，卵磷脂（原料）010588，工业酪蛋白 010591，工业用卵磷脂 010664，工业用果胶 010666，工业用谷蛋白 010671，工业用胶原蛋白 010688，生产用蛋白质 010697

注：本部分为蛋白类及其他高分子化合物。

（十六）工业用淀粉 010055，纤维素 010155，糖苷 010335，碳水化合物 010357，工业用土豆粉 010444，工业用木薯粉 010512，工业用纤维素酯 010590，纤维素衍生物（化学品）010592，工业用纤维素醚 010593，工业用葡萄糖 010614，工业用乳糖 010673，乳糖（原料）010674

注：1. 本部分为碳水化合物及其衍生物；

2. 工业用淀粉，工业用土豆粉与0104第（十九）部分工业用面粉类似；

3. 本部分与第十一版及以前版本0104第（十九）部分工业用土豆粉交叉检索。

（十七）工业淀粉酶010244，工业用酶制剂010272，工业用酶010273，化学用酵素010291

注：1. 本部分为工业用酶；

2. 工业淀粉酶，工业用酶制剂，工业用酶与0104第（十九）部分催化剂，0106生物化学催化剂类似。

（十八）表面活性剂010518

注：本部分为表面活性化学剂。

（十九）工业用过氧化氢010414

注：本部分为过氧化氢。

（二十）蒸馏水010247

※ 硅胶C010020

注：1. 本部分为单一商品；

2. 硅胶与0104第（十七）部分类似。

0103 放射性元素及其化学品

锕010018，镅010054，核反应堆用燃料010087，锫010115，铜010142，锔010159，核反应堆减速材料010179，可裂变的化学元素010180，锿010226，重水010253，核能用可裂变物质010297，钫010314，工业用同位素010369，镎010402，钚010442，镤010443，镭010450，镁010451，科学用放射性元素010456，科学用镭010458，钍010535，铀010542，氧化铀010543

0104 用于工业、科学的化学品、化学制剂，不属于其他类别的产品用的化学制品

注：本类似群各部分之间商品不类似，但所有商品与工业用化学品类似，与第十版及以前版本工业化学品交叉检索。

（一）纺织工业用上浆料010077，纺织品上光化学品010091，长袜用防抽丝物质010105，漂白用润湿剂010127，漂白用浸湿剂010127，蜡漂白化学品010128，罩面漆和底漆上浆料010202，织物用防污化学品010286，纺织工业用漂洗剂010312，漂洗剂010313，五倍子010319，脂肪漂白化学品010339，纺织品防水化学品010362，纺织品浸渍化学品010363，染色用润湿剂010398，染色用浸湿剂010398，

纺织工业用漂白土010525，纺织工业用润湿剂010530，纺织工业用浸湿剂010530

※染料助剂C010177，印染用保险粉C010178，印染用吊白粉C010179，固色剂C010180，印染用扩散剂C010181，印染用溶解盐C010182，印染用太古油C010183，印染用渗透剂C010184，增白剂C010185，漂毛粉C010186，防染盐C010187，印染用净洗剂C010188，匀染剂C010189，印染用海藻酸钠C010190，柔软剂C010191，防皱剂C010192，印染用整理剂C010193，纤维润滑剂C010194

注：五倍子与0114类似。

（二）混凝土用凝结剂010030，混凝土充气用化学品010116，混凝土用除油漆和油外的保护剂010117，除油漆外的水泥防水化学品010195，水泥用除油漆和油外的保护剂010196，石建筑用除油漆和油外的保护剂010380，砖建筑用除油漆和油外的保护剂010381，砖瓦用除油漆和油外的保护剂010540，除油漆外的砖石建筑防潮化学品010617

（三）易燃制剂（发动机燃料用化学添加剂）010001，发动机燃料化学添加剂010020，汽车燃料化学添加剂010020，汽油净化添加剂010021，喷雾器用气体推进剂010026，内燃机抗爆剂010071，防冻剂010072，引擎脱碳用化学品010089，液压循环用传动液010197，油分离化学品010233，燃料节省剂010257，制动液010315，刹车液010315，石油分散剂010351，油分散剂010352，油漂白化学品010353，油净化化学品010354，油脂分离剂010604，吸油用合成材料010620，动力转向液010643，传动液010644，引擎冷却剂用抗沸剂010645，运载工具引擎用冷却剂010647，油类用化学添加剂010654，传动油010706

※起动液C010197，润闸液C010200，硅油乙基C010214

（四）除颜料外的制造搪瓷用化学品010107，膨润土010109，陶瓷釉010160，搪瓷遮光剂010262，玻璃遮光剂010263，搪瓷着色化学品010265，瓷土010370，高岭土010370，制毛玻璃用化学品010386，玻璃着色化学品010521，水玻璃（硅酸钠水溶液）010544，制技术陶瓷用合成物010631，烧结用颗粒状和粉状陶瓷物质010646

注：1. 陶瓷釉与0205瓷釉（漆），瓷漆，釉料（漆、亮面漆）类似，与第十一版及以前版本0205釉料（漆、清漆）交叉检索；

2. 搪瓷着色化学品，玻璃着色化学品与0102第（四）部分尖晶石（氧化物矿石）类似，与第十版及以前版本0102第（四）部分尖晶石（化学制剂）交叉检索。

（五）蓄电池用防泡沫溶液010006，电池用防泡沫溶液010006，促进金属合金形成用化学制剂010045，镀银用银盐溶液010081，镀锌液010098，电镀液010098，蓄电池充电用酸性水010251，电池充电用酸性水010251，原电池盐010261，电镀制剂010324，蓄电池硫酸盐清除剂010500，电池硫酸盐清除剂010500

※电刷镀溶液C010201

（六）气体净化剂010275，化学物质制过滤材料010611，矿物质过滤材料010612，植物质过滤材料

010613，用作过滤介质的颗粒状陶瓷材料010621，未加工塑料制过滤材料010610

注：本部分与第十一版及以前版本0108第（一）部分过滤材料（未加工塑料）交叉检索。

（七）铸造制模用制剂010307，铸造用沙010467

※ 铸粉C010202

（八）水软化剂010023，澄清剂010254，净化剂（澄清剂）010254，离子交换剂010255，絮凝剂010587，水净化用化学品010608，工业用软化剂010609

（九）防水垢剂010073，清洁烟囱用化学品010174，生产加工用除脂剂010231，除水垢剂010240，生产加工用去污剂010241，镜头防污剂010377，工业用肥皂（含金属）010472，玻璃防污剂010522，窗玻璃防污用化学品010523，非家用除水垢剂010635，散热器清洗化学品010648

※ 工业用洗净剂C010211

注：防水垢剂，除水垢剂，非家用除水垢剂与第九版及以前版本0104第（十九）部分防水锈剂，除水锈剂交叉检索。

（十）制清漆用羯布罗香膏010343，制漆用化学品010575，清漆溶剂010606

注：清漆溶剂与0205油漆稀释剂，亮面漆用稀释剂，松节油（涂料稀释剂），稀料，松香水，天那水，信那水，0302去漆剂类似，与第十一版及以前版本0205漆稀释剂交叉检索。

（十一）硫化加速剂010005，橡胶保护剂010145，非家用抗静电剂010260，工业用炭黑010597，橡胶用化学增强剂010640，生产用抗氧化剂010693

※ 促进剂C010203，乌洛托品C010204，抗氧剂C010206

注：本部分与0102第（四）部分硫化剂，0108第（二）部分类似。

（十二）钻探泥浆用化学添加剂010019，钻探泥浆010136

（十三）和研磨剂配用的辅助液010004

（十四）液化淀粉制剂（去胶剂）010056，分离和脱胶用制剂010232，脱胶制剂（分离）010232，脱胶和分离用制剂010232，脱胶制剂（溶胶）010234，胶溶剂010234，墙纸清除剂010653

注：本部分与第八版及以前版本0205墙纸清除剂交叉检索。

（十五）动物炭010068，动物炭制剂010165，骨炭010167，血炭010168，兽炭010568

（十六）非食品用防腐盐010003，耐酸化学物质010016，防霉化学制剂010395

※ 化学防腐剂C010260

注：化学防腐剂与第十一版及以前版本0104第（二）部分除油漆和油外的混凝土防腐剂，除油漆和油外的水泥防腐剂，除油漆和油外的石建筑防腐剂，除油漆和油外的砖建筑防腐剂，除油漆和油外的砖瓦防腐剂，第九版及以前版本0206防腐剂交叉检索。

(十七）活性炭010025，过滤用碳010166，吸气剂（化学活性物质）010332，工业用脱色剂010580

注：本部分与0102第（二十）部分硅胶类似。

（十八）工业用亮色化学品010570，制颜料用化学品010679

（十九）未加工醋酸纤维素010008，化学冷凝制剂010015，钢材精加工制剂010017，铝土矿010108，防冷凝化学品010138，催化剂010154，粘胶纤维010157，节煤剂010169，工业用化学品010176，火棉胶*010206，金属着色用盐010207，腐蚀剂010214，脱模制剂010237，去光材料010238，工业脱水制剂010239，唱片修复制剂010246，金属硬化剂010249，闪光灯用制剂010256，乳化剂010268，工业用面粉010289，加工螺纹用合成剂010295，石灰石硬化物010301，工业用灯黑010316，工业用红树皮010385，毒气中和剂010403，工业用白雀树皮010454，制冷剂010459，工业用谷物加工的副产品010460，工业或农业用煤灰010499，工业用蒸煮激发剂010557，木醇蒸馏剂010582，化学用杂酚油010602，制唱片用合成物010603，金属腐蚀剂010633，工业用海水010636，纸用化学增强剂010639，工业用磁性液010642，汽车车身修补用膏状填充物010649，眼镜片用化学涂层010708

※ 防水浆消泡剂C010205，荧光粉C010207，油墨抗凝剂C010208，固香剂C010209，探伤气雾剂C010212，松醇油C010213

注：1. 本部分根据商品的功能、用途确定类似商品；
2. 未加工醋酸纤维素与0108第（一）部分类似；
3. 催化剂与0102第（十七）部分工业淀粉酶，工业用酶制剂，工业用酶，0106生物化学催化剂类似；
4. 工业用化学品与0104所有商品类似；
5. 工业用面粉与0102第（十六）部分工业用淀粉，工业用土豆粉类似；
6. 制唱片用合成物与第九版及以前版本0107制唱片用混合剂交叉检索。

（二十）镶玻璃用油灰010651，油石灰（油灰）010655

注：本部分与0205类似。

0105 用于农业、园艺、林业的化学品、化学制剂

除杀真菌剂、除草剂、杀虫剂、杀寄生虫剂外的农业化学品010031，花用保鲜剂010209，脱叶剂010236，杀虫剂用化学添加剂010308，杀真菌剂用化学添加剂010309，除杀真菌剂、除草剂、杀虫剂、杀寄生虫剂外的园艺化学品010347，预防小麦枯萎病的化学制剂010404，预防小麦黑穗病的化学制剂010404，保存种子用物质010480，除杀真菌剂、除草剂、杀虫剂、杀寄生虫剂外的林业用化学品010505，预防藤蔓植物病害的化学制剂010546，植物保护用蒽油010586，植物用微量元素制剂010637，预防谷类植物病害的化学制剂010719

※ 防微生物剂C010215，赤霉素C010216，增润剂C010219

树洞填充物（林业用）010080，树木嫁接用蜡010198，加工烟草用加味料010471

※ 烟草用防霉剂C010217，消辣剂C010218

> 注：1. 第一、二自然段与0505第一、二自然段类似；
> 2. 第一、二自然段与0109植物生长调节剂，0113水果催熟用激素类似，与第九版及以前版本0113水果催熟激素交叉检索；
> 3. 植物用微量元素制剂与0109类似。

0106 化学试剂

生物化学催化剂010122，科学用化学制剂（非医用、非兽医用）010177，非医用、非兽医用化学试剂010178，实验室分析用化学品（非医用、非兽医用）010181，实验室分析用化学制剂（非医用、非兽医用）010181，低温实验制剂010221，非医用、非兽医用诊断制剂010243，试纸（非医用、非兽医用）010259，化学试纸010278，硝酸盐试纸010416，石蕊试纸010419，非医用、非兽医用生物制剂010579，非医用、非兽医用细菌制剂010594，非医用、非兽医用细菌学研究制剂010595，非医用、非兽医用微生物培养物010596，电泳凝胶010650，农业生产用种子基因010656，非医用、非兽医用干细胞010657，非医用、非兽医用生物组织培养物010658，非医用、非兽医用微生物制剂010680，非医用、非兽医用佐剂010690

> 注：生物化学催化剂与0102第（十七）部分工业淀粉酶，工业用酶制剂，工业用酶，0104第（十九）部分催化剂类似。

0107 摄影用化学用品及材料

摄影用还原剂010027，蛋白纸010036，自动着色纸（摄影用）010090，定影液（摄影用）010097，调色定影液（摄影用）010099，氧化钡纸010103，摄影用化学制剂010211，照相感光布010212，感光板010213，晒蓝图用溶液010227，重氮纸010245，摄影感光乳剂010267，感光照相板010269，铁板照相板（摄影用）010292，定影溶液（摄影用）010298，相纸010322，摄影用明胶010329，胶印用感光板010406，光度测定纸010417，感光纸010418，摄影用果胶010420，蓝图纸010432，蓝图布010434，摄影用显影剂010435，摄影用感光剂010436，未曝光的X光感光胶片010464，调色盐（摄影用）010548，未曝光的感光胶片010581，未曝光的感光电影胶片010598

※ 光谱感光板C010220，晒图纸C010222

> 注：1. 未曝光的X光感光胶片，未曝光的感光胶片，未曝光的感光电影胶片与0923类似；
> 2. 本类似群与第十版及以前版本0102第（十五）部分蛋白纸交叉检索。

0108 未加工的人造合成树脂，未加工塑料物质（不包括未加工的天然树脂）

（一）未加工环氧树脂010274，未加工塑料010438，未加工合成树脂010455，未加工人造树脂010455，未加工丙烯酸树脂010461，硅酮010484，硅氧烷010484，未加工聚合树脂010707，制造药用胶囊用树枝状聚合物010718

※ 聚丙烯C010224，赛璐珞C010225，酚醛树脂C010226，脲醛树脂C010227，酪素树脂C010229，聚氯乙烯树脂C010230，玛脂C010231，电木粉C010232，胶木粉C010233，硅塑料C010235，模塑料C010236，塑膏C010237，磷酸三甲酚酯C010238，有机硅树脂C010239，离子交换树脂C010240，尼龙66盐C010243，聚氨酯C010251

（二）增塑剂010143，塑料分散剂010605

注：1. 本类似群各部分之间商品不类似；
2. 第（一）部分与0104第（十九）部分未加工醋酸纤维素类似；
3. 第（一）部分与第十一版及以前版本0115聚氨酯交叉检索；
4. 第（二）部分与0102第（四）部分硫化剂，0104第（十一）部分类似。

0109 肥料

海藻（肥料）010043，土壤调节制剂010053，氮肥010094，氰氨化钙（肥料）010141，肥料010271，肥料制剂010293，鸟粪010342，腐殖土010355，磷酸盐（肥料）010427，矿渣（肥料）010428，过磷酸盐（肥料）010431，园艺用罐装泥炭010445，盐类（肥料）010478，种植土010524，壤土010527，泥炭（肥料）010539，无土生长培养基（农业）010589，堆肥010622，植物生长调节剂010634，腐殖质表层肥010641，溶液培养的植物用多孔黏土010652，鱼粉肥料010659，盆栽土010681，有机沼渣（肥料）010686，表土010705，厩肥010710，石膏（肥料）010716

※ 化学肥料C010244，植物肥料C010245，动物肥料C010246

注：1. 本类似群与0105植物用微量元素制剂类似；
2. 本类似群与0102第（二）部分工业用挥发碱（氨水），工业用氨水（挥发性碱）类似，与第九版及以前版本0102第（二）部分工业用挥发碱（氨），工业用氨（挥发性碱），工业用挥发性碱（氨水）交叉检索；
3. 本类似群与0102第（四）部分氯化铵，硝酸钾，硝酸铵类似，与第九版及以前版本0102第（四）部分卤砂、氯化铵，硝酸钠交叉检索；
4. 本类似群与第六版及以前版本3103腐殖质高效肥交叉检索；
5. 植物生长调节剂与0105第一、二自然段，0113水果催熟用激素，0505第一、二自然段类似，与第九版及以前版本0113水果催熟激素交叉检索。

0110 灭火、防火用合成物

灭火合成物 010288，防火制剂 010294

※ 阻燃剂 C010199，消防泡沫液 C010247，灭火药粉 C010248

注：本类似群与第十版及以前版本 0104 第（三）部分阻燃剂交叉检索。

0111 淬火用化学制剂

金属退火剂 010393，金属回火剂 010682

※ 淬火剂 C010249，淬火油 C010250

0112 焊接用化学制剂

铜焊制剂 010137，焊接用化学品 010487，铜焊助剂 010583，助焊剂 010584

0113 食药用化学品（不包括食品用防腐盐）

醋化用细菌制剂 010009，食物防腐用化学品 010044，酿葡萄酒用杀菌剂（制葡萄酒用化学制剂）010096，苯甲酸酰亚胺 010113，糖精 010114，啤酒澄清剂和防腐剂 010121，（未发酵）葡萄汁澄清剂 010200，葡萄酒澄清剂 010205，制药工业用保存剂 010210，饮料工业用的过滤制剂 010296，熏肉用化学制剂 010317，水果催熟用激素 010346，保存食物用油 010348，化学用奶发酵剂 010374，工业用嫩肉剂 010545，防止蔬菜发芽剂 010571，人造增甜剂（化学制剂）010607，啤酒防腐剂 010619，食品工业用酶制剂 010660，食品工业用酶 010661，食品工业用葡萄糖 010662，食品工业用卵磷脂 010663，食品工业用果胶 010665，食品工业用酒石酸氢钾 010667，食品工业用藻酸盐 010669，食品工业用谷蛋白 010670，食品工业用乳糖 010672，食品工业用奶发酵剂 010675，工业用奶发酵剂 010676，食品工业用酪蛋白 010677，制药用茶提取物 010684，食品工业用茶提取物 010685，制化妆品用茶提取物 010687，制食品补充剂用维生素 010691，食品工业用维生素 010692，制化妆品用抗氧化剂 010694，制药用抗氧化剂 010695，制食品补充剂用抗氧化剂 010696，制食品补充剂用蛋白质 010698，食品工业用蛋白质 010699，制药用维生素 010701，制化妆品用维生素 010702

注：1. 水果催熟用激素与 0105 第一、二自然段，0109 植物生长调节剂，0505 第一、二自然段类似；

2. 人造增甜剂（化学制剂）与 3003 天然增甜剂类似；

3. 本类似群与第十一版及以前版本 0104 第（十九）部分制药工业用保存剂交叉检索。

0114 鞣料及皮革用化学品

鞣料木 010130，皮革翻新用化学品 010175，使皮革软化的脱灰碱液 010208，除油外的皮革处理剂010208，皮革鞣剂010215，生皮鞣剂010216，皮革表面处理用化学制品010223，皮革浸渍化学品010224，上浆剂010270，鞣酸010323，黑儿茶010325，制革用油010349，鞣革用油010350，皮革防水化学品010364，鞣革用漆叶010504，鞣料（鞣革剂）010507，鞣革物010509，皮革整理用油010601

注：1. 本类似群与0102第（五）部分儿茶，单宁，单宁酸，0104第（一）部分五倍子类似，与第九版及以前版本0104第（一）部分苦味五倍子交叉检索；
2. 本类似群与第十版及以前版本0104第（一）部分上浆料（化学制剂）交叉检索；
3. 制革用油，鞣革用油，皮革整理用油与0401皮革用油脂类似，与第九版及以前版本0401制革用脂交叉检索。

0115 工业用黏合剂和胶（不包括纸用黏合剂）

工业用黏合剂010002，外科绷带用黏合制剂010022，工业用黄蓍胶010024，粘贴海报用黏合剂010028，补轮胎内胎用合成物010032，工业用阿拉伯树胶010078，树木嫁接用黏性制剂010079，冶金黏合剂010158，鞋用黏合剂010170，皮革黏合剂010192，轮胎黏合剂010193，修补破碎物品用黏合剂010194，裱墙纸用黏合剂010203，墙纸用黏合剂010203，皮革胶010222，上浆糊精010242，铸造用黏合物质010306，工业用明胶010330，粘鸟胶010334，树木嫁接用胶黏剂010341，增塑溶胶010439，补轮胎用合成物010465，非文具、非家用淀粉浆糊010566，墙砖黏合剂010573，工业用胶010600，非文具、非家用谷朊胶010615，工业用树胶（黏合剂）010616，非文具、非家用、非食用鱼胶010618

※ 氯丁胶C010252，聚醋酸乙烯乳液C010253，固化剂C010254，工业用聚氨酯胶黏剂C010261

注：1. 本类似群与1701液态橡胶，橡胶水类似，与第九版及以前版本1701液体橡胶交叉检索；
2. 本类似群与1702补漏用化学合成物，聚氨酯泡沫填缝剂类似，与第九版及以前版本1702补裂缝用化学化合物交叉检索。

0116 纸浆

木浆010132，纸浆010156
※ 纤维素浆C010255

#0117 能源

注：本类似群第九版时移入0407类似群。

第二类

颜料，清漆，漆；防锈剂和木材防腐剂；着色剂，染料；印刷、标记和雕刻用油墨；未加工的天然树脂；绘画、装饰、印刷和艺术用金属箔及金属粉。

【注释】

第二类主要包括颜料、着色剂和防腐制品。

本类尤其包括：

——工业、手工业和艺术用颜料、清漆和漆；

——用于油漆、清漆和漆的稀释剂、增稠剂、固定剂和催干剂；

——木材和皮革用媒染剂；

——防锈油和木材防腐油；

——服装染料；

——食品和饮料用着色剂。

本类尤其不包括：

——未加工的人造树脂（第一类），半加工的树脂（第十七类）；

——金属腐蚀剂（第一类）；

——洗衣和漂白用上蓝剂（第三类）；

——美容用染料（第三类）；

——颜料盒（学校用文具）（第十六类）；

——文具用墨水（第十六类）；

——绝缘颜料和绝缘漆（第十七类）。

0201 染料，媒染剂（不包括食用）

媒染剂*020002，茜素染料020006，木材媒染剂020027，木材染色剂020028，鞋染料020041，染色剂020047，着色剂*020047，苯胺染料020052，制革用媒染剂020057，皮革染色剂020057，染料*020058，姜黄（染料）020060，黄桑（染料）020074，靛青（染料）020086，复活节彩蛋用染色纸020096，藏红染料020099，染料木020111，染料木提取物（染料）020112

注：跨类似群保护商品：着色剂（0201，0202）。

0202 颜料（不包括食用、绝缘用），绘画、装饰、印刷和艺术用金属箔及金属粉

绘画用铝粉020008，石棉颜料020009，水彩固定剂020011，银乳剂（颜料）020015，金胺020018，赭石土（颜料）020029，绘画用青铜粉020032，铅白020038，炭黑（颜料）020039，氧化钴（颜料）020044，胭脂虫红020045，着色剂*020047，颜料020059，灯黑（颜料）020073，绘画用藤黄020076，氧化锌（颜料）020081，铅黄020089，黄丹020089，绘画、装饰、印刷和艺术用金属粉020090，绘画、装饰、印刷和艺术用金属箔020092，铅红020095，红丹020095，胭脂树橙（颜料）020098，烟灰色（颜料）020101，二氧化钛（颜料）020106，艺术用水彩020126，艺术用油彩020127，家具修复用补色笔020130

※ 色母粒C020001，立德粉（锌钡白）C020014

注：1. 二氧化钛（颜料）与0102第（三）部分工业用二氧化钛类似；
2. 跨类似群保护商品：着色剂（0201，0202）。

0203 食品着色剂

饮料色素020004，食用色素020005，食品用着色剂020005，黄油色素020023，啤酒色素020024，焦糖（食品色素）020034，麦芽焦糖（食品色素）020035，麦芽色素020048，利口酒用色素020088

0204 油墨

（一）制革用墨020033，印刷膏（油墨）020043，印刷油墨020066，动物打印记用墨020067，雕刻油墨020080，打印机和复印机用墨水020121，打印机和复印机用已填充的鼓粉盒020123，可食用墨020128，已填充可食用墨的打印机墨盒020129，打印机和复印机用墨粉020132，打印机和复印机用已填充的墨盒020133

※ 文字处理机用已填充的墨盒C020002，激光打印机用已填充的墨盒C020015，喷墨打印机用已填充的墨盒C020016，复印机用碳粉C020017

（二）注：原第（二）部分皮肤绘画用墨第十一版时删除。

注：本类似群原各部分之间商品不类似。

0205 涂料，油漆及附料（不包括绝缘漆）

油漆*020001，清漆*020003，铝涂料020007，银涂料020014，银镀粉020016，黑亮漆020017，杀菌漆020019，粉刷用石灰浆020020，沥青清漆020025，木材涂料（油漆）020026，青铜漆020031，

屋顶毡用涂料（油漆）020036，油毛毡用涂料（油漆）020036，陶瓷涂料020037，运载工具底盘防蚀涂层020040，运载工具底盘底漆020040，粉刷用石灰水020042，油漆稀释剂020053，亮面漆用稀释剂020054，油漆增稠剂020055，刷墙粉020062，瓷釉（漆）020064，瓷漆020065，油漆催干剂020068，涂料（油漆）020070，固定剂（清漆）020072，釉料（漆、亮面漆）020075，虫胶020077，防火漆020085，油漆凝结剂020087，油漆黏合剂020087，清漆用苏模鞣料020102，底漆020108，粉刷用白垩灰浆020110，苯乙烯树脂漆020114，亮面漆020115，防污涂料020122，松节油（涂料稀释剂）020124，油漆补片（可替换的）020125，防涂鸦涂料（油漆）020131，木地板面漆020134，防尿油漆020135

※ 稀料C020003，松香水C020004，可赛银C020005，防水冷胶料C020006，水溶性内外墙有光喷塑料C020007，聚乙烯胶泥C020008，无黏性化学涂料（不粘锅用）C020009，天那水C020010，信那水C020011，防水粉（涂料）C020012，树脂胶泥C020013，磁漆C020018

注：1. 瓷釉（漆），瓷漆，釉料（漆、亮面漆）与0104第（四）部分陶瓷釉类似，与第十版及以前版本0104第（四）部分陶瓷釉料交叉检索；

2. 油漆稀释剂，亮面漆用稀释剂，松节油（涂料稀释剂），稀料，松香水，天那水，信那水与0104第（十）部分清漆溶剂，0302去漆剂类似；

3. 防水粉（涂料）与1705防水隔热粉类似；

4. 虫胶与0207类似；

5. 本类似群与0104第（二十）部分，1912类似。

0206 防锈剂，木材防腐剂

防腐蚀剂020010，防腐蚀带020021，木材防腐剂020049，木材防腐用杂酚油020056，防锈油脂020079，木材防腐油020082，防锈油020083，金属防锈制剂020093，金属用保护制剂020094，防锈制剂020107，羰基（木头防腐剂）020113

注：防锈油脂，防锈油，金属防锈制剂，金属用保护制剂，防锈制剂与第九版及以前版本0104第（十九）部分防水锈剂交叉检索。

0207 未加工的天然树脂

加拿大香脂020022，松香*020046，天然硬树脂020050，未加工的天然树脂020061，树胶脂020078，天然树脂020091，山达脂020100

注：本类似群与0205虫胶类似。

第三类

不含药物的化妆品和梳洗用制剂；不含药物的牙膏；香料，香精油；洗衣用漂白剂及其他物料；清洁、擦亮、去渍及研磨用制剂。

【注释】

第三类主要包括不含药物的梳洗制剂以及用于家庭和其他环境的清洁制剂。

本类尤其包括：

——梳妆用卫生制剂；

——浸化妆水的薄纸；

——人用或动物用除臭剂；

——室内芳香剂；

——指甲彩绘贴片；

——抛光蜡；

——砂纸。

本类尤其不包括：

——生产化妆品用原料，例如：维生素，防腐剂和抗氧化剂（第一类）；

——生产加工用除脂剂（第一类）；

——清洁烟囱用化学制品（第一类）；

——非人用、非动物用除臭剂（第五类）；

——含药物的洗发水、肥皂、洗液和牙膏（第五类）；

——指甲砂锉，金刚砂锉，磨石和砂轮（手工具）（第八类）；

——化妆和清洁器具，例如：化妆刷（第二十一类），清洁用布、垫和抹布（第二十一类）。

0301 肥皂，香皂及其他人用洗洁物品，洗衣用漂白剂及其他物料

杏仁肥皂 030007，肥皂 *030012，剃须皂 030017，润发乳 *030034，洗涤用皂树皮 030093，洁肤乳液 030123，梳洗用制剂 *030125，洗发液 *030134，汗足皂 030143，除臭皂 030149，香皂 030152，防汗皂 030163，非医用沐浴盐 030175，个人清洁或祛味用下体注洗液 030218，干洗式洗发剂 *030223，非医用洗浴制剂 030230，护发素 030231，不含药物的个人私处清洗液 030238，非医用洗眼剂 030243，个人清洁或祛味用阴道洗液 030244，浸清洁制剂的婴儿湿巾 030251

※ 洗手膏 C030001，洗发粉 C030002，香波 C030003，洗发软皂 C030004，柔发剂 C030005，洗面奶 C030007，浴液 C030008，浴盐 C030009

洗涤上光粉 030009，洗衣用浆粉 030010，洗衣用淀粉 030010，纺织品上光皂 030013，洗衣用上蓝剂 030014，漂白盐 030026，漂白碱 030027，洗衣用漂白剂 030028，洗衣上光剂 030029，漂白水 030089，洗衣浸泡剂 030098，浸洗衣服制剂 030098，洗衣剂 030124，光滑剂（上浆）030127，家庭洗衣用亮色化学品 030174，洗衣用织物柔顺剂 030193，干洗剂 030205，家用漂白剂（脱色剂）030247，洗衣用防染色片 030260，干衣机用抗静电纸 030261

※ 洗衣粉 C030067

注：1. 第一、二自然段与 0306 类似；

2. 第一、二自然段与 0501 医用洗浴制剂，药浴用海水，浴用泥浆类似，与第十版及以前版本 0501 药浴制剂，第九版及以前版本 0501 医用浴剂交叉检索；

3. 非医用沐浴盐，浴盐与 0501 矿泉水沐浴盐类似，与第九版及以前版本 0501 矿泉水浴盐交叉检索；

4. 个人清洁或祛味用下体注洗液，不含药物的个人私处清洗液，个人清洁或祛味用阴道洗液与 0501 医用下体注洗液，医用阴道清洗液类似，与第十版及以前版本 0501 阴道清洗液交叉检索；

5. 第三、四自然段与 0302 类似；

6. 第三、四自然段与 0303 皮革漂白制剂，皮革洗涤剂类似；

7. 漂白盐，漂白碱，洗衣用漂白剂，漂白水与 0503 漂白粉（消毒）类似，与第九版及以前版本 0104 第（一）部分漂白剂交叉检索；

8. 跨类似群保护商品：梳洗用制剂（0301，0306）；

9. 杏仁肥皂，肥皂，剃须皂，汗足皂，除臭皂，香皂，防汗皂与 0501 抗菌皂，消毒皂，药皂类似；

10. 本类似群商品根据功能用途与 5 类含药物的相应商品类似；

11. 浸清洁制剂的婴儿湿巾与 0506 第（一）部分消毒纸巾类似。

0302 清洁、去渍用制剂

刮面石（收敛剂）030005，白垩粉 030022，清洁用火山灰 030038，清洁用白垩 030067，去污剂 030068，清洗用洗涤碱 030072，非生产操作用、非医用的去污剂 030075，擦洗溶液 030076，非生产过程中用的脱脂剂 030077，家用除水垢剂 030081，家用抗静电剂 030083，去漆剂 030085，去色剂 030087，次氯酸钾 030089，清洁制剂 030104，清洁用油 030117，挡风玻璃清洗剂 030126，墙纸洗涤剂 030138，苏打碱液 030153，脱脂用松节油 030157，除蜡用松节油 030158，氨水（挥发性碱）（去污剂）030167，挥发碱（氨水）（去污剂）030167，明矾石（收敛剂）030168，除锈制剂 030170，去颜料制剂 030179，疏通下水道制剂 030195，地板蜡清除剂（刷净剂）030206，用于清洁和除尘的罐装压缩空气

030209，浸清洁剂的清洁布 030211，洗碗机用催干剂 030214，家用化学清洁制剂 030245

※ 硅清洁剂 C030013，厕所清洗剂 C030014，玻璃擦净剂 C030015，去蜡水 C030016，去油剂 C030017，去渍剂 C030018，去油渍油 C030019，去雾水 C030020，去污粉 C030021，地毯清洗剂 C030022，洗洁精 C030068

注：1. 本类似群与 0301 第三、四自然段类似；
2. 厕所清洗剂与 0503 化学盥洗室用消毒剂，厕所除臭剂类似；
3. 去漆剂与 0104 第（十）部分清漆溶剂，0205 油漆稀释剂，亮面漆用稀释剂，松节油（涂料稀释剂），稀料，松香水，天那水，信那水类似，与第十一版及以前版本 0205 漆稀释剂交叉检索；
4. 本类似群与第八版及以前版本 2112 浸清洁剂的清洁布交叉检索。

0303 抛光、擦亮制剂

抛光铁丹 030011，皮革漂白制剂 030025，擦鞋膏 030039，抛光制剂 030045，鞋蜡 030046，家具或地板用抛光剂 030047，擦亮用剂 030048，鞋匠用蜡 030049，鞋线蜡 030050，拼花地板蜡 030053，抛光蜡 030054，裁缝用蜡 030055，皮革保护剂（抛光剂）030061，抛光乳膏 030070，磨剃刀皮带用软膏 030073，皮革膏 030074，皮革用蜡 030074，抛光用纸 030139，抛光用硅藻石 030164，地板防滑蜡 030207，地板防滑液 030208，植物叶子增光剂 030212，鞋油 030228，地板蜡 030241

※ 上光剂 C030023，夹克油 C030024，鞋粉 C030025，帽粉 C030026，汽车、自行车上光蜡 C030027，擦铜水 C030028，皮革擦亮纸（浸擦亮剂）C030029，皮革洗涤剂 C030030，水果擦亮剂 C030066

注：1. 皮革保护剂（抛光剂），皮革膏，皮革用蜡与 0401 皮革保护用油脂，皮革保护油类似，与第十版及以前版本 0401 皮革防腐剂（油和脂），皮革保护剂（油和脂）交叉检索；
2. 皮革漂白制剂，皮革洗涤剂与 0301 第三、四自然段类似。

0304 研磨用材料及其制剂

磨光用石头 030002，研磨剂 030003，磨利用制剂 030003，金属碳化物（研磨料）030035，碳化硅（研磨料）030036，金刚砂（研磨用）030062，金刚铝（研磨料）030082，金刚砂纸 030084，金刚砂布 030086，金刚砂 030094，砂纸 030140，磨光石 030144，浮石 030145，砂布 030160，玻璃砂布 030161，研磨材料 *030165，研磨纸 030166

※ 磨光粉 C030032，研磨膏 C030033，玻璃砂（研磨用）C030034，研磨用刚玉砂 C030035，白刚玉 C030036，裁布机用砂带 C030073

0305 香料，香精油

杏仁油030006，八角茴香香精030015，香柠檬油030021，杉木香精油030037，柠檬香精油030056，醚类香精030099，香精油030100，花精（香料）030101，花香料原料030105，熏香制剂（香料）030106，蛋糕用调味香精油030107，冬青油030108，香叶醇030110，天芥菜精030113，茉莉油030115，薰衣草油030116，制香料香水用油030118，玫瑰油030119，紫罗酮（香料）030121，薄荷油（芳香油）030128，香料用薄荷030129，麝香（香料）030132，香料030141，黄樟油精030151，萜烯烃（香精油）030159，芳香剂（香精油）030172，饮料用调味香精油030173，香橼香精油030226，食物用调味香精油030236，香薰藤条030246

※ 烟用香精C030037，月桂油C030038，香草油C030039，珠兰油C030040，桉叶油C030041，椰子醛C030042，安息香酸乙酯C030043，人造麝香酮C030045，工业用香料C030046，化妆品用香料C030047，香皂香精C030048，芳香精油C030069，安神用香精油C030070，降低食欲用香精油C030071

注：饮料用调味香精油与第十一版及以前版本3203饮料香精交叉检索。

0306 化妆品（不包括动物用化妆品）

假发粘贴剂030001，琥珀香水030008，洗澡用化妆品030016，唇膏030018，口红030018，化妆用棉签030019，美容面膜030020，皮肤增白霜030023，指甲油030032，化妆剂030033，染发剂030040，毛发卷曲剂030041，烫发剂030041，假睫毛030042，睫毛用化妆制剂030043，胡须用蜡030052，古龙水030058，梳妆用颜料030060，成套化妆品030064，化妆品030065，化妆棉030066，化妆笔030069，化妆用雪花膏030071，化妆品清洗剂030078，除指甲油制剂030088，薰衣草水030090，带香味的水030091，淡香水030092，脱毛剂030096，脱毛制剂030096，除汗毛用蜡030097，化妆品030102，化妆用矿脂030109，化妆用油脂030111，化妆用过氧化氢030112，化妆用油030114，梳妆用油030120，化妆洗液030122，梳洗用制剂*030125，眉毛化妆品030131，烫发中和剂030133，香水030135，假指甲030136，指甲护剂030137，护肤用化妆剂030142，化妆用润发脂030146，化妆粉030147，修面剂030148，眉笔030154，梳妆用滑石粉030155，化妆染料030156，防汗剂（化妆品）030162，化妆用杏仁乳030169，晒黑制剂（化妆品）030171，胡须染料030176，减肥用化妆品030177，假睫毛粘胶030178，个人或动物用除臭剂030180，化妆用装饰变色剂030181，化妆用收敛剂030191，化妆用漂白剂（脱色剂）030192，浸化妆水的薄纸030197，化妆用黏合剂030199，剃须后用液030200，喷发胶030201，睫毛膏030202，化妆用芦荟制剂030219，非医用按摩凝胶030220，唇彩030221，非医用香膏030222，指甲彩绘贴片030224，防晒剂030225，散沫花（化妆用染料）030227，唇膏盒030229，头发拉直制剂030232，浸卸妆液的薄纸030233，化妆用胶原蛋白制剂030234，草本化妆品030237，化妆用草本提取物030239，指甲油去除剂030240，美容用按摩蜡烛030248，儿童用化妆品030249，巴斯马（化妆用染色剂）030252，美容用凝胶眼贴030253，美甲闪粉030254，胶束化妆水030255，化妆用人体彩绘颜料030256，化妆用人体彩绘液态乳胶颜料030257，浸卸妆液的卸妆棉030259

※防皱霜C030049，增白霜C030050，粉刺霜C030051，祛斑霜C030052，痱子粉C030053，爽身粉C030054，去痱水C030055，胭脂C030056，眼影膏C030057，乌发乳C030058，头油C030059，生发油C030060，发用摩丝C030062，焗油制剂C030063，双眼皮胶C030064，花露水C030072

注：1. 本类似群与0301第一、二自然段类似；
2. 化妆用棉签，化妆棉，唇膏盒与2110类似；
3. 化妆用棉签与0506医用棉签类似；
4. 浸化妆水的薄纸，浸卸妆液的薄纸，浸卸妆液的卸妆棉与0506消毒纸巾，1603卫生纸，纸手帕，卸妆用薄纸，纸餐巾，纸巾，纸制洗脸巾类似，与第十版及以前版本1603卸妆用纸巾交叉检索；
5. 洗澡用化妆品与0501医用洗浴制剂，药浴用海水，浴用泥浆类似，与第十版及以前版本0501药浴制剂，第九版及以前版本0501医用浴剂交叉检索；
6. 跨类似群保护商品：个人或动物用除臭剂（0306，0309），梳洗用制剂（0301，0306）；
7. 本类似群商品根据功能用途与5类含药物的相应商品类似；
8. 本类似群与第十一版及以前版本0204第（二）部分交叉检索。

0307 牙膏，洗牙用制剂

非医用漱口剂030031，洁牙剂*030079，假牙清洁剂030194，假牙用抛光剂030198，口气清新喷雾030204，牙用漂白凝胶030210，口气清新片030216，牙齿美白贴030235，个人卫生用口气清新剂030250，牙膏*030258

※口香水C030065

注：本类似群与0501含药物的洁牙剂，含药物的牙膏类似。

0308 熏料

香木030030，香030095，熏日用织品用香囊030150，干花瓣与香料混合物（香料）030203，祭祀用香030213

0309 动物用化妆品

动物用化妆品030063，个人或动物用除臭剂030180，宠物用沐浴露（不含药物的清洁制剂）030196，宠物用除臭剂030217，动物用沐浴露（不含药物的清洁制剂）030242

注：1. 宠物用沐浴露（不含药物的清洁制剂），动物用沐浴露（不含药物的清洁制剂）与0504牲畜用洗涤剂（杀虫剂），狗用洗涤液（杀虫剂），动物用洗涤剂（杀虫剂），动物用杀虫沐浴露，兽医用杀虫洗涤剂，含药物的宠物用沐浴露类似，与第十版及以前版本0504牲畜用洗涤剂，狗用洗涤液，动物用洗涤剂，狗用洗涤剂交叉检索；
2. 跨类似群保护商品：个人或动物用除臭剂（0306，0309）。

0310 室内芳香剂

空气芳香剂030215

注：本类似群与0503类似。

第四类

工业用油和油脂,蜡;润滑剂;吸收、润湿和黏结灰尘用合成物;燃料和照明材料;照明用蜡烛和灯芯。

【注释】

第四类主要包括工业用油和油脂,燃料和照明材料。

本类尤其包括:

——砖石建筑或皮革保护用油;

——蜡(原料),工业用蜡;

——电能;

——发动机用燃料,生物燃料;

——燃料用非化学添加剂;

——木材(燃料)。

本类尤其不包括:

——某些特殊的工业用油和油脂,例如:鞣革用油(第一类),木材防腐油,防锈油和油脂(第二类),香精油(第三类);

——美容用按摩蜡烛(第三类)和含药物的按摩蜡烛(第五类);

——某些特殊的蜡,例如:树木嫁接用蜡(第一类),裁缝用蜡,抛光蜡,除汗毛用蜡(第三类),牙科用蜡(第五类),封蜡(第十六类);

——油炉专用炉芯(第十一类),吸烟打火机用火芯(第三十四类)。

0401 工业用油及油脂,润滑油,润滑剂(不包括燃料用油)

传动带防滑剂040009,鞋用油脂040026,皮革用油脂040034,工业用油脂040035,脱模油(建筑)040036,动物脂040037,石油醚040044,工业用矿脂040047,煤焦油040053,煤石脑油040054,砖石建筑保护用油040055,非食用鱼油040057,炊具防粘用豆油制剂040058,重油040064,工业用菜油040065,工业用菜籽油040065,石脑油040066,工业用骨油040067,油精040068,石油(原油或精炼油)040071,硬脂(精)040073,羊毛脂040074,工业用葵花籽油040075,纺织用油040080,皮革保护用油脂040086,工业用油040087,工业用蓖麻油040089,皮革保护油040090,切削液040101,绘画用油040102,发动机油040104,石油挥发油040110,制化妆品用羊毛脂040115

※ 桐油C040001,木油C040002,梓油(即青油)C040003,樟木油C040004,椰子油(工业用)C040005,

核桃油（工业用）C040006，橄榄油（工业用）C040007，乳化油C040008，钟表油C040009，缝纫机油C040010，擦枪油C040011，唱机唱片两用油C040012，显微镜用香柏油C040013，白油C040014，硬化油C040015，溶剂油C040016，精密仪器油C040017，切割油C040018，皮带油C040019，车轮防滑膏C040024

武器用润滑油040011，传动带用润滑油040033，润滑油040042，润滑石墨040052，润湿油040056，润滑脂040060，润滑剂040063

※ 轻油C040021，加脂油C040022，导热油C040023，齿轮油C040025

注：1. 石油（原油或精炼油）与0402挥发性混合燃料，燃料，照明用油，汽油，轻石油，柴油，粗柴油，煤油，发动机燃料，燃料油，石油气类似，与第十一版及以前版本0402照明用油脂，第十版及以前版本0402挥发性燃料混合物，汽车燃料交叉检索；

2. 皮革保护用油脂，皮革保护油与0303皮革保护剂（抛光剂），皮革膏，皮革用蜡类似，与第十一版及以前版本0303皮革保护剂（上光），第十版及以前版本0303皮革防腐剂（抛光剂）交叉检索；

3. 皮革用油脂与0114制革用油，鞣革用油，皮革整理用油类似，与第九版及以前版本0114皮革加脂用油交叉检索。

0402 液体、气体燃料和照明燃料

甲基化酒精040002，酒精（燃料）040003，以酒精为主的燃料040004，挥发性混合燃料040020，燃料040025，照明用油040039，照明燃料040041，汽油040043，轻石油040045，柴油040048，粗柴油040048，煤油040059，碳氢燃料040081，发动机燃料040081，燃料油040084，发动机燃料用非化学添加剂040085，乙醇（燃料）040107，苯燃料040112，二甲苯燃料040113

照明用气体040040，气体燃料040049，石油气040050，固态气体（燃料）040088，发生炉煤气040103

注：1. 跨类似群保护商品：燃料（0402，0403）；

2. 挥发性混合燃料，燃料，照明用油，汽油，轻石油，柴油，粗柴油，煤油，发动机燃料，燃料油，石油气与0401石油（原油或精炼油）类似。

0403 固体燃料

点火用木片040006，引火物040007，无烟煤040008，木柴040013，木炭（燃料）040014，煤球040016，泥煤球（燃料）040017，木质煤040018，易燃煤球040019，煤040023，泥炭（燃料）040024，燃

料 040025，焦炭 040031，矿物燃料 040032，褐煤 040062，煤屑（燃料）040072，生物质燃料 040111，水烟炭 040117

注：跨类似群保护商品：燃料（0402，0403）。

0404 工业用蜡

蜂蜡 040001，棕榈蜡 040021，纯地蜡 040022，蜡（原料）040027，传动带用蜡 040028，工业用蜡 040030，地蜡 040069，石蜡 040070，滑雪板用蜡 040114，制化妆品用蜂蜡 040116

注：本类似群与第十版及以前版本 2807 滑雪板用蜡交叉检索。

0405 照明用蜡烛和灯芯

点火用纸捻 040005，圣诞树用蜡烛 040010，蜡烛 *040015，小蜡烛 040015，照明用蜡 040029，蜡烛芯 040046，灯芯 040061，夜间照明物（蜡烛）040076，香味蜡烛 040105，火绒 040108

0406 吸收、润湿和黏结灰尘用合成物

清扫用黏结灰尘合成物 040012，除尘制剂 040038，沉积灰尘用合成物 040079，吸收灰尘用合成物 040109

0407 能源

电能 040106
※ 核聚变产生的能源 C040027，电 C040028

注：本类似群与第八版及以前版本 0117 交叉检索。

第五类

药品,医用和兽医用制剂;医用卫生制剂;医用或兽医用营养食物和物质,婴儿食品;人用和动物用膳食补充剂;膏药,绷敷材料;填塞牙孔用料,牙科用蜡;消毒剂;消灭有害动物制剂;杀真菌剂,除莠剂。

【注释】

第五类主要包括药品和其他医用或兽医用制剂。

本类尤其包括:

——除梳妆用制剂以外的个人保健用卫生制剂;

——婴儿和失禁者用尿布;

——非人用、非动物用除臭剂;

——含药物的洗发水、肥皂、洗剂和牙膏;

——膳食补充剂,为正常饮食提供补充或有益健康的;

——医用或兽医用代餐物、营养食物和饮料;

——不含烟草的医用卷烟。

本类尤其不包括:

——制药用原料,例如:维生素,防腐剂和抗氧化剂(第一类);

——梳妆用不含药物的卫生制剂(第三类);

——人用或动物用除臭剂(第三类);

——矫形用绷带(第十类);

——非医用、非兽医用的代餐物、营养食物和饮料,上述应被归入相应的食品或饮料类别,例如:低脂炸土豆片(第二十九类),高蛋白谷物棒(第三十类),等渗饮料(第三十二类)。

0501 药品,消毒剂,中药药材,药酒

(一)维生素制剂*050090,鱼肝油050150,补药050262,医用卵磷脂050313,药用蜂王浆050316,人用药050328,药物饮料050332,膳食纤维050367,医用珍珠粉050410,药用蜂胶050426,治疗用或医用营养制剂050459,维生素补充片050483

※赖氨酸冲剂C050010,赖氨酸盐酸盐C050011,珍珠层粉C050013,洋参冲剂C050026,蜂王精C050027,人参C050046,枸杞C050047,蛋白质补充剂C050053,冬虫夏草C050054,阿胶C050055

乌头碱050002,饮食疗法用或药用淀粉050013,麻醉剂050017,医用安果斯都拉树皮050020,

气喘茶050022，治痔剂050025，防寄生虫制剂050029，防尿制剂050032，医用及兽医用细菌学研究制剂050037，细菌抑制剂050038，医用和兽医用细菌制剂050039，医用止痛制剂050046，药用铋制剂050053，古拉尔氏水（稀次醋酸铅溶液）050054，铅水050054，药用木炭050056，治疗烧伤制剂050061，除口臭药片050062，胼胝治疗剂050063，斑蝥粉050065，药用糖浆050067，药用胶囊050068，医药制剂050069，化学药物制剂050077，药用水合氯醛050079，氯仿（医用）050080，医用无烟草香烟050081，可卡因050086，医用南美牛奶菜的干皮050092，缓和便秘的药物050093，化学避孕剂050095，止血药笔050104，巴豆茎皮050105，马钱子050106，疫苗050107，煎好的药050109，药用助消化剂050122，洋地黄苷050123，止痛药050124，医用药物050125，轻便药箱（已装药的）050126，药用氧化镁050127，药用蜂花水050128，药用树皮050132，酏剂（药物制剂）050133，医用盐050137，药用酯050138，药用乙醚050139，药用桉树脑050141，药用桉树050142，泻药050143，药用面粉050144，药用谷粉050144，解热剂050146，医用茴香050147，药茶050149，杀真菌剂050151，神经镇定剂050152，药用邻甲氧基苯酚050153，驱肠虫药050154，轻泻剂050156，医用明胶050157，药用龙胆050158，杀菌剂050159，甘油磷酸盐050160，药用亚麻籽050162，乳脂050165，血红蛋白元050168，血红蛋白050169，药草050170，医用激素050171，白毛茛碱050174，白毛茛分碱050175，药用蛋白胨050180，三碘甲烷050181，医用角叉菜050182，球根牵牛制泻药050183，药浸枣050184，药用甘草050185，药用奶发酵剂050187，药用亚麻籽粉050190，药用酵母050194，药用蛇麻腺050197，药用红树皮050199，药用薄荷050201，药用麦芽050203，血清050209，薄荷醇050210，药用锭剂050214，药用芥末050219，药用樱桃李树皮050221，麻醉药050223，嗅盐050224，医用药膏050225，器官疗法制剂050229，药用果胶050231，药用苯酚050236，药用草药茶050240，药用胃蛋白酶050242，药用扁胶囊050243，急救箱（备好药的）050244，药用磷酸盐050245，汗足药050247，血浆050248，医用钾盐050251，医用破斧木050253，医用苦木药050254，医用金鸡纳树皮050255，医用奎宁050256，医用喹啉050257，药用植物根050260，药用大黄根050261，药用次硝酸铋050263，医用菝葜050264，医用血050265，医用水蛭050266，镇静药050268，镇静剂050268，药用麦角050269，血清疗法药剂050270，安眠药050273，医用钠盐050274，灭菌剂050275，马钱子碱050276，止血剂050277，医用糖050278，磺胺（药）050279，药用酒石050281，药用松脂050282，医药用松节油050283，药用麝香草酚050284，祛汗药050285，发疱剂050290，药用醋酸盐050291，药用酸050292，医用生物碱050296，药用醋酸铝050299，药用甘草茎050303，药用小苏打050304，医用生物制剂050305，药用溴050306，医用樟脑油050308，医用樟脑050309，减肥用药剂050317，药用纤维素酯050318，药用苛性碱050319，药用纤维素醚050320，饮食疗法用或医用谷类加工副产品050321，药用化学制剂050323，药用酒石酸氢钾050325，药用杂酚油050326，牙科用药050327，药酵素050333，药用硫华050334，医用发烟药草050336，药用棓酸050338，医用葡萄糖050340，医用藤黄050341，医用蓖麻油050344，药用碘050346，药用碘化物050347，药用碱性碘化物050348，医用化学制剂050362，医用淀粉酶050366，医用酶050368，医用酶制剂050370，医用催干剂050373，人和动物用微量元素制剂050375，医用氨基酸050376，药用鱼粉050381，医用漱口剂050383，外科和矫形用骨结合剂050385，抗生素050388，医用食欲抑制剂050389，支气管扩张制剂050390，医用阴道清洗液050393，医用头发增长剂050394，类固醇050395，医用佐药050396，活体外科移植物050397，医用下体注洗液050402，医用干细胞050403，医用生物组织培养物050405，医用冷却喷雾050407，个人用性交润滑剂050408，药用芦荟制剂050409，性欲抑制剂050411，含药物的洗眼剂050414，食欲抑制剂050415，减肥药050416，晒黑用药050417，抗氧化药050418，药用藻酸盐050433，移植物（活体组织）050450，医用胶原蛋白050451，药用植物提取物050452，医用或兽医用微生物制剂050454，医用草本疗法制剂050455，医用草本提取物050456，性刺激用凝胶050457，免疫刺激剂050458，医用载药注射器050462，医用收敛剂050465，含药物的洁牙剂050466，治疗虱子用制剂（灭虱药）050467，灭虱洗发剂050468，辅助戒烟用尼古丁咀嚼胶050485，药用树枝状聚合物制胶囊050487，可注射的皮肤填充物050489，含药物的牙膏050491，避孕用海绵050494，由活组织组成的骨间空隙填充物050498

※针剂C050001，片剂C050002，酊剂C050003，水剂C050004，膏剂C050005，口服补盐液C050012，原料药C050014，中药成药C050015，生化药品C050022，血液制品C050023，胶丸C050024，药酒C050025，减肥茶C050050，杀寄生虫药C050051，中药材C050052，药用灵芝C050056，药用鹿茸C050057，药用石斛茎C050058，药用林蛙油C050059，药用天麻C050060，淮山药（中药材）C050061，藏红花（中药材）C050062，罗汉果（中药材）C050063

医用酒精050008，药用乙醛050009，药用莳萝油050018，冻伤药膏050023，抗菌剂050030，治疣药笔050033，医用香膏050050，甘汞（杀真菌剂）050064，石灰制药剂050074，熏蒸香锭050085，眼药水050088，除鸡眼药物050098，治晒伤用药剂050100，腐蚀性药笔050102，冻疮制剂050103，医用去污剂050108，清除橡皮膏溶剂050134，浸制药液050148，医用油脂050163，药油050167，医用芥子油050172，碘酒050179，药用洗液050191，搽剂050196，硫黄棒（消毒用）050205，医用润发脂050207，医用酊剂050208，汞软膏050211，肥皂樟脑搽剂050228，芥子膏药纸050237，芥子敷剂纸050237，护肤药剂050239，治头皮屑药剂050241，芥子膏药050271，芥子泥敷剂050271，栓剂050280，治晒伤软膏050301，医用甘油050331，药用甲醛050335，医用熏蒸制剂050337，医用矿脂050339，医用羯布罗香膏050342，药用蛇麻子浸膏050343，医用过氧化氢050345，药用酒精050438，痤疮治疗制剂050444，治疗用按摩蜡烛050481，辅助戒烟用尼古丁贴片050486，浸驱虫剂的手环050490，医用按摩凝胶050492，头痛缓解涂抹棒050493

※油剂C050006，止痒水C050007，去灰指甲油C050008，艾卷C050020，贴剂C050021，风湿油C050043，伤风油C050044，清凉油C050045

医用洗浴制剂050041，矿泉水沐浴盐050042，药浴用海水050044，浴用治疗剂050045，医用泥浆050058，医用沉淀泥050058，浴用泥浆050059，泥敷剂050070，医用矿泉水050129，矿泉水盐050130，温泉水050131，医用沐浴盐050302，抗菌皂050471，抗菌洗手液050472，含药物的剃须后用液050473，含药物的洗发液050474，含药物的梳洗用制剂050475，含药物的润发乳050476，含药物的干洗式洗发剂050477，消毒皂050479，药皂050480

怀孕诊断用化学制剂050166，医用诊断制剂050330，医用或兽医用化学试剂050364，医用试纸050437，医用生物标志物诊断试剂050443

（二）医用放射性造影物质050096，医用放射性物质050258，医用镭050259，医用同位素050349

※ 放射性药品C050009

（三）浴用氧气050043，医用气体050314，医用氧050399，已充氧的医用氧气瓶050499

（四）心电图电极用化学导体050091

（五）人工授精用精液050177

（六）卫生消毒剂050118，消毒剂050441

（七）隐形眼镜用溶液050094，隐形眼镜清洁剂050365

（八）培养细菌用介质050036，培养细菌用肉汤050036，细菌培养基050036，微生物用营养物质050212，医用或兽医用微生物培养物050213

注：1. 本类似群各部分之间商品不类似，但杀真菌剂，杀菌剂，灭菌剂，卫生消毒剂，消毒剂互为类似商品；

2. 第（一）部分第一、二自然段与0502第一自然段含药物的糖果，医用树胶，医用冰糖及第二、三自然段类似，与第十一版及以前版本0502第一自然段药制糖果，医用糖果，第九版及以前版本0502医用胶，医用食物营养制剂，医用营养添加剂交叉检索；

3. 第（一）部分第一、二自然段（人用药除外）与3005类似；

4. 药茶，药用草药茶，减肥茶与第九版及以前版本3002茶叶代用品交叉检索；

5. 杀真菌剂，杀菌剂，灭菌剂，卫生消毒剂，消毒剂与0503化学盥洗室用消毒剂，0505灭干朽真菌制剂，灭微生物剂，土壤消毒制剂，农业用杀菌剂类似，与第九版及以前版本0505土壤消毒剂，第八版及以前版本0503污物消毒剂，污物消毒制剂交叉检索；

6. 第（一）部分与第十一版及以前版本0506腐蚀性药笔，止血药笔，第六版及以前版本0507牙科用药交叉检索；

7. 轻便药箱（已装药的），急救箱（备好药的）与1001医生用器械箱，医疗器械箱类似，与第十版及以前版本1001外科医生和医生用器械箱，外科医生和医生用箱交叉检索；

8. 防寄生虫制剂，驱肠虫药，医用及兽医用细菌学研究制剂，医用和兽医用细菌制剂，医用或兽医用微生物培养物，医用或兽医用微生物制剂，杀寄生虫药，医用或兽医用化学试剂，人和动物用微量元素制剂与0504类似；

9. 医用洗浴制剂，药浴用海水，浴用泥浆与0301第一、二自然段，0306洗澡用化妆品类似；

10. 医用阴道清洗液，医用下体注洗液与0301个人清洁或祛味用下体注洗液，不含药物的个人私处清洗液，个人清洁或祛味用阴道洗液类似，与第十一版及以前版本0301非医用个人私处清洗液交叉检索；

11. 矿泉水沐浴盐与0301非医用沐浴盐，浴盐类似；

12. 防寄生虫制剂，杀寄生虫药与0505杀寄生虫剂类似；

13. 除口臭药片与0502医用口香糖类似；

14. 第（二）部分与第十版及以前版本第（一）部分医用X光造影剂交叉检索；

15. 抗菌皂，消毒皂，药皂与0301杏仁肥皂，肥皂，剃须皂，汗足皂，除臭皂，香皂，防汗皂类似；

16. 含药物的洁牙剂，含药物的牙膏与0307类似；

17. 第（一）部分与第十版及以前版本0301消毒皂，药皂，抑菌洗手剂交叉检索；

18. 本类似群含药物的化妆、梳洗制剂类商品根据功能用途与3类不含药物的相应商品类似。

0502 医用营养品，人用膳食补充剂，婴儿食品

医用白朊食品050006，医用白朊制剂050007，含药物的糖果050057，糖尿病人食用的面包050121，医用树胶050161，医用麦乳精饮料050188，药用乳糖050192，医用口香糖050198，药用杏仁乳050300，医用冰糖050310

医用营养食物050297，医用营养饮料050307，医用营养品050350，矿物质食品补充剂050382，营养补充剂050384，白朊膳食补充剂050420，亚麻籽膳食补充剂050421，亚麻籽油膳食补充剂050422，小麦胚芽膳食补充剂050423，酵母膳食补充剂050424，蜂王浆膳食补充剂050425，蜂胶膳食补充剂050427，花粉膳食补充剂050428，酶膳食补充剂050429，葡萄糖膳食补充剂050430，卵磷脂膳食补充剂050431，藻酸盐膳食补充剂050432，酪蛋白膳食补充剂050434，蛋白质膳食补充剂050435，医用冻干食物050460，医用均质食物050461，医用冻干肉050463，巴西莓粉膳食补充剂050482

※ 灵芝孢子粉膳食补充剂C050064

婴儿含乳面粉050145，婴儿食品050298，婴儿配方奶粉050448，婴儿奶粉050449

注：1. 含药物的糖果，医用树胶，医用冰糖与0501第（一）部分第一、二自然段类似；

2. 第二、三自然段与0501第（一）部分第一、二自然段，3005类似；

3. 婴儿含乳面粉，婴儿食品，婴儿配方奶粉，婴儿奶粉与2907奶，奶制品，奶饮料（以奶为主），蛋白奶，奶粉类似，与第十一版及以前版本2907牛奶，牛奶饮料（以牛奶为主），牛奶制品，白朊牛奶，蛋白质牛奶交叉检索；

4. 医用口香糖与0501除口臭药片类似。

0503 净化制剂

空气净化制剂050005，净化剂050117，非人用、非动物用除臭剂050119，除霉化学制剂050202，化学盥洗室用消毒剂050380，衣服和纺织品用除臭剂050400，空气除臭剂050401

※ 冰箱除味剂C050029，厕所除臭剂C050030，漂白粉（消毒）C050031

注：1. 化学盥洗室用消毒剂，厕所除臭剂与0302厕所清洗剂类似；
2. 漂白粉（消毒）与0301漂白盐，漂白碱，洗衣用漂白剂，漂白水类似，与第九版及以前版本0104第（一）部分漂白剂交叉检索；
3. 化学盥洗室用消毒剂与0501杀真菌剂，杀菌剂，灭菌剂，卫生消毒剂，消毒剂，0505灭干朽真菌制剂，灭微生物剂，土壤消毒制剂，农业用杀菌剂类似，与第九版及以前版本0505土壤消毒剂交叉检索；
4. 本类似群与0310类似。

0504 兽药，动物用膳食补充剂

牲畜用洗涤剂（杀虫剂）050051，狗用洗涤液（杀虫剂）050075，狗用驱虫剂050076，动物蹄用胶合剂050083，动物用防寄生虫颈圈050087，兽医用油脂050164，动物用洗涤剂（杀虫剂）050189，兽医用洗液050220，兽医用制剂050287，兽医用药050329，兽医用生物制剂050361，兽医用化学制剂050363，兽医用酶050369，兽医用酶制剂050371，兽医用氨基酸050377，兽医用干细胞050404，兽医用生物组织培养物050406，动物用膳食补充剂050419，动物用蛋白质补充剂050436，含药物的饲料050445，兽医用诊断制剂050446，兽医用试纸050464，动物用杀虫沐浴露050469，兽医用杀虫洗涤剂050470，含药物的宠物用沐浴露050478

注：1. 牲畜用洗涤剂（杀虫剂），狗用洗涤液（杀虫剂），动物用洗涤剂（杀虫剂），动物用杀虫沐浴露，兽医用杀虫洗涤剂，含药物的宠物用沐浴露与0309宠物用沐浴露（不含药物的清洁制剂），动物用沐浴露（不含药物的清洁制剂）类似，与第十版及以前版本0309宠物用香波交叉检索；
2. 本类似群与0501防寄生虫制剂，驱肠虫药，医用及兽医用细菌学研究制剂，医用和兽医用细菌制剂，医用或兽医用微生物培养物，医用或兽医用微生物制剂，杀寄生虫药，医用或兽医用化学试剂，人和动物用微量元素制剂类似，与第九版及以前版本0501防寄生虫制剂（人或兽用），打虫药（人或兽用），驱虫剂（人或兽用），医用或兽医用培养基，医用或兽医用微生物培养体，杀寄生虫药（人或兽用），人用和兽用微量元素制剂交叉检索；
3. 兽医用试纸与第十版及以前版本0501试纸（医用或兽医用）交叉检索。

0505 杀虫剂，除莠剂，农药

消灭有害动物制剂050021，灭干朽真菌制剂050026，灭微生物剂050052，杀昆虫剂050055，灭鼠剂050120，抗隐花植物制剂050135，驱昆虫剂050178，烟精（杀虫剂）050186，灭幼虫050193，除蛞蝓剂050195，除草剂050204，消灭有害植物制剂050204，除莠剂050204，鼠药050216，治小麦枯萎病的化学制剂050222，治小麦黑穗病的化学制剂050222，杀寄生虫剂050238，治葡蚜用化学制剂050246，除虫菊粉050252，土壤消毒制剂050272，治疗藤蔓植物病害的化学制剂050288，杀害虫制剂050289，葱油（杀寄生虫用）050311，除藻剂050312，驱虫用香050386，杀螨剂050387，杀虫剂050439，治疗谷类植物病害的化学制剂050488

※农业用杀菌剂C050048

防蛀剂050028，粘蝇纸050035，捕苍蝇用粘胶050217，粘蝇胶050217，灭蝇剂050218，防蛀纸050286，用于驱虫的杉木050379

※蚊香C050032，熏蚁纸C050033，粘蝇带C050034，卫生球C050035

注：1. 第一、二自然段与0105第一、二自然段，0109植物生长调节剂，0113水果催熟用激素类似，与第九版及以前版本0113水果催熟激素交叉检索；

2. 灭干朽真菌制剂，灭微生物剂，土壤消毒制剂，农业用杀菌剂与0501杀真菌剂，杀菌剂，灭菌剂，卫生消毒剂，消毒剂，0503化学盥洗室用消毒剂类似，与第八版及以前版本0503污物消毒剂，污物消毒制剂交叉检索；

3. 杀寄生虫剂与0501防寄生虫制剂，杀寄生虫药类似。

0506 卫生用品，绷敷材料，医用保健袋

（一）月经内裤050200，卫生内裤050200，卫生棉条050232，卫生巾050234，卫生护垫050234，内裤衬里（卫生用）050315，失禁用尿布050351，失禁用吸收裤050372，浸药液的薄纸050374，婴儿尿布050412，婴儿尿裤050413，婴儿用一次性游泳尿裤050495，可重复使用的婴儿游泳尿裤050496，婴儿用一次性尿布更换垫050497

※消毒纸巾C050036，失禁用衣C050049

（二）橡皮膏050019，灭菌棉050031，无菌棉050034，脚戴除鸡眼环050040，包扎绷带050049，医用填料050072，医用棉绒050073，敷布050089，医用棉050099，医用敷料050114，外伤药用棉050136，外科敷料050140，敷料纱布050155，脱脂棉050176，能吸附的填塞物050176，外科用肩绷带050267，医用胶带050294，医用胶布050294，药用火棉胶050324，防溢乳垫050378，拇囊炎衬垫050391，医用包足绷带布050392，医用眼罩050398，外科胶水050442，医用棉签050447

※救急包C050037，止血栓C050038，中药袋C050039，药枕C050040，产包C050041，医用保健袋C050042

注：1. 本类似群各部分之间商品不类似；

2. 卫生棉条，卫生巾，卫生护垫，浸药液的薄纸，消毒纸巾与1603卫生纸，纸手帕，卸妆用薄纸，纸餐巾，纸巾，纸制洗脸巾，纸制抹布类似，与第十版及以前版本1603卸妆用纸巾，第

九版及以前版本1603纸或纤维素制婴儿餐巾（一次性），纸制或纤维制婴儿餐巾（一次性）交叉检索；

3. 消毒纸巾与0301浸清洁制剂的婴儿湿巾，0306浸化妆水的薄纸，浸卸妆液的薄纸，浸卸妆液的卸妆棉类似，与第九版及以前版本0306浸化妆品的卫生纸，浸化妆品的薄纸交叉检索；

4. 月经内裤，卫生内裤与2501内裤，女士内裤类似，与第十版及以前版本2501内裤（服装）交叉检索；

5. 失禁用尿布，失禁用吸收裤与第十版及以前版本1004失禁用垫，第九版及以前版本1603纸或纤维素制婴儿尿布（一次性），纸制和纤维制婴儿尿布（一次性），纸或纤维素制婴儿尿布裤（一次性），纸制和纤维制婴儿尿裤（一次性），纸制或纤维制婴儿尿布（一次性）交叉检索；

6. 婴儿尿布，婴儿尿裤，婴儿用一次性游泳尿裤，可重复使用的婴儿游泳尿裤，婴儿用一次性尿布更换垫与第十版及以前版本1004失禁用垫，第九版及以前版本2502婴儿纺织品尿布，1603纸或纤维素制婴儿尿布（一次性），纸制和纤维制婴儿尿布（一次性），纸或纤维素制婴儿尿布裤（一次性），纸制和纤维制婴儿尿裤（一次性），纸制或纤维制婴儿尿布（一次性）交叉检索；

7. 包扎绷带，外科用肩绷带与1008矫形用关节绷带，支撑绷带，弹性绷带，悬吊式绷带，矫形用膝绷带，矫形用石膏绷带，吊带（支撑绷带）类似，与第十版及以前版本1008矫形用石膏绷带（模压品），第九版及以前版本1008吊绷带等绷带类商品交叉检索；

8. 医用棉签与0306化妆用棉签类似，与第十版及以前版本0306棉签（梳妆用品）交叉检索。

0507 填塞牙孔用料，牙科用蜡

牙用研磨剂050001，假牙黏合剂050003，牙科用贵金属合金050010，牙科用汞合金050012，牙科用橡胶050066，牙科用水门汀050082，牙医用造型蜡050084，牙医制模用蜡050084，牙填料050110，牙科用印模材料050111，牙用光洁剂050112，牙用胶黏剂050113，假牙用瓷料050115，出牙剂050116，牙科用金汞合金050230

0508 单一商品

宠物尿布050440

第六类

普通金属及其合金，金属矿石；金属建筑材料；可移动金属建筑物；普通金属制非电气用缆线；金属小五金具；存储和运输用金属容器；保险箱。

【注释】

第六类主要包括未加工及半加工的普通金属，金属矿石，以及某些普通金属制品。

本类尤其包括：

——用于进一步加工的金属箔或金属粉，例如：用于3D打印；

——金属建筑材料，例如：铁轨用金属材料，金属管及金属管道；

——金属小五金具，例如：螺栓，螺丝，钉子，家具脚轮，窗栓；

——金属制可移动的建筑物或建筑结构，例如：活动房屋，游泳池，兽笼，溜冰场；

——不按照功能或用途分类的某些普通金属制品，例如：多用途普通金属盒，塑像，普通金属制艺术品及半身塑像。

本类尤其不包括：

——因为其化学特性在工业和科学研究中被用作化学品的金属和矿石，例如：铝土，汞，锑，碱金属及碱土金属（第一类）；

——绘画、装饰、印刷和艺术用金属箔及金属粉（第二类）；

——电缆（第九类），非金属、非电气缆绳（第二十二类）；

——作为卫生设备部件的管道（第十一类），非金属软管和非金属柔性管（第十七类），非金属硬管（第十九类）；

——家养宠物用笼子（第二十一类）；

——某些按其功能和用途分类的普通金属制品，例如：手动的手工具（第八类），曲别针（第十六类），家具（第二十类），厨房用具（第二十一类），家用容器（第二十一类）。

0601 普通金属及其合金、板、各种型材（不包括焊接及铁路用金属材料）

未锻造或半锻造的钢060001，钢合金060002，铸钢060005，镍银060016，铝060017，青铜060018，耐磨金属060027，镀银的锡合金060032，铍060043，白合金060046，镉060061，铪060067，铬060079，铬铁060080，钴（未加工的）060088，未加工或半加工铜060109，生铁或半锻造铁060115，未加工或半加工铸铁060133，钼铁060136，硅铁060137，钛铁060138，钨铁060139，铅封060146，

锗 060147，钢 060154，未加工或半加工黄铜 060157，金属锉屑 060161，普通金属锭 060164，大钢坯（冶金）060168，镁 060169，锰 060174，未加工或半加工普通金属 060182，可自燃金属 060185，钼 060189，镍 060193，铌 060194，未加工或半加工铅 060214，锌 060223，钽（金属）060246，钛 060251，顿巴黄铜 060253，钨 060257，钒 060259，锆 060264，普通金属合金 060269，铝箔 *060270，锡 060373，马口铁 060374，锡箔 060375，包装和打包用金属箔 060416，粉末状金属 *060434，3D 打印机用金属箔或金属粉 060453

※ 钢砂 C060001，铁砂 C060002，白铁皮 C060003，电解铜 C060004，电解铅 C060005，铝锭 C060007，钨粉 C060008，锰粉 C060009，锌粉 C060010，电解镍 C060011，钢纤维 C060043

钢条 060003，钢桅杆 060006，钢板 060010，锚定板 060020，垫板 060020，金属桅杆 060023，金属杆 060024，金属装甲板 060047，铁板 060052，铁条 060131，金属板条 060160，金属桩 060188，金属板桩 060188，金属柱 060205，金属角铁 060345，金属支架 060372，金属片和金属板 060376，金属陶瓷 060401，热轧钢棒 060459，磨光钢棒 060460，已剥皮的金属棒 060461，已拉拔抛光的金属棒 060462

注：1. 第三自然段与 0603 建筑用金属盖板，建筑用金属衬板，金属隔板，建筑用金属嵌板，钢模板，建筑用金属平板等金属制板材类似，与第九版及以前版本 0603 建筑用金属板交叉检索；

2. 锚定板与 0604 铁路金属材料类似；

3. 金属支架与第九版及以前版本 0603 装货物用金属支架交叉检索；

4. 镁与 0101 碱土金属类似。

0602 普通金属管及其配件

钢管 060011，金属喷头 060014，金属喷嘴 060021，绳索用金属套管 060058，中央供暖装置用金属管道 060076，中央供热装置用金属管道 060076，金属水管 060091，金属套筒（金属制品）060092，管道用金属弯头 060099，金属套管柱 060111，金属排水管 060114，金属管 060127，滑油嘴 060151，金属制管套筒 060173，管道用金属接头 060229，金属阀门（非机器部件）060243，金属管道 060258，压缩空气管道用金属配件 060267，管道用金属加固材料 060275，紧固管道用金属环 060312，缆绳和管道用金属夹 060313，金属排水阱（阀）060335，油井用金属套管 060337，金属雨水管 060356，金属水管阀 060359，金属分岔管 060366，通风和空调设备用金属管 060415，管道用金属歧管 060420，金属压力水管 060421

※ 管道用金属墙钩 C060046

注：1. 本类似群与 1108 第（一）部分类似；

2. 金属阀门（非机器部件），金属排水阱（阀），金属水管阀与 0749 第（二）部分类似；

3. 本类似群与第九版及以前版本 0608 管道用金属墙钩交叉检索；

4. 跨类似群保护商品：缆绳和管道用金属夹（0602，0606）。

0603 金属建筑材料，可移动金属建筑物（不包括建筑小五金）

金属楼梯060124，金属格栅060152，金属火箭发射台060159，可移动金属建筑物060170，金属围篱060198，溜冰场（金属结构）060203，金属跳水板060215，金属电线杆060222，金属蓄水池060232，可移动金属温室060236，金属筒仓060239，金属格架060256，鸟舍（金属结构）060263，不发光金属信号台060282，游泳池（金属结构）060290，金属制自行车停放架060293，金属制简易小屋060308，喷漆用金属间060310，金属烟囱罩060318，金属烟囱管帽060331，金属建筑物060339，金属梯060361，乘客登乘用可移动金属梯060362，电线用金属杆060365，金属栅栏060368，炉用金属护栏060390，公路防撞用金属护栏060397，金属广告栏060411，金属烟囱060413，金属烟囱柱060414，金属电话间060422，金属电话亭060422，金属鸡房060425，（壁炉的）柴架060431，凉亭（金属结构）060436，金属牲畜棚060437，金属猪圈060438，金属预制房（成套组件）060439，金属栏杆060457，金属旗杆（建筑物）060468，车辆用金属坡道060476，壁炉用金属炉栅060483，金属制移动式隔音亭060484

※ 镀锌铁塔C060012，桥梁支承C060013，金属果皮箱C060014，电缆桥架C060015，金属护栏C060034，金属井盖C060035，预应力锚具C060036，金属锚具C060037，金属制帐篷桩C060047，金属跳水台C060048

钢制卷帘060009，混凝土用金属加固材料060033，金属地板砖060040，金属栅栏用杆060042，建筑用金属架060074，建筑用金属柱060090，金属制屋顶防雨板060098，金属门*060100，窗用铁制品060106，建筑用金属托架060123，建筑用金属附件060140，金属固定百叶窗060156，金属制室外遮帘060158，金属楼梯基（楼梯部件）060162，金属楣060165，金属台阶（梯子）060177，门廊（金属结构）060179，建筑用金属制墙包层060192，建筑用金属盖板060195，金属百叶窗060197，建筑用金属制墙衬料060201，金属天花板060209，金属地板060210，建筑用金属衬板060211，金属屋瓦060213，金属大门060218，金属门板060219，金属梁060224，金属搁栅060225，预制金属台060226，金属槛060233，金属屋顶060252，金属旋转栅门060255，金属竖铰链窗060260，钢结构建筑060266，金属护壁板060274，建筑用金属加固材料060276，金属建筑材料060291，混凝土用金属模板060292，金属铺路块料060294，金属窗框060315，温室用金属架060316，金属垫路板060317，建筑用金属砖瓦060321，金属砖地板060322，建筑用金属框架060328，金属门框060329，金属门框架060329，金属檐槽060332，金属隔板060336，金属檐口060343，檐板金属嵌条060344，金属窗060346，门用铁制品060347，金属检修孔盖060349，金属制屋顶覆盖物060350，金属楼梯踏板060355，金属脚手架060360，建筑用金属嵌板060381，金属制防昆虫纱窗060428，金属耐火建筑材料060435，金属制街道排水沟060441，金属墙砖060445，金属铺地平板060446，建筑用金属平板060447，金属梯凳060448，光伏电池组成的金属屋顶板060449，金属装甲门060450，金属波形瓦060456，建筑用金属包层060458，金属折门060473，建筑用金属嵌条060474，金属制壁炉罩060475，金属双开弹簧门060478，金属折扇门060482，金属制吸音板060485

※ 钢模板C060016，金属脚手架扣件C060038，铝塑板C060042

注：1. 建筑用金属盖板，建筑用金属衬板，金属隔板，建筑用金属嵌板，钢模板，建筑用金属平板等金属制板材与0601第三自然段类似；

2. 铝塑板与第八版及以前版本1909铝塑板（以塑料为主）交叉检索；

3. 金属门，金属固定百叶窗，金属制室外遮帘，金属百叶窗，金属大门，金属竖铰链窗，金属窗等金属制门窗与1909塑钢门窗类似；

4. 本类似群与第九版及以前版本0615金属鸟舍（建筑物）交叉检索；

5. 预应力锚具与0733预应力锚具张拉设备类似；

6. 本类似群与第七版及以前版本0607金属脚手架扣件交叉检索；

7. 金属旋转栅门与第九版及以前版本0914自动旋转栅门交叉检索；

8. 光伏电池组成的金属屋顶板与0922太阳能电池，发电用太阳能电池板类似；

9. 金属旗杆（建筑物）与第十版及以前版本2003旗杆交叉检索。

0604 铁路用金属材料

铁路转辙器060013，铁路道岔060013，铁路金属材料060089，铁路金属护轨060095，鱼尾形接轨夹（铁路）060116，金属轨道060129，转车盘（铁道）060212，铁路用金属枕木060245，铁路货车用金属载量规杆060326，缆索铁道永久导轨用金属材料060330

※ 止轮器C060017，铁道防爬器C060018

注：铁路金属材料与0601锚定板类似。

0605 非电气用缆索和金属线、网、带

钢箍060003，钢丝060004，铝丝060019，装卸用金属吊带060026，带刺金属丝060041，高架缆车的缆绳060057，普通金属线060108，铁箍060131，铁丝060132，金属丝网060184，普通金属合金丝（除保险丝外）060268，捆扎用金属带060285，包装或捆扎用金属带060285，捆扎用金属线060286，装卸用金属带060305，装卸用金属吊索060306，金属制非电气缆绳060311，农业用金属捆扎线060319，金属绳索060341，非绝缘铜线060353，金属捆扎物060363，金属捆扎线060396，金属绳060427

※ 电焊网C060020，钢带C060044，铁带C060045

0606 缆绳用非电气金属附件

非电气缆绳用金属接头060059，缆绳和管道用金属夹060313，缆绳用金属接线螺钉060314

※ 铁接板 C060021，马蹄形钩环（脚扣、铁鞋）C060022，紧线夹头 C060023，铝合金滑车 C060024

注：跨类似群保护商品：缆绳和管道用金属夹（0602，0606）。

0607 钉及标准紧固件

金属垫圈 060037，金属环 *060038，金属止动环 *060038，盒用金属紧固扣件 060048，金属螺栓 060049，垫片（填隙片）060063，金属栓 060078，金属开尾销 060082，钉子 060085，角钉 060086，平头钉 060086，金属膨胀螺栓 060087，金属钩（扣钉）060102，金属扣钉（钩）060102，金属螺丝 060118，销（五金件）060141，有眼螺栓 060143，吊环螺钉 060143，攀登用鞋底钉 060149，金属制帐篷地钉 060208，金属铆钉 060217，五金器具 *060227，小五金器具 *060227，普通金属扣（五金器具）060298，金属螺母 060364，鞋用金属钉 060470，鞋用金属销钉 060471，金属塞 060481

※ 键销 C060025，车辆紧固用螺丝 C060039

注：1. 跨类似群保护商品：五金器具（0607，0608，0609），小五金器具（0607，0608，0609）；
2. 金属环与 0608 铜环，金属门环类似。

0608 家具及门窗的金属附件

金属门闩 060022，金属制窗挡 060035，金属制门挡 060036，金属铰链 *060068，金属安全链 060071，金属铰链连接器 060073，窗用金属滑轮 060075，提拉窗用金属滑轮 060075，窗扉栓 060104，铜环 060110，金属窗栓 060125，窗用金属附件 060130，金属关门器（非电动）060135，金属制门弹簧（非电动）060135，床用金属脚轮 060166，金属闩 060167，金属门环 060180，家具用金属脚轮 060187，金属衣服挂钩 060202，金属门把手 060216，金属门插销 060220，五金器具 *060227，小五金器具 *060227，金属挡块 060238，扁插销 060247，球形金属把手 060301，金属开门器（非电动）060320，金属合页 060327，滑动门用金属滑轨 060348，挂衣杆用金属钩 060352，金属制固定式毛巾分配器 060358，家具用金属附件 060380，床用金属附件 060393，门用金属附件 060394，金属开窗器（非电动）060443，金属关窗器（非电动）060444，金属制浴缸扶手 060451，金属制窗锁 060454，金属制门用锁紧装置 060455，家具用金属角码 060464

※ 磁碰块 C060026，家用金属滑轨 C060040

注：1. 类似群与第十版及以前版本 0603 金属闩交叉检索；
2. 金属门把手，球形金属把手与第九版及以前版本 0609 金属把手包头交叉检索；
3. 跨类似群保护商品：五金器具（0607，0608，0609），小五金器具（0607，0608，0609）；
4. 铜环，金属门环与 0607 金属环类似。

0609 日用五金器具

手杖用金属包头060064，门前鞋底刮板060113，金属门铃（非电动）060121，手柄用金属包头060172，普通金属制钥匙圈060221，五金器具*060227，小五金器具*060227，铃*060241，金属包头060262，金属挂包钩060463，袋子用金属封口夹060469，金属制手持旗杆060480

※ 金属钥匙链C060027，帐圈C060028

注：1. 跨类似群保护商品：五金器具（0607，0608，0609），小五金器具（0607，0608，0609）；
2. 金属制手持旗杆与第十版及以前版本2003旗杆交叉检索。

0610 非电子锁

金属挂锁（非电子）060062，金属钥匙060083，金属锁（非电）060144，弹簧锁060153，锁簧060204，运载工具用金属锁060237，包用金属锁060379，汽车车轮锁060426

注：1. 本类似群商品（金属钥匙除外）与0920第二、三自然段，2014非金属挂锁（非电子）类似；
2. 金属钥匙与2014塑料钥匙类似。

0611 保险箱柜

钱箱（金属或非金属）060029，保险柜（金属或非金属）060034，保险箱（金属或非金属）060034，现金保险箱060066，电子保险柜060472

0612 金属器具，金属硬件（非机器零件）

机器传动带用金属扣060012，金属带式铰链060039，丁字砧060045，金属法兰盘060054，铁砧060097，金属制皮带张紧器060101，金属挂锅钩060103，钩子（金属器具）060105，搬运用金属货盘060175，运输用金属货盘060176，金属虎钳爪060191，弹簧（金属制品）060206，金属滑轮（非机器用）060207，金属线拉伸器（张力环）060230，铁砧（便携式）060248，张力环060249，钢滚珠060265，机器传动带用金属加固材料060277，铁带拉伸器（张力环）060284，装卸用金属货盘060325，屋顶石板片用金属钩060351，软管用非机械金属绕轴060357，软管用非机械金属卷轴060369，金属带拉伸器（张力环）060383，金属制岩钉060430，金属托盘*060440

注：钢滚珠与第九版及以前版本0750滚珠，轴承滚珠交叉检索。

0613 金属容器

压缩气体或液态空气瓶（金属容器）060050，贮酸金属容器060065，锡罐060093，金属储藏盒060093，存储和运输用金属容器060094，冷铸模（铸造）060096，压缩气体或液态空气用金属容器060112，马口铁制包装物060119，金属信箱060120，金属制冰块模060150，金属筐060199，金属包装容器060231，（贮液或贮气用）金属容器060232，搅拌灰浆用金属槽060279，金属琵琶桶060287，金属桶箍060288，金属桶060289，普通金属盒060295，桶用金属塞060296，金属密封盖060297，金属瓶盖060299，金属瓶塞060300，瓶用金属紧固塞060300，液态燃料用金属容器060338，金属浮动容器060340，金属大桶060354，金属铸模060384，金属桶架060391，容器用金属盖060395，金属箱060398，桶用金属龙头060402，金属卸料斗（非机械）060418，金属工具盒（空）060423，金属工具箱（空）060424，瓶用金属螺旋盖060442，金属制五加仑装汽油罐060466，泄油用金属容器060479

※ 集装箱C060030，压缩气体钢瓶和液压气减压阀C060031，啤酒罐C060032

注：1. 冷铸模（铸造）与0736铸模（机器部件），压铸模，0735冷冲模类似；
2. 本类似群与第九版及以前版本0603金属信箱交叉检索；
3. 本类似群与第十版及以前版本0609金属密封盖，金属瓶盖，金属瓶帽，瓶用金属密封盖，金属瓶塞，瓶用金属紧固塞，瓶用金属螺旋盖交叉检索。

0614 金属标牌

运载工具用金属徽标060155，不发光金属门牌060196，不发光、非机械的金属信号板060200，不发光、非机械的金属路牌060228，不发光、非机械的金属标志060235，金属标志牌060370，金属纪念标牌060389，金属标示牌060399，金属身份牌060399，金属车牌060400，普通金属制字母和数字（铅字除外）060419，金属标签060465

0615 动物用金属制品

拴牲畜的链子060044，马掌钉060077，靴刺060122，动物挂铃060240，鸟食台（金属结构）060280，金属制兽笼060433，金属制固定式狗用垃圾袋分配器060452

0616 焊接用金属材料（不包括塑料焊丝）

银焊料060030，铜焊合金060053，金属焊丝060242，铜焊金属焊条060302，铜焊及焊接用金属棒060303，金属焊条060304，金焊料060417

※ 焊锡丝C060033

0617 锚，停船用金属浮动船坞，金属下锚桩

金属下锚柱 060271，船只停泊用金属浮动船坞 060272，锚 *060273，金属系船浮标 060412

注：锚与 0734 船用自动锚类似，与第九版及以前版本 0734 航海自动小锚，1210 船锚，小船用锚，锚链交叉检索。

0618 手铐，金属制身份鉴别手环

金属制身份鉴别手环 060051，手铐 060181

注：本类似群商品（手铐除外）与 2010 类似。

0619（测气象或风力的）金属风标

金属风向标 060148，金属风力驱鸟器 060432

0620 金属植物保护器

树木金属保护器 060028，树或植物的金属支桩 060467

注：树或植物的金属支桩与 2007 树或植物的非金属支桩类似，与第十版及以前版本 2007 树或植物的支桩交叉检索。

0621 捕野兽陷阱

捕野兽陷阱 *060025

0622 普通金属艺术品，青铜（艺术品）

青铜制艺术品 060056，普通金属塑像 060244，普通金属艺术品 060278，普通金属制半身像 060307，普通金属小雕像 060382，普通金属小塑像 060382，普通金属制耶稣受难雕像（非首饰）060477

0623 矿石，矿砂

铬矿石 060081，铁矿石 060134，方铅矿（矿石）060145，褐铁矿 060163，金属矿石 060183

0624 金属棺（埋葬用），金属棺材扣件，棺材用金属器材

墓碑用青铜制品 060055，墓碑用青铜制纪念物 060055，金属纪念碑 060190，金属墓 060254，金属墓穴 060323，棺材用金属附件 060324，墓穴用金属围栏 060367，金属墓板 060385，墓碑用金属制纪念物 060386，金属墓碑标牌 060387，金属墓碑柱 060388

第七类

机器，机床，电动工具；马达和引擎（陆地车辆用的除外）；机器联结器和传动机件（陆地车辆用的除外）；除手动手工具以外的农业器具；孵化器；自动售货机。

【注释】

第七类主要包括机器和机床、马达和引擎。

本类尤其包括：

——各类马达和引擎的部件，例如：各种类型马达和引擎用启动器、消音器和汽缸；

——电动清洁机器和装置，例如：电动擦鞋器，清洗地毯用电动机器和装置以及真空吸尘器；

——3D打印机；

——工业机器人；

——某些特殊的非运输用运载工具，例如：扫路机，筑路机，推土机，扫雪机以及作为非运输用履带式运载工具部件的橡胶履带。

本类尤其不包括：

——手动的手工具和器具（第八类）；

——具有人工智能的人形机器人，实验室机器人，教学机器人，安全监控机器人（第九类），外科手术机器人（第十类），机器自动驾驶汽车（第十二类），机器人鼓（第十五类），玩具机器人（第二十八类）；

——陆地车辆用马达和引擎（第十二类）；

——运载工具和拖拉机用履带（第十二类）；

——某些特殊机器，例如：自动取款机（第九类），人工呼吸器（第十类），冷冻设备和机器（第十一类）。

注：搅动机，搅拌机，磨粉机（机器），离心碾磨机，粉碎机，混合机（机器），碾碎机为跨类似群保护商品。但是对于申报限定行业用途的上述商品，应按照行业用途归入相应的类似群，并与对应的上述商品类似。

0701 农业用机械及部件（不包括小农具）

农业机械070008，农业起卸机070009，犁070028，打谷机070043，收割机械070051，捆干草装置070058，捆干草机070058，谷物脱壳机070089，玉米脱粒机070089，犁铧070100，中耕机070138，铲草皮犁070148，排水机070158，植物茎、柄、叶分离器（机器）070168，谷物脱粒机070169，摊晒机070186，割草机用刀070188，割草机070201，切草机070210，稻草切割机070210，耙土机070213，喷雾机070214，切草机刀片070223，收割机070268，收割捆扎机070269，收割脱粒机070270，耙机用耙070323，耙机070324，除草机070344，播种机（机器）070348，扬谷机070379，非手动的农业器具070388，机动中耕机070513，农用耕作机070577

※ 插秧机C070001，植树机C070002，种子发芽器C070003，沼气出料机C070004，种子清洗设备C070005，砻谷机C070097，采茶机C070366

注：1. 喷雾机与0803杀虫剂用喷雾器（手工具），杀虫剂用喷洒器类似，与第九版及以前版本0803杀虫喷雾器（手工具），杀虫剂喷雾器（手工具），杀虫用喷雾器交叉检索；
2. 排水机与1108农业用排灌机类似；
3. 本类似群与第十版及以前版本0709砻谷机，第七版及以前版本0708采茶机交叉检索。

0702 渔牧业用机械及器具

（一）水族池通气泵070005，收网机（捕鱼具）070478

（二）粉碎机070153，轧饲料机070195，工业用切碎机（机器）070419，机械化牲畜喂食器070517
※ 饲料粉碎机C070006，青饲料切割机C070007，块根切碎机C070008，饲料蒸煮器（饲料加工机械部件）C070009

（三）挤奶机070367，挤奶机用吸杯070368，孵化器070442
※ 蜜蜂巢础机C070010，蛋鸡笼养设备C070011，摇蜜机C070012

（四）动物剪毛机070431

（五）※ 盐池压平机C070441，起盐机C070442

注：1. 本类似群各部分之间商品不类似；
2. 跨类似群保护商品：粉碎机（0702第（二）部分，0725，0733，0752），工业用切碎机（机器）（0702第（二）部分，0709，0752）；
3. 第（二）部分与第八版及以前版本0753粉碎机，粉碎机（机器），工业用切碎机（机器）交叉检索。

0703 伐木、锯木、木材加工及火柴生产用机械及器具

锯台（机器部件）070035，木材加工机070055，凿榫机070071，刨花机070071，锯条（机器部件）

070226，锯条夹（机器部件）070227，机锯（机器）070341

※ 铰盘机 C070013，编筏机 C070014，原木传送机 C070015，制木屑的机器 C070016，拼板机 C070017，火柴生产工业用机器 C070018

注：锯条（机器部件），机锯（机器）与 0742 链锯，带锯，圆锯片（机器零件），龙锯，截锯（机器零件），往复锯类似。

0704 造纸及加工纸制品工业用机械及器具

（一）研光辊 070240，造纸机 070291，研光机 070292

※ 洗浆机 C070019，卷浆机（造纸工业用）C070020，造纸用打浆机 C070021，脱水机（造纸工业用）C070022，筛浆机 C070023，轧光机 C070024，卷筒机（造纸工业用）C070025，平网抄纸机 C070026，纸板机 C070027，圆筛（造纸机械部件）C070028，纸浆泵 C070029，蒸煮锅（造纸机械部件）C070445

（二）※ 卫生巾生产设备 C070367，纸尿裤生产设备 C070368

注：1. 本类似群各部分之间商品不类似；
2. 跨类似群保护商品：研光辊（0704 第（一）部分，0706，0712），研光机（0704 第（一）部分，0706，0712），轧光机（0704 第（一）部分，0706）；
3. 第（一）部分与第九版及以前版本 0712 研光机交叉检索。

0705 印刷工业用机械及器具

排字机（印刷）070076，字模盒（印刷用）070081，排字机（照相排版）070112，铸字机 070120，印刷滚筒 070140，印刷机上墨装置 070175，在金属薄板上使用的印刷机器 070216，印刷版 070217，印刷机器 070218，印刷机 070219，印刷机用油墨辊 070220，进纸机（印刷）070246，凸版印刷机 070303，工业用书籍装订装置和机器 070327，轮转印刷机 070334，上光机 070345，铅板印刷机 070355，压纸格（印刷机部件）070377，凸版印刷机械 070378，印刷用字模 070436，工业用喷墨打印机 070580

※ 浇铅条机 C070030，铅字刨床 C070031，胶机 C070032，三色版机（印刷工业机械）C070033，自动配页机 C070034，折页机 C070035，整理机（印刷工业机械）C070036，打眼机 C070037，铸铅板机 C070038，出纸型机 C070039，制版机 C070040，晒版机 C070041，打样机 C070042，裁纸机 C070043，烫金机 C070044，划线机（印刷工业机械）C070045，涂刷机 C070046，透明胶蜡网线版 C070047，印刷胶版 C070048，印刷胶辊 C070049，胶印锌版 C070050，外文模板（印刷用）C070051，铜网（印刷用）C070052，照相制版用腐蚀机 C070053，高速烂版机 C070054，印刷用镍网 C070369

注：1. 印刷版，印刷胶版，胶印锌版，外文模板（印刷用）与1618凸印版，胶版，电铸版类似，与第九版及以前版本1618印版，胶印版，电版交叉检索；

2. 跨类似群保护商品：工业用喷墨打印机（0705，0716）。

0706 纤维加工及纺织、针织工业用机械及部件

织布机卷线轴 070054，织袜机 070057，针布（梳棉机部件）070079，旋转式脱水机（非加热）070084，针织机滑动架 070097，针织机滑板 070097，制花边机 070151，喷射器 070170，纺织机 070190，纺车 070191，织布机传动齿轮 070212，织机轴 070224，研光辊 070240，织布机 070259，精纺机 070260，梭（机器部件）070280，研光机 070292，起绒毛机 070325，织补机 070329，梳棉机 070364，织带机 070372，编织机 070374，纺织工业用机器 070496

※ 轧光机 C070024，轧花机 C070057，清花机 C070058，棉籽脱绒机 C070059，棉花烘干机 C070060，弹花机 C070061，风力清籽机 C070062，弹花齿条 C070063，剥麻机 C070064，揉搓机 C070065，弹麻机 C070066，野生纤维整经机 C070067，羽绒加工设备 C070068，缫丝机械 C070069，绢纺机械 C070070，纸质纱管（纺织机配件）C070071，人造丝机械 C070074，维尼龙抽丝设备 C070075，合成纤维设备 C070076，制地毯机械 C070077，地毯植绒机 C070078，电动织毯机 C070079，平毯机 C070080

注：1. 纺织工业用机器与0707类似；

2. 旋转式脱水机（非加热）与第八版及以前版本0704脱水机交叉检索；

3. 跨类似群保护商品：旋转式脱水机（非加热）（0706，0724），研光辊（0704第（一）部分，0706，0712），研光机（0704第（一）部分，0706，0712），轧光机（0704第（一）部分，0706）；

4. 本类似群与第九版及以前版本0712研光机交叉检索。

0707 印染工业用机械

上浆机 070013，染色机 070362

※ 丝光机 C070081，烧毛机 C070082，平洗机 C070083，蒸化机 C070084，热风干燥拉幅机 C070085，印染胶辊 C070086，印花花筒雕刻设备 C070087，印花机煮炼锅 C070088

注：1. 印花花筒雕刻设备与0712压花机类似；

2. 本类似群与0706纺织工业用机器类似。

0708 制茶工业用机械

※ 制茶机械C070089，揉捻机（制茶工业用）C070090，萎凋机（制茶工业用）C070091，杀青机（制茶工业用）C070092，烘干机（制茶工业用）C070093，斜锅机（制茶工业用）C070094，解块机（制茶工业用）C070095，压茶砖机C070096

0709 食品业用机械及部件

搅动机070007，搅拌机070026，搅乳器070038，磨粉机（机器）070042，奶油机070046，瓶子冲洗机070065，乳脂分离器070083，离心碾磨机070087，绞肉机（机械）070211，碎肉机（机械）070211，制酪机070222，石磨070262，磨面机070266，混合机（机器）070267，切面包机070288，和面机070295，电动意式面食制作机070296，制香肠机070346，制糖机070356，工业用切碎机（机器）070419，制食品用电动机械070423，削皮机070454，蔬菜轧碎机070455，篮式压榨机070533，碾碎机070561，电动榨果汁机070565

※ 碾米机C070098，压面机C070100，切面机C070101，饼干印形机C070102，粉条机C070103，馒头机C070105，包饺子机C070106，榨油机C070107，甘蔗压榨机C070108，罐头工业用机器设备C070109，洗罐机C070110，豆芽机C070111，水果剥皮机C070112，胶体磨（食品工业用）C070113，食品包装机C070114，屠宰机C070116，食品工业用磨浆机C070370

注：1. 食品包装机与0721包装机，包装机械类似；
2. 本类似群与第八版及以前版本0753混合机（机器），搅拌机，搅拌机（机器），工业用切碎机（机器）交叉检索；
3. 跨类似群保护商品：搅动机（0709，0723，0733）；搅拌机（0709，0723，0733），混合机（机器）（0709，0723，0733），工业用切碎机（机器）（0702第（二）部分，0709，0752）；磨粉机（机器）（0709，0725），瓶子冲洗机（0709，0710），离心碾磨机（0709，0723，0725）；碾碎机（0709，0733，0752），电动榨果汁机（0709，0710，0723）。

0710 酿造、饮料工业用机械

抽啤酒用压力装置070012，饮料加气设备070056，瓶子冲洗机070065，酿造机器070066，酿葡萄酒用压榨机070102，汽水加气设备070163，饮用水矿化设备070164，电动制饮料机070315，电动榨果汁机070565

注：1. 本类似群与第八版及以前版本0709瓶子冲洗机交叉检索；
2. 跨类似群保护商品：瓶子冲洗机（0709，0710），电动榨果汁机（0709，0710，0723）。

0711 烟草工业用机械

工业用卷烟机 070103，烟草加工机 070255

0712 皮革工业用机械

制革机 070136，剥皮革机 070157，去肉机（皮革工业用）070166，砑光辊 070240，砑光机 070292

※ 鞣制机（皮革工业用）C070118，磨革机 C070119，喷光机（皮革工业用）C070120，压花机 C070121，烫平机（皮革工业用）C070122，喷色机（皮革工业用）C070123，皮革喷浆机 C070124，皮革修整机 C070125

> 注：1. 压花机与 0707 印花花筒雕刻设备类似；
> 2. 跨类似群保护商品：砑光辊（0704 第（一）部分，0706，0712），砑光机（0704 第（一）部分，0706，0712）。

0713 缝纫、制鞋工业用机械

刺绣机绷圈 070067，缝纫机踏板传动装置 070111，缝合机 070128，卷边机 070283，熨衣机 070328，鞋楦头（机器部件）070352，绕线轴（机器部件）070408，缝纫机 070440，纺织品用便携式旋转蒸汽熨压机 070480

※ 包缝机 C070126，锁扣机 C070127，撬边机 C070128，鞋底压切机 C070129，补鞋机 C070130，裁布机 C070131，下料机（缝纫机械）C070132，工业缝纫机台板 C070133

0714 自行车工业用设备

自行车组装机械 070512

※ 自行车工业用机器设备 C070134，车链机 C070135，车圈机 C070136，滚挡泥板机 C070137

0715 陶瓷、砖、瓦制造机械

陶匠用旋轮 070420

※ 陶瓷工业用机器设备（包括建筑用陶瓷机械）C070138，制砖机 C070371，制瓦机 C070372

0716 工业用雕刻、打标机械

雕刻机 070207，工业用喷墨打印机 070580

※ 塑料套管印字切割机 C070055，塑料导线印字机 C070056，电线印号机 C070295，电脑刻绘机 C070373，电脑刻字机 C070374，电脑割字机 C070375，工业打标机 C070440

注：1. 本类似群与第十版及以前版本 0705 塑料套管印字切割机，塑料导线印字机，0742 电线印号机交叉检索；
2. 跨类似群保护商品：工业用喷墨打印机（0705，0716）。

0717 制电池机械

※ 电池机械 C070139，轧线机（电池制造机械）C070140，电池芯加工机 C070141，上电池底机 C070142，蓄电池工业专用机械 C070143

0718 日用杂品加工机械

制绳机 070119

※ 土特产杂品加工机械 C070144，蚕种脱水机 C070145，制筷机 C070150，脱皮开壳两用机 C070151，制笔机械 C070152，制蜡烛机 C070153

※ 织苇席机 C070146，草垫机 C070147，织草席机 C070148，草帽机 C070149

注：1. 本类似群根据商品功能、用途确定类似商品；
2. 本类似群第三自然段商品之间类似。

0719 制搪瓷机械

※ 制搪瓷机械 C070154

0720 制灯泡机械

※ 制灯泡机械 C070155

0721 包装机械（不包括成套设备专用包装机械）

胶带分配器（机器）070004，捆扎机 070052，装瓶机 070064，包装机 070177，打包机 070294，工业用封口机 070347，装填机 070353，瓶子盖塞机 070410，瓶子压盖机 070411，瓶子封口机 070412，包

装机械070499，塑料封口用电动装置（包装用）070541

※ 烫号机C070156，钞票捆扎机C070157，气动捆扎机C070377

注：1. 包装机，包装机械与0709食品包装机类似；
2. 本类似群与第七版及以前版本0743气动捆扎机交叉检索；
3. 本类似群与第九版及以前版本0903封塑料用电动器械（包装用）交叉检索。

0722 民用煤加工机械

※ 蜂窝煤机C070158，煤球机C070159

0723 厨房家用器具（不包括烹调、电气加热设备及厨房手工具）

搅动机070007，搅拌机070026，离心碾磨机070087，洗碗机070231，厨房用电动轧碎机070256，混合机（机器）070267，家用非手动研磨机070277，电动开罐器070287，非手动胡椒研磨机070307，电搅拌器070403，非手动磨咖啡机070415，家用电动搅拌机070444，厨房用电动机器*070445，家用电动打蛋器070459，家用电动榨水果机070460，食品加工机（电动）070475，厨房用电动碾磨机070553，电动榨果汁机070565，电动螺旋切菜机070578

※ 家用切菜机C070160，家用切肉机C070161

注：1. 本类似群与第八版及以前版本0753混合机（机器），搅拌机，搅拌机（机器）交叉检索；
2. 本类似群与第八版及以前版本0709离心碾磨机交叉检索；
3. 跨类似群保护商品：搅动机（0709，0723，0733），搅拌机（0709，0723，0733），混合机（机器）（0709，0723，0733），离心碾磨机（0709，0723，0725），电动榨果汁机（0709，0710，0723）。

0724 洗衣机

旋转式脱水机（非加热）070084，洗衣机070234，投币启动的洗衣机070236，洗衣用甩干机070239
※ 干洗机C070379

注：1. 本类似群与1106电干衣机类似，与第十一版及以前版本1106电动干衣机，第九版及以前版本1106家用干衣机（电烘干）交叉检索；
2. 本类似群与第八版及以前版本0704脱水机交叉检索；
3. 本类似群与第八版及以前版本0706旋转式脱水机，干燥机（脱水式）交叉检索；
4. 跨类似群保护商品：旋转式脱水机（非加热）（0706，0724）。

0725 制药工业用机械及部件

磨粉机（机器）070042，离心碾磨机 070087，粉碎机 070153

※ 制药加工工业机器 C070162，制丸机 C070163，糖衣机 C070164，压片机 C070165，药物粉碎机 C070166，制药剂专用离心机（不包括化工通用的离心机）C070167，制药剂专用板框压滤机（不包括化工通用的板框压滤机）C070168

注：1. 本类似群与第八版及以前版本 0753 粉碎机，粉碎机（机器）交叉检索；
2. 本类似群与第八版及以前版本 0709 磨粉机（机器），离心碾磨机交叉检索；
3. 跨类似群保护商品：磨粉机（机器）（0709，0725），离心碾磨机（0709，0723，0725），粉碎机（0702 第（二）部分，0725，0733，0752）。

0726 橡胶、塑料工业机械

模压加工机器 070206，过热机 070357，硫化器 070384，塑料加工机器 070544

※ 切胶机 C070169，碾胶机 C070170，炼胶机 C070171，洗胶机 C070172，擦胶机 C070173，粘胶机 C070174，滤胶机 C070175，轮胎成型机 C070176

※ 塑料切粒机 C070177，干塑模压瓦机 C070178，注塑机 C070179，电子冲塑机（塑料印刷表面处理）C070180，加工塑料用模具 C070181，塑料绕丝机 C070182，制塑料桶（罐）设备 C070380，生产球拍线机械 C070436

注：1. 第二自然段为橡胶工业用机器，第三自然段为塑料工业用机器；
2. 本类似群与第九版及以前版本 0753 生产球拍线机械交叉检索。

0727 玻璃工业用机械

玻璃加工机 070382

※ 玻璃工业用机器设备（包括日用玻璃机械）C070183，自动吹制机（玻璃加工机械）C070184，制瓶机 C070185，脱管机（玻璃加工机械）C070186，卷管机（玻璃加工机械）C070187，管件磨口机（玻璃加工机械）C070188，磨光玻璃抛光机 C070189，玻璃切割机 C070190

0728 化肥设备

※ 化肥制造设备 C070191，合成塔（化肥制造设备）C070192，冷凝塔 C070193，铜洗塔 C070194，

碱洗塔C070195，氨分离塔C070196，滤油塔C070197，尿素合成塔C070198，水洗塔C070199

0729 其他化学工业用机械

化学工业用电动机械070490

※硫酸制造设备C070200，纯碱制造设备C070201，合成酒精设备C070202，电解水制氢氧设备C070203，制甘油酚类用机械设备C070204，焦化设备C070205

※制虫胶、骨胶用设备（槽搅合机）C070206，制清胶机C070207，碎骨机C070208，研胶机C070209

※林产化学设备C070210，松香制造设备C070211，木材干馏设备C070212，木材水解设备C070213

※油漆加工用机器C070214

※炸药及火工制品用机械设备C070215

※制牙膏设备C070216，化妆品生产设备C070217

0730 地质勘探、采矿、选矿用机械

冲洗机070063，炉渣筛（机器）070082，截煤机070094，采掘机070185，拖运设备（矿井用）070185，采矿钻机070264，矿砂处理机械070265，钻机070299，矿井作业机械070342

※地质勘探、采矿选矿用机器设备C070218，浮选机C070219，磁选机C070220，洗矿机C070221，采矿用电笛C070222，矿杂质沉淀机C070223，矿山杂物排除机C070224，矿井卷扬机C070225，矿井排水泵C070226，矿用声控自动喷雾装置（矿井降尘）C070227

0731 冶炼工业用设备

炼钢厂转炉070003，切断机（机器）070123，轧钢机滚筒070141，轧钢机070228，搅炼机070319，催化转化器070482

※铸铁机C070228，混铁炉C070229，盛钢水桶C070230，补炉机C070231，炼焦机C070232，铸造（锭）机C070235

0732 石油开采、精炼工业用设备

钻探装置（浮动或非浮动）070462，油精炼机器070498，浮式生产储卸油装置070584

※石油开采、石油精炼工业用机器设备C070236，石油化工设备C070237，石油钻机C070238，石油专用泥浆泵C070239，洗井机C070240，通井机C070241，石油专用抽油泵C070242

0733 建筑、铁道、土木工程用机械

搅动机070007，压路机070014，蒸汽压路机070014，搅拌机070026，粉刷机070030，打浆机070044，混凝土搅拌机（机器）070045，沥青制造机070050，推土机070069，机器铲070070，粉碎机070153，挖掘机070184，涂焦油机070202，混合机（机器）070267，石材加工机070301，铺轨机070322，筑路机070340，铁路建筑机器070383，挖掘机（机器）070397，夯锤（机器）070404，土方机械070417，开沟犁070458，碾碎机070561，撞锤（机器）070562

※ 掘土机C070244，挖沟机C070245，松土机C070246，铲运机C070247，打桩机C070248，刮泥机C070249，多用养路机C070250，灌浆机C070251，钢筋拨机C070252，联合抹灰机C070253，起道机C070254，混凝土振动器C070255，石材切割机C070381，装载机C070382，水下清淤机C070383，钢筋切断机C070384，预应力锚具张拉设备C070385，夯实机C070386，铁路液压养路机具C070450，铲土机C070451

注：1. 预应力锚具张拉设备与0603预应力锚具类似；
2. 本类似群与第十版及以前版本0604铁路液压养路机具交叉检索；
3. 本类似群与第七版及以前版本0730石材切割机，0734装载机交叉检索；
4. 本类似群与第八版及以前版本0753混合机（机器），搅拌机，粉碎机，粉碎机（机器）交叉检索；
5. 跨类似群保护商品：搅动机（0709，0723，0733），搅拌机（0709，0723，0733），粉碎机（0702第（二）部分，0725，0733，0752），混合机（机器）（0709，0723，0733），碾碎机（0709，0733，0752）。

0734 起重运输机械

升降机（运送滑雪者上坡的装置除外）070023，电梯（升降机）070024，带式输送机070037，绞盘070072，船用自动锚070073，起重机070095，装卸斜面台070096，升降机传动带070127，搬运用气垫装置070129，齿条齿轮千斤顶070132，千斤顶（机器）070135，卸料斗（机械卸斗）070145，升降设备070172，自动扶梯070178，升降装置070237，装卸设备070245，悬臂起重机070251，铁路货车用千斤顶070271，气动传送装置070304，天车070313，气动管道传送器070370，运输机（机器）070371，卷扬机070373，起重机（提升装置）070453，自动人行道070518，电梯操作装置070540，升降机操作装置070540，气动千斤顶070554，移动式起重机070583

※ 起重葫芦C070256，起重电磁铁C070257，输送机C070387，提升机C070388，带升降设备的立体车库C070389

注：1. 齿条齿轮千斤顶，千斤顶（机器），铁路货车用千斤顶，气动千斤顶与0808手动千斤顶类似，与第九版及以前版本0808手操作千斤顶交叉检索；

2. 船用自动锚与0617锚类似，与第九版及以前版本1210船锚，小船用锚，锚链交叉检索；

3. 本类似群与第九版及以前版本0914升降机操作设备，升降机操作装置交叉检索；

4. 本类似群与第十版及以前版本0749气动传送装置，气动管道传送器交叉检索。

0735 锻压设备

整修机（机械加工装置）070159，旋转锻造机070173，冲压机070180，印模冲压机070181，锤（机器部件）070247，动力锤070248，气锤070249，杵锤070250，金属加工机械070258，冲孔机用冲头070305，冲孔机070306，冲床（工业用机器）070316，整形机070326，电锤070489

※ 水压机C070258，液压机C070259，自动镦锻机C070260，冷冲模C070269

注：1. 本类似群与0743手动液压机类似；

2. 本类似群与第八版及以前版本0742穿孔机冲头，穿孔机，冲床（工业用机器），金属加工机械，机械加工装置交叉检索；

3. 本类似群与第九版及以前版本0736印模冲压机，冷冲模交叉检索；

4. 冷冲模与0613冷铸模（铸造）类似；

5. 跨类似群保护商品：整修机（机械加工装置）（0735，0742第（一）部分），金属加工机械（0735，0736，0742第（一）部分），整形机（0735，0742第（一）部分）。

0736 铸造机械

铸造机械070196，金属加工机械070258，铸模（机器部件）070276，铸模机070278

※ 铸管机C070261，铸铁丸设备C070262，冷室压铸机C070263，热室压铸机C070264，铸球机C070265，铸片机C070266，碳化钨模子C070267，压铸模C070268，震动翻砂机C070270，全自动振动应力消除装置C070390，铸件设备C070391

注：1. 铸模（机器部件），压铸模与0613冷铸模（铸造）类似；

2. 本类似群与第八版及以前版本0742金属加工机械交叉检索；

3. 跨类似群保护商品：金属加工机械（0735，0736，0742第（一）部分）。

0737 蒸汽动力设备

引擎锅炉用部件070101，机器锅炉用水垢收集器070110，蒸汽冷凝器（机器部件）070115，蒸汽机

070242，引擎锅炉管道070416，蒸汽机锅炉070429，引擎锅炉给水装置070430，锅炉管道（机器部件）070471

※ 汽轮机C070271

> 注：蒸汽机锅炉与1107蒸汽锅炉（非机器部件）类似。

0738 内燃动力设备

汽化器供油装置070015，内燃机点火装置070016，柴油机热线火花塞070061，汽化器070078，内燃机火花塞070394，内燃机燃料转换装置070463

※ 内燃机（非陆地车辆用）C070273，柴油机（陆地车辆用的除外）C070274，煤气机C070275，汽油机（陆地车辆用的除外）C070276，火花节能器C070278，化油器C070280，汽车发动机火花塞C070392，汽车发动机点火线圈C070393

> 注：1. 火花节能器与第十版及以前版本1107燃料节省器，节油器交叉检索；
> 2. 本类似群与第七版及以前版本1202汽车零部件，汽车配件，1203摩托车配件及其他现属于0738、0748的发动机零部件等商品交叉检索；
> 3. 本类似群与0748第（二）部分类似；
> 4. 本类似群与第七版及以前版本0750汽化器，活塞（机器或发动机部件），活塞（机器或发动机零件），活塞环，马达引擎用消声器，发动机和引擎用排气装置交叉检索。

0739 风力、水力动力设备

水轮机070215，非陆地车辆用涡轮机070375，风力涡轮机070523

※ 风力动力设备C070281，风力发电设备C070283，水力动力设备C070284，水力发电设备C070437

0740 制办公用针钉机械

※ 回形针机C070285，制针机C070286，图钉机C070287，大头针制造机C070288

0741 制纽扣拉链机械

※ 制纽扣机C070289，制拉链机C070290

0742 切削机床，切削工具和其他金属加工机械

（一）罩套（机器部件）070040，机械台架070041，攻丝机070062，外壳（机器部件）070075，防护装置（机器部件）070075，机罩（机器部件）070075，刀（机器部件）070080，铣床070090，吊架（机器部件）070092，车床070098，弯曲机070104，剪削刀（机器）070122，钻头（机器部件）070125，切割机070146，整修机（机械加工装置）070159，冲切攻丝机070167，螺母攻丝机070167，进料器（机器部件）070176，金属拉丝机070183，刀片（机器部件）070189，精加工机器070193，夹盘（机器部件）070194，填料箱（机器部件）070198，开槽机（机床）070208，磨刀机070225，机床070243，金属加工机械070258，磨床070263，刀具（机器部件）070285，机床用夹持装置070286，抛光机器和设备（电动的）070308，刨床070321，整形机070326，机器台070359，机器防护挡板（机器部件）070360，机床防护板070360，磨利机070387，砂轮（机器部件）070389，磨刀轮（机器部件）070389，自动操作机（机械手）070421，工业机器人070422，钻头夹盘（机器部件）070428，刻度机070448，钻头（机器部件）070449，链锯070484，气动切削吹管070486，划玻璃刀（机器部件）070494

※ 制钢丝绳机C070296，织铜网机C070297，金属丝织机C070298，钻床C070299，气门与气门座研磨机C070300，滚齿机C070301，开齿机C070302，螺帽攻丝机C070303，螺栓套丝机C070304，镗床C070305，制钉机C070307，水射流切割机C070453

※ 车刀C070309，孔加工刀具C070310，铣刀C070311，螺纹加工刀具C070312，齿轮加工刀具C070313，拉削刀具C070314，带锯C070315，圆锯片（机器零件）C070316，龙锯C070317，截锯（机器零件）C070318，往复锯C070319，气铣C070394，刀座（机器部件）C070438

（二）※ 制造电线、电缆用机械C070291，拉线机C070292，绕线机（加工电线、电缆用机械）C070293，装铠机C070294

注：1. 本类似群各部分之间商品不类似；
2. 链锯，带锯，圆锯片（机器零件），龙锯，截锯（机器零件），往复锯与0703锯条（机器部件），机锯（机器）类似，与第九版及以前版本0703锯条（机器零件）交叉检索；
3. 砂轮（机器部件）与0801各种砂轮类似；
4. 第（一）部分与第八版及以前版本0735整修机交叉检索；
5. 跨类似群保护商品：整形机（0735，0742第（一）部分），整修机（机械加工装置）（0735，0742第（一）部分），金属加工机械（0735，0736，0742第（一）部分）。

0743 非手动的手持工具

电动大剪刀070105，电动剪刀070106，电动刀070131，非手动的手持工具070284，电动手操作钻孔器070300，铆接机070332，挤压胶黏剂用压缩气枪070456，电动喷胶枪070476，枪（使用火药的工

具）070477，电动拔钉器 070558，滑雪板用电动磨边器 070560，电动螺丝刀 070566

※ 手电钻（不包括电煤钻）C070320，电动扳手 C070322，电砂轮机 C070323，液压手工具 C070324，手动液压机 C070325，风动手工具 C070326，除锈机（电动）C070327，气动打钉枪 C070328，角向磨光机 C070395

注：1. 手动液压机与 0735 类似；
2. 本类似群与第八版及以前版本 0701 电动刀交叉检索；
3. 本类似群与第七版及以前版本 0742 角向磨光机交叉检索；
4. 本类似群与第十版及以前版本 0749 挤压胶粘剂用压缩气枪交叉检索。

0744 静电、电子工业用设备

※ 静电工业设备 C070329，电子工业设备 C070330，静电消除器 C070331，印刷电路板处理机 C070396

0745 光学工业用设备

※ 光学冷加工设备 C070332，眼镜片加工设备 C070333

0746 气体分离设备

※ 气体分离设备 C070334，制氧、制氮设备 C070335，稀有气体提取设备 C070336，气体液化设备 C070337，生产二氧化碳设备 C070338

0747 喷漆机具

涂漆机 070297，油漆喷枪 070298，喷颜色用喷枪 070514
※ 喷漆机 C070339，喷漆枪 C070340

0748 发电机，非陆地车辆用马达和引擎，马达和引擎零部件

（一）交流发电机 070018，发电机刷 070033，自行车用发电机 070047，炭刷（电）070093，电流发生器 070124，发电机传动带 070126，马达和引擎启动器 070150，发电机 070160，发电机组 070171，点火式磁发电机 070244，定子（机器部件）070354，紧急发电机 070492，摩托车用脚踏启动器 070516

※ 电刷（发电机部件）C070446

（二）净化冷却空气用过滤器（引擎用）070010，飞机引擎070029，活塞环070032，引擎喷油嘴070077，接头（引擎部件）070118，密封接头（引擎部件）070118，引擎汽缸盖070137，机器汽缸070139，汽缸活塞070197，非陆地车辆用传动马达070241，非陆地车辆用喷气发动机070272，马达和引擎用防污染装置070273，引擎活塞070274，活塞（机器或发动机部件）070302，马达和引擎用传动带070343，气垫船用引擎070380，马达和引擎用风扇070381，航空引擎070386，气动引擎070391，马达和引擎用节油器070400，船用引擎070401，船用马达070402，非陆地车辆用引擎070433，非陆地车辆用马达070433，马达和引擎用风扇皮带070441，马达和引擎用汽缸070446，马达和引擎用排气装置070451，非陆地车辆用电动机070452，液压引擎和马达070461，马达和引擎冷却器070464，引擎用排气歧管070497，马达和引擎用消声器070519，非陆地车辆用发动机支架070557

※汽车发动机冷却用散热器C070397，汽车发动机冷却用水箱C070398，汽车发动机冷却用散热器水管C070399，汽车发动机冷却用散热器盖C070400，汽车发动机冷却用风扇C070401，汽车发动机冷却用风扇护风罩C070402，汽车发动机冷却用风扇离合器C070403，汽车发动机排气净化装置（催化反应器）C070404，汽车发动机废气再循环系统C070405，汽车发动机消声器C070406，汽车发动机消声器进排气管C070407，汽车发动机排气系共振器C070408，汽车发动机活塞C070409，发动机汽缸C070410，机油滤清器（引擎部件）C070412，空气滤清器（引擎部件）C070413，柴油滤清器（引擎部件）C070414，燃料滤清器（引擎部件）C070447，冰箱用电动机C070452

注：1. 本类似群各部分之间商品不类似；

2. 第（二）部分与0738类似；

3. 马达和引擎用节油器与第十版及以前版本1107燃料节省器，节油器交叉检索；

4. 第（二）部分与第七版及以前版本1202汽车零部件，汽车配件，1203摩托车配件及其他现属于0738、0748的发动机零部件等商品交叉检索；

5. 第（二）部分与第七版及以前版本0750汽化器，活塞（机器或发动机部件），活塞（机器或发动机零件），活塞环，马达引擎用消声器，发动机和引擎用排气装置交叉检索；

6. 净化冷却空气用过滤器（引擎用），机油滤清器（引擎部件），空气滤清器（引擎部件），柴油滤清器（引擎部件），燃料滤清器（引擎部件）与0750过滤器（机器或引擎部件）类似；

7. 第（二）部分与第九版及以前版本第（一）部分冰箱电机交叉检索。

0749 泵，阀，气体压缩机，风机，液压元件，气动元件

（一）离心机070086，离心机（机器）070086，离心泵070088，泵（机器、引擎或马达部件）070179，润滑油泵070205，泵膜片070257，泵（机器）070309，气泵（车库设备）070310，供暖装置用泵070311，真空泵（机器）070312，啤酒抽吸泵070390，空气压缩泵070393，加油站发油泵070542，自动调节燃料泵070543，气动废油抽取机070574，逆流游泳用水泵070575，加油站用加氢泵070579

※ 液压泵 C070344，汽车油泵 C070415，汽车水泵 C070416，汽车发动机用机油泵 C070417，汽车发动机用汽油泵 C070418，自闭式加油枪 C070427，抽气泵 C070433，电脑计量加油机 C070439

（二）阀（机器部件）070019，瓣阀（机器部件）070108，压力阀（机器部件）070318，疏水器（阻气回水阀）070320，阀门（机器、引擎或马达部件）070333，机器、马达和引擎的液压控制器 070472，机器、马达和引擎的气压控制器 070473

※ 液压阀 C070345，调压阀 C070346，电磁阀 C070430

（三）空气冷凝器 070006，空气凝结器 070011，压缩机（机器）070113，涡轮压缩机 070114，冷凝装置 070116，压缩、排放和输送气体用鼓风机 070199，压缩、抽吸和运送谷物用风扇 070203，压缩、抽吸和运送谷物用鼓风机或风扇 070203，压缩、抽吸和运送谷物用鼓风机 070203，工业用抽吸机械 070282，风箱（机器部件）070350，锻炉鼓风机 070351，增压机 070358，空气压缩机 070392，抽气机 070398，冰箱压缩机 070437，鼓风机 070534

（四）※ 液压耦合器 C070348，液压滤油器 C070349，液压油缸（机器部件）C070448，气压缸（机器部件）C070449

注：1. 本类似群各部分之间商品不类似；
2. 第（一）部分汽车油泵，汽车水泵，汽车发动机用机油泵，汽车发动机用汽油泵与第七版及以前版本1202的汽车零部件，汽车配件及其他属于本类似群的商品交叉检索；
3. 第（一）部分与第十版及以前版本0753自闭式加油枪，第九版及以前版本0902自动调节燃料泵，加油站发油泵，加油站汽油泵，电脑计量加油机交叉检索；
4. 第（二）部分与0602金属阀门（非机器部件），金属排水阱（阀），金属水管阀类似，与第十版及以前版本0602金属阀门（非机器零件）交叉检索；
5. 第（三）部分与第八版及以前版本0726增压机，0753冷凝装置交叉检索；
6. 第（四）部分液压滤油器与0750过滤器（机器或引擎部件）类似。

0750 机器传动用联轴节，传动带及其他机器零部件

（一）联轴器（机器）070001，机器轴 070020，曲轴 070021，非陆地车辆用传动轴 070022，润滑环（机器部件）070031，机器、马达和引擎用连杆 070048，刷子（机器部件）070068，注油器（机器部件）070085，滑轮 *070099，机器用凿子 070107，滑轮（机器部件）070117，给水除气设备 070147，去油脂装置（机器）070149，蒸汽或油分离器 070152，减压器（机器部件）070154，机械绕轴装置 070155，水加热器（机器部件）070165，非陆地车辆用离合器 070174，筛（机器或机器部件）070187，润滑油箱（机器部件）070204，机器导轨 070209，曲柄（机器部件）070230，非陆地车辆用推进装置 070252，非陆地车辆用联动机件 070253，调节器（机器部件）070254，机器、马达和引擎调速器 070275，非陆地车辆用

飞轮070279，轴颈箱（机器部件）070289，压力调节器（机器部件）070317，弹簧（机器部件）070330，机器用齿轮装置070335，机器轮070336，机器飞轮070337，滑动台架（机器部件）070365，轴颈（机器部件）070366，机器联动装置070369，软管用机械绕轴070376，非陆地车辆用联轴节070385，缓冲活塞（机器部件）070395，减震器栓塞070395，减震器活塞（机器部件）070395，机器用耐摩擦垫070396，非运载工具用刹车垫070405，非运载工具用制动蹄070406，非运载工具用刹车扇形片070407，非陆地车辆用变速箱070409，电操作刷（机器部件）070413，过滤机滤筒070424，非陆地车辆用驱动链070425，非陆地车辆用转矩变换器070426，非陆地车辆用传动链070427，机器、引擎或马达用控制缆070434，机器、引擎或马达用机械控制装置070435，水分离器070439，非陆地车辆用齿轮传动装置070443，非陆地车辆用减速齿轮070447，热交换器（机器部件）070450，过滤器（机器或引擎部件）070457，机器、马达和引擎用曲柄轴箱070474，万向节070479，升降机铰链（机器部件）070491，膨胀水箱（机器部件）070493，工业用振荡器（机器）070509，液压开门器070515，气动开门器070520，非运载工具用刹车片070524，电动关门器070538，电动开门器070539，电动开窗器070545，电动关窗器070546，液压开窗器070547，液压关窗器070548，气动开窗器070549，气动关窗器070550，液压关门器070551，气动关门器070552，作为机器部件的操纵杆（游戏机用除外）070567，运载工具引擎用凸轮轴070568

※减震器（机器部件）C070352，牛油杯C070353，机器拉带C070354，汽车发动机飞轮C070419，汽车发动机曲轴C070420，汽车发动机凸轮轴C070421

※润滑设备C070356，机用皮件（包括皮辊、皮圈、皮垫、皮碗）C070357，机械密封件C070358

（二）自动加油轴承070027，滚珠轴承070049，机器轴承托架070091，轴承（机器部件）070130，传动轴轴承070290，滚柱轴承070338，轴承滚珠环070339，机器用耐磨轴承070396

※轴瓦C070431，车辆轴承C070432

（三）输送机传输带070036，机器传动带070074，滑轮胶带070314，橡胶履带（履带式建筑工程机械部件）070569，橡胶履带（履带式装卸机械部件）070570，橡胶履带（履带式农业机械部件）070571，橡胶履带（履带式采矿机械部件）070572，橡胶履带（履带式扫雪机部件）070573

※平行胶带（包括运输带，传送带，不包括陆地车辆引擎传动带）C070359，三角胶带C070360，风扇胶带（不包括陆地车辆引擎风扇传动带）C070361

注：1.本类似群各部分之间商品不类似；

2.第（二）部分与第八版及以前版本1202车辆轴承交叉检索；

3.汽车发动机飞轮，汽车发动机曲轴，汽车发动机凸轮轴与第七版及以前版本1202汽车零部件，汽车配件及其他属于本类似群的商品交叉检索；

4.过滤器（机器或引擎部件）与0748净化冷却空气用过滤器（引擎用），机油滤清器（引擎部件），空气滤清器（引擎部件），柴油滤清器（引擎部件），燃料滤清器（引擎部件），0749液压滤油器类似，与第十版及以前版本0748机油滤清器，空气滤清器，柴油滤清器交叉检索；

5. 第（一）部分与第九版及以前版本0924电动关门器，电动开门器交叉检索；

6. 电操作刷（机器部件）与第十版及以前版本0748电操作刷交叉检索；

7. 第（一）部分与第十版及以前版本0748机器、引擎或马达用控制缆，机器、引擎或马达用机械控制装置，机器、引擎或马达用控制装置交叉检索。

0751 焊接机械

乙炔清洗装置070002，热喷枪（机器）070229，电焊机070349，气动焊接设备070503，气动焊接吹管070504，气动焊接烙铁070505，气动喷灯070522，焊接机用电极070525，电焊设备070526，电焊接设备070528，电焊烙铁070529，电弧焊接设备070530，电弧切割设备070531，喷焊灯070532

※ 热焊枪C070434，喷灯C070435

注：1. 本类似群与第九版及以前版本0917交叉检索；

2. 本类似群与第九版及以前版本1102喷焊灯，热焊枪，喷灯交叉检索。

0752 清洁、废物处理机械

自推进式扫路机070034，泥浆收集机070059，粉碎机070153，污物粉碎机070162，清洗设备070233，运载工具用清洗装置070235，电动清洁机械和设备070281，废物处理装置070414，垃圾处理装置070414，垃圾压实机070418，废料压实机070418，工业用切碎机（机器）070419，扫雪机070502，碾碎机070561，清理管道用清管器070564

清洗地毯用电动机器和装置070481，中心真空吸尘装置070483，蒸汽清洁器械070485，清洁用吸尘装置070487，清洁用除尘装置070488，高压洗涤机070495，拼花地板电子打蜡机070500，真空吸尘器用喷洒香水和消毒液的附件070506，真空吸尘器管070507，真空吸尘器070508，电动打蜡机器和设备070510，真空吸尘器袋070521，吸尘器用刷070559，真空吸尘器用吸嘴070563，蒸汽拖把070581

※（管道）疏通挖泥车C070362，电动下水管道疏通器C070363，废弃食物处理机C070422

注：1. 本类似群与第七版及以前版本1609真空吸尘器的替换纸袋，第六版及以前版本0924吸尘器，真空吸尘器交叉检索；

2. 本类似群与第八版及以前版本0753粉碎机，粉碎机（机器），工业用切碎机（机器）交叉检索；

3. 跨类似群保护商品：粉碎机（0702第（二）部分，0725，0733，0752），工业用切碎机（机器）（0702第（二）部分，0709，0752），碾碎机（0709，0733，0752）。

0753 单一商品

（一）压滤机 070109，筛选机 070133，工业用拣选机 070143，过滤机 070192，滤筛机 070556

（二）电控拉窗帘装置 070331
※ 电动卷门机 C070424

（三）滚筒（机器部件）070039，贴标签机（机器）070182，电动擦鞋机 070501，球拍穿线机 070511，自动售货机 070537，3D 打印机 070555，3D 打印笔 070576，非医用机械外骨骼 070582
※ 航空加油车接头 C070423，贮液器（机器部件）C070426

注：1. 本类似群各部分之间商品不类似；
2. 第（三）部分根据商品的功能、用途确定类似商品；
3. 第（二）部分与第七版及以前版本 0750 电动卷门机交叉检索；
4. 贴标签机（机器）与第八版及以前版本 0709 贴标机，0705 贴标签机（机器）交叉检索；
5. 自动售货机与第九版及以前版本 0902 第（四）部分自动售货机交叉检索。

0754 电镀设备

电镀机 070535，镀锌机 070536
※ 真空喷镀机械 C070443，电镀参数测试仪 C070444

注：本类似群与 0915 类似。

第八类

手工具和器具（手动的）；刀、叉和匙餐具；除火器外的随身武器；剃刀。

【注释】

第八类主要包括用于钻孔、成型、切割和穿孔等工作的手动工具和器具。

本类尤其包括：

——农业、园艺和景观美化用手动工具；

——木工、艺术家和其他工匠用手动工具，例如：锤，凿子和雕刻刀；

——手动的手工具用柄，例如：刀柄和长柄大镰刀柄；

——个人仪容修饰和人体艺术用电动和非电动手工器具，例如：剃刀，卷发、文身、修指甲和修脚用器具；

——手动泵；

——餐具，例如：刀、叉和匙，包括贵金属制成的。

本类尤其不包括：

——马达带动的机床和器具（第七类）；

——外科手术刀（第十类）；

——自行车轮胎用充气泵（第十二类），运动球类充气专用气泵（第二十八类）；

——随身武器（火器）（第十三类）；

——办公用切纸刀和碎纸机（第十六类）；

——物品手柄依据物品的功能和用途归入不同类别，例如：手杖柄，伞柄（第十八类），扫帚柄（第二十一类）；

——上菜用具，例如：方糖钳，冰块夹，馅饼用铲和上菜勺，以及厨房用具，例如：搅拌匙，研钵和杵，胡桃钳和刮板（第二十一类）；

——击剑用兵器（第二十八类）。

0801 手动研磨器具

磨具（手工具）080002，磨刀石080003，磨剃刀的皮带080006，磨刀钢080037，磨刀石架080068，手动的手工具080072，磨剃刀皮带080082，磨刀器080091，磨利器具080092，磨刀器具080093，磨镰刀石080115，油石080115，砂轮（手工具）080201，磨刀轮（手工具）080201，金刚砂磨轮080226

注：1. 本类似群各种砂轮与0742砂轮（机器部件）类似；
2. 跨类似群保护商品：手动的手工具（0801，0802，0803，0804，0805，0806，0807，0808，0809，0810）。

0802 小农具（不包括农业、园艺用刀剪）

锤镐080036，鹤嘴镐080044，手动的手工具080072，耙（手工具）080109，铲（手工具）080110，锹（手工具）080111，长柄大镰刀080113，镰刀环080114，鹤嘴锄080142，镐（手工具）080171，长柄镰刀080183，除草叉（手工具）080184，锄头（手工具）080185，梳麻机（手工具）080187，钩刀080188，镰刀080189，农业器具（手动的）080200，农业用叉（手工具）080220，障碍沙坑用耙子080254

※ 犁（手工具）C080001

注：跨类似群保护商品：手动的手工具（0801，0802，0803，0804，0805，0806，0807，0808，0809，0810）。

0803 林业、园艺用手工具

手动的手工具080072，水果采摘用具（手工具）080079，泥铲（园艺用）080086，消灭植物寄生虫用手动装置080088，树木嫁接工具（手工具）080134，杀虫剂用喷雾器（手工具）080144，园艺工具（手动的）080145，杀虫剂用喷洒器080202

注：1. 杀虫剂用喷雾器（手工具），杀虫剂用喷洒器与0701喷雾机类似，与第十版及以前版本0701喷雾器（机器），喷雾机（机器）交叉检索；
2. 跨类似群保护商品：手动的手工具（0801，0802，0803，0804，0805，0806，0807，0808，0809，0810）。

0804 畜牧业用手工具

动物剥皮用器具和工具080019，牲畜打记号用工具080031，手动的手工具080072

注：跨类似群保护商品：手动的手工具（0801，0802，0803，0804，0805，0806，0807，0808，0809，0810）。

0805 渔业用手工具

手动的手工具 080072，鱼叉 080140，剥牡蛎器 080143，捕鱼鱼叉 080170

注：跨类似群保护商品：手动的手工具（0801，0802，0803，0804，0805，0806，0807，0808，0809，0810）。

0806 理发工具，修指甲刀，文身器具

剃须刀 080026，烫发钳 080058，手动的手工具 080072，去死皮钳 080101，拔毛发用镊子 080102，成套修脚器具 080106，剃刀盒 080107，烫发用铁夹 080121，卷发用手工具 080126，刮胡刀片 080148，剃须盒 080166，指甲锉 080168，电动或非电动刮胡刀 080179，电动指甲锉 080213，指甲抛光器具（电动或非电动）080214，个人用理发推子（电动和非电动）080219，指甲刀（电动或非电动）080221，修指甲成套工具 080231，穿耳孔器 080241，电动和非电动脱毛器 080242，电动修指甲成套工具 080243，卷睫毛夹 080252，文身器 080256，指甲砂锉 080267，文身针 080269，电动编发器 080281，无菌身体穿孔器械 080288，非医用激光脱毛装置 080289

注：1. 烫发钳，烫发用铁夹，卷发用手工具与 2602 电和非电的发卷（非手工具）类似，与第十一版及以前版本 2602 卷发器（非手工具），第九版及以前版本 0924 电热卷发器交叉检索；
2. 本类似群与第八版及以前版本 1001 已接受商品文身机，纹身机，纹身器材，纹眉机交叉检索；
3. 本类似群与第八版及以前版本 2110 卷睫毛工具交叉检索；
4. 跨类似群保护商品：手动的手工具（0801，0802，0803，0804，0805，0806，0807，0808，0809，0810）。

0807 非动力手工具（不包括刀、剪）

针锉 080005，锥子 080008，镗孔棒（手工具）080009，铰刀 080010，铰刀座 080011，螺丝攻曲柄的延伸管件 080012，钻头（手工具部件）080016，丁字尺（手工具）080017，环形搓丝板 080020，弓锯 080021，手动拔钉器 080023，手动的手钻 080028，凿榫凿 080029，凿孔斧 080030，凿榫斧 080030，拔钉器（手工具）080034，凿石锤 080036，铆锤（手工具）080038，石锤 080047，钢丝锯 080048，套锤（手工具）080051，手锯架 080054，锯（手工具）080055，丝锥扳手 080063，扳手（手工具）080064，板牙（手工具）080066，丝锥板牙（手工具）080066，板牙套丝器 080066，斧 080069，刨 080071，手动的手工具 080072，拔钉钳 080074，夯土锤（手工具）080083，铣刀（手工具）080085，木工用钻子 080104，凿孔用钻头（手工具部件）080108，刨用刀片 080119，钻子（手工具）080124，凿（手

工具）080129，槽刨 080135，小斧 080137，横口斧（工具）080141，夹钳（木工或制桶工业用）080147，锯条（手工具部件）080151，撬杠 080153，木槌（手工具）080155，锤（手工具）080156，大锤 080157，砸石锤 080158，凿子 080159，撞锤（手工具）080172，撞杵（手工具）080172，中心穿孔器（手工具）080175，刨刀 080177，粗锉（手工具）080178，锯柄 080186，利器（手工具）080192，螺丝攻（手工具）080193，钻（手工具）080194，非电动螺丝刀 080195，钻头（手工具）080197，胸压式手摇钻 080199，钳子 080206，小钳子 080207，钳 080207，夹钳 080207，夯锤（手工具）080211，剪票器具 080212，钻柄（手工具）080218，剪切器（手动器具）080223，锉刀 080227，穿孔钳（手工具）080228，打孔器（手工具）080229，切割工具（手工具）080230，切削工具（手工具）080237，台钳 080244，（携带工具用）工具带 080247，撬棍 080250，辅锯箱（手工具）080253，金刚砂锉 080257，剥线钳（手工具）080259，台虎钳（手工器具）080261，滑雪板用刮板 080274，安全锤 080290

※ 锛 C080002，钎具 C080003

注：1. 跨类似群保护商品：手动的手工具（0801，0802，0803，0804，0805，0806，0807，0808，0809，0810）；

2. 本类似群与第十版及以前版本 2807 滑雪板用刮板交叉检索。

0808 非动力手工器具

手动千斤顶 080024，勾缝铁器 080045，冲钉器 080050，漂洗工具（手工具）080052，穿孔工具（手工具）080062，棘轮（手工具）080065，穿孔器 080067，手动的手工具 080072，截管器（手工具）080075，捣碎工具（手工具）080084，杵（手工具）080084，扩管器（手工具）080090，除蓟器（手工具）080096，穿索针 080103，压花机（手工具）080105，烙铁（非电手工具）080116，烫皱褶用熨斗 080117，上光铁器 080118，抛光铁器（抛光工具）080118，翻砂用铁器 080120，制模用铁器 080120，打印用烙铁 080122，切箍器（手工具）080139，金属带拉伸器（手工具）080160，打辫机（手工具）080161，钱收集器 080162，捣碎用研钵（手工具）080163，数字穿孔机 080167，枪状手工具 080174，浇包（手工具）080176，针铳 080180，火炉用具 080181，铆钉枪（手工具）080182，倾注液体用器具（手工具）080191，截管器具 080198，挖掘器（手工具）080204，熨斗 080224，手动胶黏剂挤压枪 080232，挖沟器（手工具）080234，绞肉机（手工具）080236，手动泵 *080245，壁炉手拉风箱（手工具）080255，电线牵引器（手工具）080258，非电动压胶枪 080262，金属线拉伸器（手工具）080263，手动气泵 080265，滑雪板用手动磨边器 080268

※ 手动压机 C080004，手工打包机 C080005，三爪拉轴承器 C080006，手动打气筒 C080017

注：1. 手动打气筒与 1204 第（二）部分类似；

2. 手动千斤顶与 0734 齿条齿轮千斤顶，千斤顶（机器），铁路货车用千斤顶，气动千斤顶类似，与第十一版及以前版本 0734 卡车用千斤顶，货车用千斤顶交叉检索；

3. 烫皱褶用熨斗，熨斗与1106织物蒸汽挂烫机类似，与第九版及以前版本0924蒸汽挂烫机交叉检索；

4. 跨类似群保护商品：手动的手工具（0801，0802，0803，0804，0805，0806，0807，0808，0809，0810）；

5. 本类似群与第九版及以前版本0924电熨斗交叉检索。

0809 专业用手工具

调色刀080013，抹刀（手工具）080014，镊子080042，雕刻工具（手工具）080043，制图用刮刀080049，楦（鞋匠手工具）080056，手动的手工具080072，泥刀080087，划玻璃刀（手工具部件）080089，雕刻针080131，涂底漆用铁器（手工具）080196，美工刀080264，艺术家用抹刀080270，雕刻家用凿子080271，调配油漆用搅拌棒080282

※ 刻字笔C080008，钉碗钻C080009，元镜机C080010，雕刻钻C080011，制钟表工具C080012，三排冲墩C080013，开表器C080014，修理天平专用工具C080015，加工猪鬃用工具C080016

注：1. 本类似群与第十版及以前版本0810调色刀交叉检索；
2. 跨类似群保护商品：手动的手工具（0801，0802，0803，0804，0805，0806，0807，0808，0809，0810）。

0810 刀剪（不包括机械刀片，文具刀）

牲畜修剪刀080033，削蹄刀080039，剪刀*080040，折叠刀080046，猎刀080053，大剪刀080060，大剪刀刀片080061，手动的手工具080072，蔬菜切片器080073，蔬菜切丝器080073，切刀*080076，切肉刀080077，刮鳞刀080095，修枝剪080097，修枝用大剪刀080098，接芽刀080099，树枝修剪刀080100，切边大剪刀080112，刈草坪刀（手工器具）080127，蹄铁匠用刀080132，削皮刀080133，剁菜刀080136，斩骨刀080138，修枝刀080146，刀片（手工具）080149，大砍刀080154，灯芯剪（剪刀）080164，非电动开罐器080169，刀*080205，动物剪毛器（手工具）080222，刮削刀（手工具）080235，剔肉刀（手工具）080236，切碎刀（手工具）080236，奶酪切片器（非电动）080248，切比萨饼用刀（非电动）080249，鸡蛋切片器（非电动）080251，陶瓷刀080266，手动螺旋切菜器080278，蔬菜削皮器（手工具）080279，开箱刀080280，葡萄酒瓶用手动切箔器080283，水果分割器080284，水果去芯器080285，厨房用多功能擦菜器080286，分肉爪080287，切菜刀080291

注：1. 非电动开罐器与2101开塞钻（电动或非电动），开瓶器（电动或非电动）类似，与第十版及以前版本2101开瓶刀，开塞钻交叉检索；

2.跨类似群保护商品：手动的手工具（0801，0802，0803，0804，0805，0806，0807，0808，0809，0810）。

0811 除火器外的随身武器

指节铜套080015，除火器外的随身武器080022，（枪上的）刺刀080025，剑鞘080125，警棍080130，大头短棒080130，剑（武器）080150，剑080208，佩刀080209，匕首080246

注：本类似群与第十版及以前版本0808指节铜套，大头短棒，第九版及以前版本0808铜指节套，拳击环（指节铜套）交叉检索。

0812 餐具刀、叉、匙

餐具（刀、叉和匙）080059，餐叉080070，刀叉餐具*080078，匙*080080，长柄勺（手工具）080081，碎冰锥080128，银餐具（刀、叉、匙）080203，塑料制餐刀、餐叉和匙080272，婴儿用餐刀、餐叉和匙080273，切肉餐叉080292，切肉餐刀080293

注：本类似群与第八版及以前版本2101勺子（餐具），非贵重金属餐具交叉检索。

0813 手工具柄

手工操作手工具用工具柄080275，刀柄080276，镰刀柄080277

注：本类似群与第十版及以前版本0609金属工具柄，金属刀柄，金属镰刀柄，2003非金属刀柄，非金属镰刀柄，非金属工具柄交叉检索。

第九类

科学、研究、导航、测量、摄影、电影、视听、光学、衡具、量具、信号、侦测、测试、检验、救生和教学用装置及仪器；处理、开关、转换、积累、调节或控制电的配送或使用的装置和仪器；录制、传送、重放或处理声音、影像或数据的装置和仪器；已录制和可下载的媒体，计算机软件，录制和存储用空白的数字或模拟介质；投币启动设备用机械装置；收银机，计算设备；计算机和计算机外围设备；潜水服，潜水面罩，潜水用耳塞，潜水和游泳用鼻夹，潜水员手套，潜水呼吸器；灭火设备。

【注释】

第九类主要包括科学或研究用装置和仪器，视听和信息技术设备，以及安全和救生设备。

本类尤其包括：

——实验室科研用装置和仪器；

——训练器械和模拟器，例如：急救训练用人体模型，运载工具驾驶和控制模拟器；

——控制和监控航空器、船只和无人驾驶运载工具用装置和仪器，例如：导航仪器，发射器，测量用圆规，全球定位系统（GPS）设备，运载工具用自动转向装置；

——安全和安保器械和仪器，例如：安全网，信号灯，交通信号灯，消防车，声音警报器，安全令牌（加密装置）；

——防严重伤害或防致命伤害用服装，例如：防事故、防辐射、防火用服装，防弹衣，安全头盔，体育用护头，体育用护齿，飞行员防护服，工人用护膝垫；

——光学器械和仪器，例如：眼镜，隐形眼镜，放大镜，检验用镜，门窥视孔；

——磁铁；

——作为数据处理设备的智能手表，穿戴式行动追踪器；

——与计算机连用的操纵杆（视频游戏用除外），头戴式虚拟现实装置，智能眼镜；

——眼镜套，智能手机用壳，特制摄影设备和器具箱；

——自动取款机，开发票机，材料检验仪器和机器；

——电子香烟用电池和充电器；

——乐器用电动和电子效果器；

——实验室机器人，教学机器人，安全监控机器人，具有人工智能的人形机器人。

本类尤其不包括：

——作为机器部件的操纵杆（游戏机用除外）（第七类），运载工具用操纵杆（第十二类），视频游戏操纵杆，玩具和游戏机控制器（第二十八类）；

——按功能或用途分类的投币启动设备，例如：投币启动的洗衣机（第七类），投币启动式台球桌

（第二十八类）；

——工业机器人（第七类），外科手术机器人（第十类），玩具机器人（第二十八类）；

——脉搏计，心率监测设备，人体成分监测仪（第十类）；

——实验室灯，实验室燃烧器（第十一类）；

——潜水灯（第十一类）；

——爆炸性烟雾信号，信号火箭（第十三类）；

——教学用组织剖面图，显微镜用生物样本（教学材料）（第十六类）；

——进行某项运动所穿戴的服装和装备，例如：保护垫（运动服部件），击剑用面罩，拳击手套（第二十八类）。

0901 电子计算机及其外部设备

加法器090019，计算圆尺090101，计算尺090102，计算机器090103，数据处理设备090306，计算机存储装置090342，计算机090372，已录制的计算机程序090373，磁性身份识别卡090529，磁盘090533，软盘090534，计算机键盘090537，条形码读出器090581，CD盘（只读存储器）090588，已录制的计算机操作程序090589，计算机外围设备090590，计算机软件（已录制）090591，连接器（数据处理设备）090594，电子笔（视觉演示装置）090598，已编码磁卡090599，计算机用接口090603，磁性数据介质090607，磁性编码器090608，计算机用磁带装置090609，微处理机090610，监视器（计算机硬件）090612，监视程序（计算机程序）090613，鼠标（计算机外围设备）090614，光学字符识别器090615，光学数据介质090616，光盘090617，与计算机连用的打印机*090618，中央处理器（CPU）090619，读出器（数据处理设备）090620，扫描仪（数据处理设备）090622，计算机用磁盘驱动器090634，电子字典090636，商品电子标签090637，集成电路卡090640，智能卡（集成电路卡）090640，笔记本电脑090642，计算器090644，视频游戏卡090651，电子出版物（可下载）090657，可下载的计算机程序090658，鼠标垫090662，与计算机配套使用的腕垫090664，已录制的计算机游戏软件090670，磁性编码身份鉴别手环090692，可下载的手机铃音090694，可下载的音乐文件090695，可下载的影像文件090696，USB闪存盘090700，便携式计算机090707，便携式计算机专用包090709，便携式计算机用套090710，可下载的计算机应用软件090717，打印机和复印机用未填充的鼓粉盒090720，平板电脑090724，已编码钥匙卡090725，视频游戏机用内存卡090727，计算机硬件090732，与计算机连用的操纵杆（视频游戏用除外）090747，计算机屏幕专用保护膜090751，安全令牌（加密装置）090755，掌上电脑用套090757，平板电脑用套090762，黑匣子（数据记录仪）090763，交互式触屏终端090766，电子交互式白板090777，具有人工智能的人形机器人090778，可下载的电子乐谱090782，个人数字助理（PDA）090790，已录制的或可下载的计算机软件平台090791，精简型客户端计算机090795，掌上型电子字典090797，已录制的或可下载的计算机屏保软件090802，移动电话用可下载图像090804，穿戴式计算机090806，打印机和复印机用未填充的墨盒090810，投影键盘090814，数据手套090819，轨迹球

（计算机外围设备）090820，手机用可下载的表情符号090821，远程临场机器人090822，可下载的计算机游戏软件090829，笔记本电脑专用支架090831，票据打印机090837，可下载的电子钱包090842，生物特征识别卡090845

※ 计算器袋（套）C090001，鼠标器套C090002，键盘罩C090003，软盘盒C090004，电话铃音（可下载）C090127，计算机用光盘驱动器C090136，智能眼镜（数据处理）C090139，智能手表（数据处理）C090140，智能戒指（数据处理）C090141，可下载的手机应用软件C090142

注： 1. 光盘，CD盘（只读存储器），光学数据介质与0908 CD盘（音像），光盘（音像）类似，与第九版及以前版本0908密纹盘（音像），密纹声像盘交叉检索；

2. 电子出版物（可下载），可下载的手机铃音，可下载的音乐文件，可下载的影像文件，移动电话用可下载图像与0908唱片，录音带，录像带，CD盘（音像），盒式录像带，光盘（音像）类似；

3. 本类似群与第八版及以前版本0911光学字符读出器，光学字符阅读机，光学数据介质，光学数据媒介交叉检索；

4. 本类似群与第九版及以前版本0908电视游戏卡交叉检索；

5. 本类似群与第十版及以前版本0902第（一）部分计算尺交叉检索；

6. 跨类似群保护商品：打印机和复印机用未填充的鼓粉盒（0901，0903），打印机和复印机用未填充的墨盒（0901，0903）；

7. 本类似群与第十版及以前版本0902第（五）部分商品电子标签交叉检索；

8. 计算机屏幕专用保护膜与第十版及以前版本1703已接受商品计算机屏幕保护膜交叉检索；

9. 智能手表（数据处理）与1404类似。

0902 记录、记数检测器

（一）计步器090137，计数器090138，数量显示器090301，停车计时器090383，时间记录装置090478，计时器（时间记录装置）090586，算盘090627，电子记事器090628，煮蛋计时器（沙漏）090683，沙漏090683

※ 电子计分器C090009

（二）邮戳检查装置090149，邮戳检验器090149

（三）钱点数和分拣机090053，验钞机090173，开发票机090252，收银机090525，自助取款机（ATM）090686，信用卡终端机090843

※ 支票记录机C090006，支票证明机C090007

（四）投币启动设备用机械装置090063，投币计数启动设备用机械装置090064，自动售票机090086

(五)口述听写机090188,全息图090291,衣裙下摆贴边标示器090313,投票机090499

※ 摇奖机C090005

(六)※ 验手纹机C090010,人脸识别设备C090145

注:1. 本类似群各部分之间商品不类似;
2. 第(五)部分的商品互相之间不判为类似商品;
3. 第(一)部分与第七版及以前版本2106计时沙漏交叉检索;
4. 全息图与第十版及以前版本0909全息图交叉检索;
5. 第(六)部分与第十版及以前版本第(三)部分验手纹机交叉检索。

0903 其他办公用机械(不包括打字机、誊写机、油印机)

办公室用打卡机090097,晒蓝图设备090106,复印机(照相、静电、热)090154,电传真设备090394,电传打字机090464,绘图机090596,传真机090600,考勤钟(时间记录装置)090649,打印机和复印机用未填充的鼓粉盒090720,打印机和复印机用未填充的墨盒090810

※ 考勤机C090011

注:1. 电传真设备,传真机与0907电话机类似;
2. 本类似群与第十版及以前版本0902第(一)部分考勤钟(时间记录装置)交叉检索;
3. 跨类似群保护商品:打印机和复印机用未填充的鼓粉盒(0901,0903),打印机和复印机用未填充的墨盒(0901,0903)。

0904 衡器

秤090074,衡器090080,地秤090081,信件磅秤090325,衡量器具090388,砝码090403,天平(杆秤)090433,杆秤090433,精密天平090489,婴儿秤090758,带身体质量分析仪的秤090761,体重秤090772

※ 自动计量器C090013

0905 量具

校准口径圈090040,测量用链090056,卡钳090066,游标卡尺090104,规尺(量具)090105,裁缝用尺090169,皮革厚度量具090171,测量用圆规090200,量具090201,尺(量器)090284,木工尺090343,刻度尺090349,测微规090379,千分尺090379,测量皮厚度的仪器090386,螺丝攻规

090466，划线规（木工）090490，游标 090494，测量用丁字尺 090783，测量用直角板 090784，测量用直角尺 090785，戒指圈码尺 090793，戒指指围尺 090794

※ 量规 C090014，螺旋测微器 C090016，千分表 C090017，齿轮测量工具 C090019，刀具测量工具 C090020，分样筛 C090021，标准筛 C090022

注：规尺（量具），测量用圆规，量具，尺（量器），刻度尺，测量用丁字尺，测量用直角板，测量用直角尺与 1616 类似。

0906 信号器具

防交通事故用穿戴式反射用品 090003，闪光信号灯 090126，信号铃 090127，机械式标志 090234，信号灯 090322，发光标志 090329，霓虹灯广告牌 090330，航行用信号装置 090357，发光或机械信号板 090380，夜明或机械信号标志 090434，信号哨子 090445，车辆故障警告三角牌 090446，发光信号灯塔 090513，发光或机械路牌 090516，信号浮标 090518，非爆炸性烟雾信号 090524，标记用浮标 090583，电子公告牌 090643，发光式电子指示器 090679，交通信号灯（信号装置）090687，锥形交通路标 090715，数字标牌 090736，救援激光信号灯 090809，非爆炸性、非烟火式救援信号弹 090830

※ 霓虹灯 C090024，灯箱 C090025

0907 通信导航设备

通话筒 090017，天线 090045，防无线电干扰设备（电子）090048，分线盒（电）090094，交换机 090146，声呐装置 090179，电话听筒 090207，电子信号发射器 090227，发射机（电信）090228，无线电设备 090270，内部通信装置 090308，导航仪器 090358，成套无线电话机 090407，成套无线电报机 090408，雷达设备 090416，运载工具用无线电设备 090417，电话机 090423，遥控信号用电动装置 090447，声波定位仪器 090455，电报机（装置）090467，无线电天线杆 090471，电话话筒 090473，电传中断器 090474，发射器（电信）090488，调制解调器 090611，电话答录机 090629，可视电话 090653，运载工具用导航仪器（随载计算机）090659，无绳电话 090661，无线电寻呼机 090673，卫星导航仪器 090674，步话机 090677，电话用成套免提工具 090688，信号转发器 090693，全球定位系统（GPS）设备 090701，手机带 090703，智能手机 090719，移动电话 090734，手机 090734，穿戴式行动追踪器 090737，智能手机用套 090740，智能手机用壳 090741，智能手机屏幕专用保护膜 090775，卫星寻星仪 090792，首饰形式的通信设备 090805

※ 载波设备 C090026，驱动斩波器 C090027，光通信设备 C090028，寻呼机套 C090029，电话机套 C090030，程控电话交换设备 C090031，半导体捕鱼器 C090032，网络通信设备 C090125，手机屏幕专用保护膜 C090138，手机用自拍杆 C090146

注：1.电话机与 0903 电传真设备，传真机类似；

2. 本类似群与第九版及以前版本2601手机带交叉检索；

3. 智能手机屏幕专用保护膜，手机屏幕专用保护膜与第十版及以前版本1703已接受商品手机屏幕保护膜交叉检索；

4. 手机用自拍杆与0909自拍杆（手持单脚架）类似。

0908 音像设备

声导管090015，唱片090016，投币式自动点唱机090062，磁带消磁装置090076，录音机090077，磁带090078，扬声器音箱090087，唱机的拾音器支臂090095，录音载体090111，非医用监控装置090151，振动膜（音响）090182，扬声器090190，电唱机090192，唱片清洁装置090230，录音带090231，音频视频接收器090289，电视机用投币启动机械装置090340，扩音器090341，麦克风090351，声音传送装置090450，录音装置090451，声音复制装置090452，唱机针090462，唱机用唱针090462，电视机090468，讲词提示器090472，电唱机速度调节器090486，录像带090495，电唱机磁针更换器090503，磁头清洗带090535，录像机090536，扬声器喇叭090575，CD盘（音像）090587，声耦合器090593，计算机用自动电唱机090604，摄像机090630，盒式磁带播放机090631，CD播放机090632，盒式录像带090650，便携式收录机090663，头戴式耳机090671，DVD播放机090685，便携式媒体播放器090702，数码相框090711，电子图书阅读器090718，婴儿监控器090721，可视婴儿监控器090722，乐器用电动和电子效果器090768，音频接口090769，均衡器（音频装置）090770，低音喇叭090771，头戴式虚拟现实装置090776，混音器090779，安全监控机器人090789，运载工具用后视摄像头090796，穿戴式视频显示器090807，哇音踏板090811，耳机用耳垫090818，远距离交流用耳机090835

※电视摄像机C090033，自动广告机C090034，延时混响器C090035，耳机C090037，拾音器C090038，光盘（音像）C090039，半导体收音机C090124，学习机C090128，电子教学学习机C090129，带有图书的电子发声装置C090130，行车记录仪C090143，机顶盒C090144

注：1. CD盘（音像），光盘（音像）与0901光盘，CD盘（只读存储器），光学数据介质类似，与第九版及以前版本0901密纹光盘（可读存储器），光学数据媒介交叉检索；

2. 唱片，录音带，录像带，CD盘（音像），盒式录像带，光盘（音像）与0901电子出版物（可下载），可下载的手机铃音，可下载的音乐文件，可下载的影像文件，移动电话用可下载图像类似；

3. 学习机，电子教学学习机，带有图书的电子发声装置与1606带有电子发声装置的儿童图书类似。

0909 摄影、电影用具及仪器

放大设备（摄影）090021，近摄镜090088，幻灯片框090099，电影摄影机090107，暗室（摄影）

090117，干燥架（摄影）090122，电影胶片剪辑设备090124，照相机快门线（摄影）090174，快门（照相）090181，幻灯片用定中心设备090183，照相机（摄影）090184，幻灯放映机090186，幻灯片放映设备090186，闪光灯泡（摄影）090206，投影银幕090209，摄影用屏090211，摄影用滤干器090212，摄影用沥水架090212，胶卷卷轴（照相）090233，实物幻灯机090235，特制摄影设备和器具箱090246，曝光表（照度计）090251，胶片切割装置090262，摄影用滤光镜090264，照片晒印用干燥装置090282，照片晒印用上光装置090283，照相制版用屏090286，照相制版装置090290，暗板托架（摄影）090309，暗室灯（摄影）090318，幻灯090321，测速仪（照相）090345，冲洗盘（摄影）090390，照相器材架090391，照相取景器090392，放映设备090411，光圈（摄影）090562，摄影用紫外线滤光镜090574，照相机用三脚架090577，安装聚光灯用电轨090635，闪光灯（摄影）090639，镜头遮光罩090723，自拍杆（手持单脚架）090742，热成像相机090760，自拍镜头090803，视频投影机090840

※ 套片机C090040，教学投影灯C090041，摄影器具包C090042

注：自拍杆（手持单脚架）与0907手机用自拍杆类似。

0910 测量仪器仪表，实验室用器具，电测量仪器，科学仪器

测绘仪器090055，计量仪表090138，探测器090180，测量装置090202，计量仪器090242，测量器械和仪器090280，精密测量仪器090346，测量仪器090347

（一）空气分析仪器090025，高度计090033，风速计090039，气象气球090075，气压表090079，酒精水平仪090096，航海罗盘090133，测距设备090187，距离记录仪090194，测距仪090195，水位仪090204，铅锤090257，铅垂线090258，气量计（计量仪器）090279，水准标尺（测量仪器）090281，测杆（勘测仪器）090281，湿度表090292，测角器090299，坡度指示器090299，倾角计090299，斜度指示器090299，测程仪（测量仪器）090326，测深绳090327，测量水平仪090333，水银水平仪090344，气象仪器090348，航海器械和仪器090356，水平仪（测水平线仪器）090362，水准仪090363，观测仪器090366，八分仪090367，波长计090369，平板仪（测量仪器）090399，测面仪090400，偏振计090404，六分仪090444，测深度装置和机器090453，测深锤090454，经纬仪090479，方位仪090512，定向罗盘090523，海水深度探测器090668，风向袋（用于标明风向）090678，罗盘仪针090754，红外探测器090756，数字天气预报仪090764，高度测量仪090812

※ 激光导向仪C090043，地震仪C090044，地质勘察分析仪器C090045，土壤取样仪C090046

（二）运载工具轮胎低压自动指示器090069，运载工具用测速仪090152，运载工具用里程表090232，出租车计价器090300，运载工具用自动转向装置090396，运载工具用恒温器090481，运载工具用电压调节器090498

※ 内燃机仪表C090047

（三）电池用测酸计090010，比重计090011，日光辐射计090018，气体比重计090020，酒精比重计090027，照准仪090028，食物分析仪器090029，比较仪090067，水源探测棒090072，阀门压力指示栓090090，锅炉控制仪器090120，节拍器090139，密度计090175，平衡仪器090237，测力计090239，材料检验仪器和机器090240，油量表090243，汽油压力计090243，非医用测试仪090249，气体检测仪090278，真空计090302，速度指示器090303，乳汁浓度计090316，乳汁比重计090317，压力计090336，臭氧发生器090378，酸性液体比重计090387，盐液比重计090389，测压仪器090409，压力指示器090410，高温计090415，分度仪（测量仪器）090419，非医用温度计090429，糖量计090435，亚硫酸盐测计090463，转速计090465，温度指示计090477，转数表090485，尿比重计090492，粘度计090496，光密度计090532，药剂分配器090565，剂量计090565，减压室090595，非医用诊断设备090633，计量勺090641，频闪观测器090714，非医用示温标签090716，加速计090729，联机手环（测量仪器）090739，热量计090743，流量计090744，温差比重计090773，纳米粒度分析仪090817

※ 风压表C090048，水表C090049，油表C090050，煤气表C090051

（四）视听教学仪器090061，毛细管090109，织物密度分析镜090136，曲颈瓶090157，曲颈瓶座090158，坩埚（实验室用）090170，烤钵（实验室用）090170，实验室料盘090177，试管090236，发酵装置（实验室装置）090253，分度玻璃器皿090285，计量用玻璃器皿090285，实验室用特制家具090315，数学仪器090339，显微镜用薄片切片机090352，物理学设备和仪器090395，实验室用吸量管090398，教学仪器090440，球径计090458，实验室用蒸馏器090504，化学仪器和器具090549，细菌培养器090556，科学用蒸馏装置090564，实验室用炉090568，实验室用烘箱090568，实验室用层析设备090585，急救训练用人体模型（教学器具）090680，基因芯片（DNA芯片）090684，实验室用离心机090698，培养皿090712，皮托管090713，生物芯片090774，实验室机器人090787，教学机器人090788，复苏训练模拟器090798，美发培训用头模（教学仪器）090813，非医用、非家用测量滴管090827

※ 理化试验和成分分析用仪器和量器C090054，滴定管C090055，酒精灯C090056

（五）安培计090036，电流计090092，功率计090203，电损耗指示器090213，电测量仪器090214，高频仪器090267，频率计090268，感应器（电）090304，欧姆计090368，示波器090374，伏特计090500

※ 电度表C090057，试电笔C090058，成套电气校验装置C090059，电气测量用稳压器C090060

（六）粒子加速器090002，电子回旋加速器090085，宇宙学仪器090161，回旋加速器090172，工业或军用金属探测器090178，非医用激光器090323，科学用探测器090436，科学卫星090437，科学装置用隔膜090439，运载工具驾驶和控制模拟器090448，撞击试验用假人090697，非医用磁共振成像（MRI）装置090808

※ 核原子发电站控制系统C090061，原子射线仪器C090062，核子仪器C090063，导弹控制盒C090064

注：1. 本类似群第一自然段商品与各部分商品均类似；

2. 本类似群各部分之间商品不类似；

3. 第（六）部分的商品互相之间将根据商品的功能、用途确定类似商品；

4. 第（一）部分与第十版及以前版本0905角度测量工具，吊线坠交叉检索；

5. 第（一）部分与第十一版及以前版本第（三）部分风速表交叉检索。

0911 光学仪器

数值孔径计090050，天体照相机镜头090059，显微镜载玻片盒090128，目镜090134，物镜（光学）090160，衍射设备（显微镜）090189，显微镜090193，折射计090250，检验用镜090307，光学灯090319，光学镜头090324，放大镜（光学）090328，配有目镜的仪器090332，潜望镜090337，光学仪器用螺旋千分尺090350，镜（光学）090354，三棱镜（光学）090365，光学器械和仪器090370，光学玻璃090371，天文学仪器及装置090384，光度计090393，折射望远镜090424，分光镜090426，摄谱仪090457，立体视镜090460，立体视器械090461，双筒望远镜090475，望远镜090476，火器用瞄准望远镜090509，聚光器090592，武器用瞄准望远镜090735

注：武器用瞄准望远镜，火器用瞄准望远镜与1301除瞄准望远镜外的火器用瞄准器，除瞄准望远镜外的武器用瞄准器，枪和步枪用瞄准镜，步枪瞄准镜，枪瞄准镜类似。

0912 光电传输材料

电缆包皮层090098，电缆090215，电线090255，磁线090256，电线识别线090293，电线识别包层090294，电报线090469，电源材料（电线、电缆）090553，绝缘铜线090558，电话线090572，电缆连接套筒090626，马达启动缆090647，同轴电缆090665，纤维光缆090666，汽车电线束090799

注：1. 纤维光缆与0913第（七）部分类似；

2. 本类似群与第十一版及以前版本1202已接受商品汽车电线束，第十版及以前版本1203已接受商品摩托车电线束交叉检索；

3. 本类似群与第九版及以前版本0907纤维光缆，0913第（四）部分电缆接头套交叉检索。

0913 电器用晶体及碳素材料，电子、电气通用元件

（一）方铅晶体（检波器）090271，半导体090539，集成电路用晶片090584

※ 单晶硅C090065，硅外延片C090066，石英晶体C090067，多晶硅C090068，硒堆和硒片C090069，

电阻材料 C090070，碳素材料 C090071，碳电极 C090072，石墨电极 C090073，炭精块 C090074，石墨炭精块 C090075，炭精片 C090076，炭精粒 C090077，炭精棒 C090078，炭精粉 C090079，碳管 C090080，无源极板 C090083，水银整流器阴极 C090084，电子管阳极 C090085，阳极糊 C090086

（二）印刷电路 090125，集成电路 090538，芯片（集成电路）090540，印刷电路板 090699
※ 电子芯片 C090131

（三）电线圈 090001，磁铁 090023，电磁线圈 090024，放大器 090037，放大管 090038，热离子管 090060，电容器 090140，电导体 090141，限幅器（电）090165，熔丝 090269，电阻器 090427，变阻器 090432，扼流线圈（阻抗）090441，真空电子管（无线电）090491，可变电感器 090493，保险丝 090505，电感线圈支架 090514，非照明用放电管 090559，晶体管（电子）090624，发光二极管（LED）090704，三极管 090705，有机发光二极管（OLED）090825，量子点发光二极管（QLED）090826
※ 发射管 C090087，超高频管 C090088，电子束管 C090089，电位器 C090090，示波管 C090091，电子管 C090092，半导体器件 C090093，磁性材料和器件 C090094，陶滤波器 C090095，雾化片 C090132

（四）变压器（电）090049，配电箱（电）090054，接线柱（电）090089，集电器 090129，闸盒（电）090131，电流换向器 090132，电导线管 090142，闭路器 090143，电连接器 090144，接线盒（电）090145，电触点 090148，电动调节装置 090150，变流器 090153，电开关 090164，电插头 090166，整流器 090167，电池开关（电）090168，减压器（电）090168，断路器 090191，配电盘（电）090197，配电控制台（电）090198，导管（电）090216，控制板（电）090217，电线连接物 090219，电器接插件 090220，电耦合器 090220，继电器（电）090222，恒温器 090238，电枢（电）090305，逆变器（电）090310，自动定时开关 090353，电线接线器（电）090442，调光器（电）090606，灯光调节器（电）090606，电源插座罩 090667，照明设备用镇流器 090672，螺线管阀（电磁开关）090675，电涌保护器 090676，舞台灯光调节器 090682，升压变压器 090706，电源插头转换器 090730，数字温控器 090823，压电传感器 090824，电源插座 090828，车辆用泊车传感器 090836
※ 互感器 C090096，传感器 C090097，消磁器 C090098，调压器 C090099，稳压电源 C090100，启辉器 C090102，低压电源 C090103，高低压开关板 C090104，起动器 C090105，熔断器 C090106，母线槽 C090107，电热保护套 C090126

（五）荧光屏 090208，视频显示屏 090652，显示数字用电子显示屏 090786

（六）遥控装置 *090470，电子钥匙（遥控装置）090781
※ 家用遥控器 C090101

（七）光学纤维（光导纤维）090571

注：1. 本类似群第（二）、（三）部分互为类似商品，第（三）、（四）部分互为类似商品，其他各部分之间商品不类似；

2. 第（七）部分与 0912 纤维光缆类似，与第九版及以前版本 0907 纤维光缆交叉检索；

3. 第（四）部分与第七版及以前版本 1101 舞台灯光调节器交叉检索；

4. 第（一）部分与第八版及以前版本 0908 半导体交叉检索；

5. 第（三）部分与第十一版及以前版本 0910 恒温器交叉检索。

0914 电器成套设备及控制装置

（一）遥控铁路道岔用电动装置 090022，远距离点火用电子点火装置 090030，热调节装置 090116，工业遥控操作用电气设备 090130，整流用电力装置 090163

※ 高压防爆配电装置 C090108，电站自动化装置 C090109

（二）避雷针 090381，避雷器 090381

注：本类似群各部分之间商品不类似。

0915 电解装置

电解装置 090226，非空气、非水处理用电离设备 090311

※ 电解槽 C090111

注：本类似群与 0754 类似。

0916 灭火器具

灭火器 090041，火灾扑打器 090082，消防水龙带喷嘴 090296，消防车 090297，消防泵 090298，消防船 090601，灭火用自动洒水装置 090646，消防水龙带 090708，灭火设备 090750

注：1. 消防水龙带与 1704 帆布水龙带类似；

2. 本类似群与第九版及以前版本 1704 消防水龙带交叉检索。

#0917 电弧切割、焊接设备及器具

注：本类似群第十版时移入 0751 类似群。

0918 工业用 X 光机械设备

工业用放射设备090418，非医用X光产生装置和设备090420，非医用X光管090421，非医用X光装置090425，工业用放射屏幕090526

0919 安全救护器具

个人用防事故装置090004，防事故、防辐射、防火用服装090005，防事故用石棉手套090034，防火石棉衣090035，防眩光眼镜090046，头盔用面罩090047，飞行员防护服090070，救生筏090073，安全头盔090112，非人工呼吸用呼吸面罩090113，焊接用头盔090114，潜水服090162，太平梯090205，工人用防护面罩090210，火星防护罩090245，铁路交通用安全设备090254，防事故用网090259，救生网090260，安全网090260，救护用防水油布090261，呼吸面具过滤器090263，防事故用手套090274，潜水员手套090275，工业用防X光手套090276，防火服装090288，救生器械和设备090295，防护面罩*090338，潜水呼吸器090355，氧气转储装置090377，潜水用耳塞090401，牙齿保护器*090414，非医用X光防护装置090422，滤气呼吸器090430，除人工呼吸外的呼吸装置090431，救生圈090517，救生衣090546，救生带090547，防弹背心090582，潜水面罩090597，工人用护膝垫090605，非运载工具座椅用、非体育设备用安全带090621，消防毯090638，防事故、防辐射、防火用鞋090645，体育用护目镜090654，潜水和游泳用鼻夹090655，体育用保护头盔090656，消防人员用石棉挡板090689，骑马用头盔090690，实验室用特制服装090691，防弹衣090728，自然灾害用救生舱090731，反光安全背心090745，体育用护齿090752，体育用护头090753，潜水用水下通气管090800，救生毯090815，救生艇090816，作为安全头盔的头戴物090832，潜水配重带090834，搬重物时支撑身体用背带090838

※ 耐酸手套C090113，耐酸衣、裙C090114，护目镜C090115，防水衣C090116，耐酸胶鞋C090117，防火靴（鞋）C090118

注：1. 防水衣与2504防水服类似；
2. 潜水用耳塞与第七版及以前版本1004耳塞交叉检索；
3. 体育用护目镜，护目镜，防眩光眼镜与0921类似；
4. 本类似群与第八版及以前版本1705消防队员用石棉掩护物，消防人员用石棉挡板交叉检索；
5. 救生圈，救生衣与2809翼型浮袋，游泳圈，游泳浮力背心类似，与第十版及以前版本2809洗澡或游泳用浮囊交叉检索；
6. 本类似群与第九版及以前版本0916太平梯交叉检索。

0920 警报装置，电铃

汽笛报警器090013，声音警报器090014，报警器*090026，电警铃090071，铃（报警装置）090402，

警笛 090449，电子防盗装置 090497，防盗报警器 090511

电锁 090443，联锁门用电子门禁装置 090759，电子挂锁 090833

※ 生物指纹门锁 C090147

火警报警器 090068，电铃按钮 090093，门窥视孔（广扩镜）090312，蜂鸣器 090522，电门铃 090566，烟雾探测器 090623

注：1. 第一自然段与 1202 车辆倒退警报器，车辆防盗设备，1211 运载工具防盗报警器，运载工具防盗设备类似，与第九版及以前版本 1202 车辆防盗警铃交叉检索；

2. 第二、三自然段与 0610 除金属钥匙以外的其他商品，2014 非金属挂锁（非电子）类似。

0921 眼镜及附件

眼镜链 090115，眼镜挂绳 090156，矫正透镜（光学）090159，眼镜 090331，眼镜片 090334，眼镜框 090359，眼镜架 090359，夹鼻眼镜 090397，隐形眼镜 090554，隐形眼镜盒 090555，眼镜盒 090567，眼镜套 090567，太阳镜 090648，3D 眼镜 090726

※ 擦眼镜布 C090135

注：本类似群与 0919 体育用护目镜，护目镜，防眩光眼镜类似，与第九版及以前版本 0919 体育用风镜交叉检索。

0922 电池，充电器

运载工具用蓄电池 090007，运载工具用电池 090007，蓄电瓶 090008，电瓶 090008，蓄电池箱 090009，电池箱 090009，电池极板 090012，点火用电池 090031，阳极 090043，阳极电池 090044，高压电池 090044，蓄电池充电器 090083，原电池 090218，电池充电器 090266，原电池组 090272，电池铅板 090287，电池 090360，蓄电池 090361，阴极反腐蚀装置 090412，对阴极 090507，光伏电池 090531，阴极 090543，太阳能电池 090557，发电用太阳能电池板 090733，电子香烟用充电器 090738，电动运载工具用充电站 090765，电子香烟用电池 090780

※ 移动电源（可充电电池）C090137

注：太阳能电池，发电用太阳能电池板与 0603 光伏电池组成的金属屋顶板，1909 光伏电池组成的非金属屋顶板类似，与第十一版及以前版本 1909 太阳能电池组成的非金属屋顶板，第十版及以前版本 0603 太阳能电池组成的金属屋顶板交叉检索。

0923 电影片，已曝光材料

动画片090176，幻灯片（照相）090185，透明软片（照相）090185，曝光胶卷090515，已曝光的电影胶片090550，已曝光的X光胶片090573，非医用X光照片090625

注：本类似群与0107未曝光的感光胶片，未曝光的X光感光胶片，未曝光的感光电影胶片类似，与第九版及以前版本0107感光但未曝光的X光胶片，未曝光感光胶卷交叉检索。

0924 单一商品

（一）照蛋器090241

叫狗哨子090508，训练动物用电子项圈090746，训练家畜用信号摇铃090839

装饰磁铁090660

电栅栏090669

运动哨090801

※ 便携式遥控阻车器C090133

注：1. 本部分为单一商品，各自然段间互不类似；
　　2. 运动哨与第十一版及以前版本2807口哨交叉检索。

（二）注：原第（二）部分电热袜，电暖衣服，电马甲，电手套，电靴第十一版时删除。

注：本类似群原各部分之间商品不类似。

第十类

外科、医疗、牙科和兽医用仪器及器械；假肢，假眼和假牙；矫形用物品；缝合材料；残疾人专用治疗装置；按摩器械；婴儿护理用器械、器具及用品；性生活用器械、器具及用品。

【注释】

第十类主要包括主要用于诊断、治疗及改善人和动物的功能或健康状态的外科、内科、牙科及兽医用仪器、器械及用品。

本类尤其包括：

——医疗用支撑绷带和特种服装，例如：压力衣，静脉曲张用长袜，拘束衣，矫形鞋；

——月经、避孕及分娩用仪器、器械及用品，例如：月经杯，子宫帽，避孕套，分娩褥垫，产钳；

——由人造或合成材料制成的植入用假体及治疗用具，例如：人造外科移植物，人造乳房，脑起搏器，可生物降解的骨固定植入物；

——医用特制家具，例如：医用或牙科用扶手椅，医用气褥垫，手术台。

本类尤其不包括：

——医用辅料和吸收性卫生用品，例如：橡皮膏，包扎用绷带和纱布，防溢乳垫，婴儿尿布和失禁用尿布，卫生棉条（第五类）；

——活体外科移植物（第五类）；

——医用无烟草香烟（第五类）和电子香烟（第三十四类）；

——轮椅和电动代步车（第十二类）；

——按摩用床和医院用床（第二十类）。

1001 外科、医疗和兽医用仪器、器械、设备，不包括电子、核子、电疗、医疗用X光设备、器械及仪器

外科用剪100007，医用针100008，缝合针100009，子宫托100010，热气医疗装置100011，医用热气颤振器100012，医用导管100015，牲畜助产器100027，外科手术刀100029，外科用小手术刀100030，外科手术探针100033，医用插管100042，冲洗体腔装置100044，阉割钳100049，外科仪器和器械100054，医生用器械箱100055，麻醉仪器100057，外科手术剪100058，压迫机（外科用）100060，医用滴管100061，割鸡眼刀100062，健美按摩设备100063，外科用刀100065，医用恒温箱100067，刮舌器100070，柳叶刀（外科用）100077，注射针管100080，医用引流管100081，医用探针100085，医用泵100086，验血仪器100087，医用滴瓶100089，医用钳100090，胃镜100093，血球计100095，皮

下注射器100097，吸入器100099，医用注射针筒100100，泌尿科器械及器具100102，吹入器100103，医用灌肠器100104，医用灯100108，医用蒸发器100109，麻醉面罩100112，按摩器械100113，医疗器械和仪器100114，敷药用器具100115，医疗器械箱100116，外科医生用镜100118，助产器械100120，检眼计100122，检眼镜100123，兽医用喂丸器100127，血压计100129，医用石英灯100130，复苏器100135，人工呼吸器100138，人工呼吸设备100139，外科手术用锯100140，子宫注射器100142，阴道冲洗器100143，听诊器100144，耳聋治疗设备100147，手术台100150，医用穿刺套管针100151，尿道探针100153，尿道注射器100154，火罐100155，兽医用器械和工具100156，振动按摩器100158，医用气雾剂分配器100160，医用注射器100164，医用体育活动器械100176，早产婴儿保育箱100177，刷体腔用毛刷100178，医疗分析仪器100180，医用测试仪100180，医用熏蒸设备100182，肺活量计（医疗器械）100197，医用体温计100198，针灸针100199，医用诊断设备100201，心脏起搏器100203，医用电击去心脏纤颤器100211，透析器100212，医用导丝100213，医用牵引仪器100215，下体冲洗袋100218，显微皮肤磨削仪100220，医用身体康复仪100221，脉搏计100222，医用支架100223，医用示温标签100225，治疗痤疮用装置100228，医用内窥镜摄像头100231，脑起搏器100235，植入型皮下给药装置100236，可生物降解的骨固定植入物100237，医用压舌板100238，吸鼻器100239，人工呼吸用呼吸面罩100242，医用细菌鉴定分析仪100244，医用DNA及RNA测试设备100245，医用干细胞再生设备100246，体脂监测仪100247，人体成分监测仪100248，外科手术机器人100253，氢吸入器100257，胆固醇检测仪100267，治疗用面罩100270，血糖仪100273，吸入器用分隔器100276，医用检查台100277，医用纳米机器人100278，治疗中暑用医用冷却装置100280，治疗失温症用医用冷却装置100281

※ 止血缝合器械C100001，耳鼻喉科器械C100002，眼科器械C100003，已杀菌消毒的医疗器械C100004，输精器C100005，输血器C100006

注：1. 医疗器械和仪器与1002，1003类似；
2. 医用熏蒸设备与1109非医用熏蒸设备，蒸脸器具（蒸汽浴）类似；
3. 医生用器械箱，医疗器械箱与0501轻便药箱（已装药的），急救箱（备好药的）类似；
4. 兽医用器械和工具与第十版及以前版本0810兽医用刀交叉检索；
5. 医用诊断设备与1003类似。

1002 牙科设备及器具

牙科医生用扶手椅100048，假牙100052，牙钻100072，牙科设备和仪器100073，假牙套100074，全口假牙100076，牙科用镜100078，医用或牙科用扶手椅100088，电动牙科设备100179，畸齿矫正仪器100214，牙科用牙齿保护器100240

注：本类似群与1001医疗器械和仪器类似。

1003 医疗用电子、核子、电疗和 X 光设备

医用镭管 100017，医用电刺激带 100023，医用 X 光装置 100024，医用电热垫 100050，电热敷布（外科）100059，医用放射屏幕 100083，心电图描记器 100084，电疗器械 100091，医用紫外线灯 100105，医用激光器 100106，医用 X 光产生装置和设备 100131，医用 X 光照片 100132，医用放射设备 100133，放射医疗设备 100134，医用 X 光管 100136，医用 X 光防护装置 100137，医用电极 100174，医用带（电）100175，医用紫外线过滤器 100181，医用电热毯 100191，理疗设备 100196，电子针灸仪 100202，医用断层扫描仪 100227，心率监测设备 100232，医用磁共振成像（MRI）装置 100258，医用固化灯 100274，LED 光疗面罩 100284

※ 医疗用超声器械 C100007，诊断和治疗期同位素设备和器械 C100008，医用紫外线杀菌灯 C100011

注：1. 医用电热垫，医用电热毯与 1111 非医用电加热垫，非医用电热毯类似，与第九版及以前版本 1111 非医用电毯，非医用电加热垫（衬垫），电热毯交叉检索；

2. 医用紫外线灯，医用紫外线杀菌灯与 1101 第（三）部分类似；

3. 本类似群与 1001 医疗器械和仪器，医用诊断设备类似。

1004 医疗用辅助器具、设备和用品

分娩褥垫 100004，助听器 100005，喇叭状助听器 100006，病床用吸水床单 100013，失禁用垫单 100014，卧床病人用便盆 100025，医用盆 100026，医用靴 100031，医用痰盂 100034，带轮担架 100036，救护车用担架 100037，疝气带 100039，医用手套 100043，医用带 100045，外科用海绵 100053，医用垫 100064，吃药用勺 100069，挖耳勺 100071，医用指套 100079，医用水袋 100082，按摩用手套 100092，医用冰袋 100094，医用水床 100096，腹部护垫 100098，失眠用催眠枕头 100101，卧床病人用尿壶 100110，医用特制家具 100119，脐疝带 100121，听力保护器 100124，床用摆动器 100157，医用气枕 100161，医用气垫 100162，医用气褥垫 100163，无菌罩布（外科用）100172，医用床 100173，病人身上伤痛处防压垫 100195，手术衣 100200，病人移位机 100204，医务人员用面罩 100205，手术用消毒盖布 100207，急救用热敷袋 100209，大便座椅 100210，医疗垃圾专用容器 100216，耳塞（听力保护装置）100224，除虱梳 100229，月经杯 100241，抗风湿手环 100250，抗风湿指环 100251，医用手镯 100252，防吐腕带 100255，医用充气床 100259，医用冷敷贴 100260，急救用冷敷垫 100261，便携式手持小便器 100262，指压带 100265，病人检查袍 100268，生物磁疗环 100269，药丸压碎器 100272，药片切割器 100282，医用卫生口罩 100283

※ 氧气袋 C100009，口罩 C100010

注：1. 卧床病人用便盆，卧床病人用尿壶与 2106 便壶，痰盂类似；

2. 医用痰盂与2106痰盂类似；

3. 医用床，医用充气床与2001医院用病床，按摩用床类似，与第九版及以前版本2001医院用床交叉检索；

4. 无菌罩布（外科用）与第九版及以前版本0506外科手术用布（织物）交叉检索；

5. 耳塞（听力保护装置）与第九版及以前版本0919耳塞交叉检索；

6. 本类似群与第十版及以前版本0506防风湿手环，防风湿指环，医用手镯交叉检索；

7. 本类似群与第十一版及以前版本1003急救用热敷布（袋）交叉检索；

8. 生物磁疗环与第十一版及以前版本1403磁疗首饰交叉检索。

1005 奶嘴，奶瓶

出牙咬环100018，奶瓶100028，吸奶器100107，婴儿用安抚奶嘴100145，奶瓶阀100169，奶瓶用奶嘴100170，婴儿用奶嘴式喂辅食器100254，婴儿安抚奶嘴用带链夹100266，婴儿牙龈按摩器100271

1006 性用品

避孕套100128，非化学避孕用具100184，性爱娃娃100219，性玩具100234

※ 子宫帽 C100012

注：本类似群与第九版及以前版本2006充气娃娃（非医用性助器）交叉检索。

1007 假肢，假发和假器官

人造颚100111，假肢100117，外科用人造皮肤100125，人造乳房100141，人造眼睛100159，植发用毛发100192，外科移植用假眼球100194，人造外科移植物100208，医用机械外骨骼100264，由人造材料组成的骨间空隙填充物100275

1008 矫形矫正及助行用品

腹带100001，下腹托带100002，紧身腹围100003，矫形用关节绷带100020，支撑绷带100020，石膏夹板（外科）100021，弹性绷带100022，矫形用物品100038，鞋用弓形支垫100040，拘束衣100041，孕妇托腹带100046，矫形带100047，矫形鞋100051，拐杖头100126，平足支撑物100146，悬吊式绷带100148，外科用弹力袜100165，静脉曲张用长袜100166，拐杖100168，矫形鞋底100171，医用紧身胸衣100183，矫形用膝绷带100193，矫形用石膏绷带100206，吊带（支撑绷带）100217，残障者用助行架100226，医用四脚拐杖100230，压力衣100233，正畸用橡皮筋100243，矫形用分趾器100249，带轮助行器100256，医用拐杖100263，肌内效贴布100279

注： 1. 矫形用关节绷带，支撑绷带，弹性绷带，悬吊式绷带，矫形用膝绷带，矫形用石膏绷带，吊带（支撑绷带）与0506包扎绷带，外科用肩绷带类似，与第十版及以前版本0506卫生绷带，第八版及以前版本0506绷带交叉检索；

2. 本类似群与第十版及以前版本1004孕妇托腹带交叉检索。

1009 缝合用材料

羊肠线100035，线（外科用）100056，缝合材料100149

第十一类

照明、加热、冷却、蒸汽发生、烹饪、干燥、通风、供水以及卫生用装置和设备。

【注释】

第十一类主要包括环境控制装置和设备,特别是照明、烹饪、冷却和消毒用装置和设备。

本类尤其包括:

——空气调节装置和设备;

——非实验室用烘箱,例如:牙科用烘箱,微波炉,面包炉;

——炉子(取暖器具);

——太阳能集热器;

——烟囱用烟道,烟囱用风箱,壁炉炉床,家用壁炉;

——消毒器,焚化炉;

——照明设备和装置,例如:照明用发光管,探照灯,安全照明灯,发光门牌,运载工具用光反射镜,运载工具用灯;

——灯,例如:电灯,煤气灯,实验室灯,油灯,路灯,安全灯;

——晒皮肤设备(日光浴床);

——浴室装置,沐浴用设备,浴室用管子装置;

——抽水马桶,小便池;

——喷水器,巧克力喷泉机;

——非医用电热垫和电热毯;

——热水袋;

——电热服装;

——电热制酸奶器,制面包机,煮咖啡机,制冰淇淋机;

——制冰机和设备。

本类尤其不包括:

——制造蒸汽的装置(机器部件)(第七类);

——空气凝结器(第七类);

——电流发生器,发电机组(第七类);

——喷焊灯(第七类),光学灯(第九类),暗室灯(第九类),医用灯(第十类);

——实验室用烘箱(第九类);

——光伏电池(第九类);

——信号灯（第九类）；

——医用电热垫和电热毯（第十类）；

——便携式婴儿浴盆（第二十一类）；

——非电便携式冷藏箱（第二十一类）；

——无加热源的烹饪用具，例如：非电动烤盘和烤架，烘蛋奶饼的非电铁模，非电加压炊具（第二十一类）；

——非电暖脚套（第二十五类）。

1101 照明用设备、器具（不包括汽灯、油灯）

（一）灯泡110021，电灯泡110022，弧光灯110023，电灯110024，灯110040，照明用提灯110041，灯罩110042，白炽灯110043，手电筒110051，弧光灯碳棒110072，玻璃灯罩110091，照明用放电管110111，灯光漫射器110118，电灯灯头110122，照明设备和装置110130，枝形吊灯110133，顶灯110136，电灯丝110145，球形灯罩110169，实验室灯110176，安全灯110182，灯光反射镜110183，灯笼110185，照明用发光管110189，照明用镁丝110190，矿灯110192，圣诞树用电灯110195，发光门牌110196，探照灯110202，灯光遮罩110237，灯罩座110238，路灯110263，水族池照明灯110309，潜水灯110322，发光二极管（LED）照明器具110333，节日装饰用彩色小灯110344，节日装饰用串灯110344，头戴式手电筒110346，便携式头灯110346，装蜡烛的提灯110355，落地灯110367，投影灯110369

※ 舞台灯具C110001，照相用回光灯C110002，日光灯管C110003

（二）空中运载工具用照明设备110007，运载工具用灯110027，汽车前灯110031，自行车车灯110045，运载工具转向信号装置用灯泡110071，摩托车车灯110110，运载工具前灯110200，运载工具用光反射镜110212，运载工具用照明装置110229，运载工具用防眩光装置（灯配件）110249，汽车灯110256，自行车转向灯110358

（三）空气净化用杀菌灯110166，非医用紫外线灯110180

（四）烫发用灯110158，美甲烤灯110347，非医用固化灯110360

注：1. 本类似群各部分之间商品不类似；

2. 第（一）部分灯，照明设备和装置与第（二）部分商品以及1103类似；

3. 第（二）部分与第（一）部分灯，照明设备和装置，1211运载工具防眩光装置，运载工具遮光装置类似，与第十一版及以前版本第（一）部分照明器械及装置，1211运载工具转向信号装置，第九版及以前版本1202车辆转向信号灯，车辆转向信号装置，车辆防眩光装置，车辆遮光装置交叉检索；

4. 第（三）部分与1003医用紫外线灯，医用紫外线杀菌灯类似；

5. 第（一）部分与第十一版及以前版本1103照明用提灯交叉检索；

6. 第（三）部分非医用紫外线灯与第（四）部分非医用固化灯类似。

#1102 喷焊灯

注：本类似群第十版时喷焊灯，热焊枪，喷灯移入0751类似群，乙炔发生器移入1107类似群。

1103 汽灯，油灯

乙炔灯 110005，油灯灯头 110044，煤油灯罩 110092，火炬 110148，煤气灯 110163，油灯 110179

注：本类似群与1101第（一）部分灯，照明设备和装置类似，与第十一版及以前版本1101第（一）部分照明器械及装置交叉检索。

1104 烹调及民用电气加热设备（不包括厨房用手工用具，食品加工机器）

（一）炉用结构框架 110025，面包炉 110053，烤肉铁叉转动器 110056，烤肉铁叉 110057，咖啡豆烘烤机 110066，暖碟器 110089，电炊具 110107，烹饪用炉 110108，加热烹调器 110108，烹调用装置和设备 110109，水果烘烤器 110159，燃气炉 110161，台式烹饪炉 110170，烤面包片机 110171，烤盘（烹饪设备）110172，烤架（烹饪设备）110172，烘烤器具 110172，麦芽烘焙器 110191，厨房炉灶（烘箱）110204，灶环 110210，翻转烤肉器 110220，烤炉 110230，酒精炉 110247，燃气炉托架 110251，烹饪用电高压锅 110254，电加压炊具 110254，奶瓶用电加热器 110257，烘蛋奶饼的电铁模 110258，电咖啡渗滤壶 110261，电力煮咖啡机 110262，便携式烤肉架 110265，电油炸锅 110266，电热水壶 110303，电热制酸奶器 110312，微波炉（厨房用具）110317，烤面包机 110329，制面包机 110332，加热展示柜 110335，多功能电锅 110336，电蒸锅 110337，制墨西哥薄饼用电饼铛 110338，电巧克力喷泉机 110341，电动真空低温烹调设备 110348，冷热饮料机（加热或制冷）110350，家用电动米糕机 110352，油炉专用炉芯 110353，电炉灶 110354，空气炸锅 110356，电热水瓶 110362，电热食品脱水机 110363，USB供电的加热杯垫 110365，蒸古斯古斯饭用电炊具 110366，电塔吉锅 110368，电豆浆机 110373，电咖啡机用空咖啡胶囊 110374，电饮料鼎 110375

※ 烤饼炉 C110006，沼气灶 C110007，煤油炉 C110008，电铁锅 C110011，太阳灶 C110054，电开水器 C110056

（二）烧烤炉用火山岩石 110326

注：1. 本类似群各部分之间商品不类似；
2. 太阳灶与1109太阳能集热器，太阳能收集器类似；
3. 电热水壶，电热水瓶，电开水器与1110饮水机类似；
4. 电热水瓶与2111暖水瓶类似；
5. 电热制酸奶器与第九版及以前版本0709酸奶机交叉检索；
6. 制面包机与第九版及以前版本0709面包机交叉检索；
7. 跨类似群保护商品：冷热饮料机（加热或制冷）（1104第（一）部分，1105）；
8. 第（一）部分与第十一版及以前版本0723家用豆浆机交叉检索。

1105 制冷、冷藏设备（不包括冷藏车）

冷藏柜110026，冰柜110106，饮料冷却装置110119，水冷却装置110125，冷冻设备和机器110155，冷藏室110156，步入式冷藏室110156，冷藏集装箱110157，制冰机和设备110167，电冷藏箱110168，奶冷却装置110177，液体冷却装置110188，冷却装置和机器110209，冷冻设备和装置110213，冷却设备和装置110214，烟草冷却装置110227，冰箱110274，冷藏展示柜110330，电酒窖110343，冷热饮料机（加热或制冷）110350，制冰淇淋机110357，医学贮存用冰箱、冷却装置和冰柜110359

※ 冰箱自动化霜器C110013，冰箱除味器C110014，制冰棒机C110015，冰镇球C110016，玻璃钢冷却塔C110046

注：跨类似群保护商品：冷热饮料机（加热或制冷）（1104第（一）部分，1105）。

1106 干燥、通风、空调设备（包括冷暖房设备），气体净化设备

（一）通风罩110006，空气除臭装置110009，空气冷却装置110010，空调用过滤器110011，空气再热器110012，空气干燥器110013，空气调节设备110014，空气过滤设备110015，风扇（空气调节）110065，运载工具用空调器110079，运载工具用供暖装置110081，烟囱用烟道110093，烟囱用风箱110094，干燥器110097，空气调节装置110099，运载工具用除霜器110112，干燥设备110117，气体净化装置110138，饲料和草料干燥设备110141，草料干燥装置110141，涤气器（气体装置部件）110160，空气或水处理用电离设备110174，空气净化装置和机器110207，干燥装置和设备110222，风扇（空调部件）110225，烤烟机110228，通风设备和装置（空气调节）110233，运载工具用通风装置（空气调节）110234，实验室用通风罩110244，空气消毒器110245，运载工具窗户除霜加热器110250，气体冷凝器（非机器部件）110294，厨房用抽油烟机110314，个人用电风扇110315，电干衣机110316，食余残渣脱水装置110321，织物蒸汽挂烫机110331，加湿器110372

※ 排气风扇C110017，玻璃钢轴流风机C110018，润湿空气装置C110019，煤气净化器C110047，汽车发动机预热器C110048

（二）头发用吹风机110095

注：1. 本类似群各部分之间商品不类似；
2. 电干衣机与0724类似；
3. 织物蒸汽挂烫机与0808烫皱褶用熨斗，熨斗类似，与第九版及以前版本0924电熨斗交叉检索；
4. 第（一）部分与第十版及以前版本1107涤气器（气体装置部件），第九版及以前版本0924蒸汽挂烫机交叉检索；
5. 跨类似群保护商品：空气或水处理用电离设备（1106第（一）部分，1110第（一）部分）。

1107 加温、蒸汽设备（包括工业用炉、锅炉，不包括机车锅炉、锅驼机锅炉、蒸汽机锅炉）

（一）蓄热器110002，乙炔燃烧器110003，乙炔发生器110004，热风烘箱110008，热气装置110016，熔炉冷却装置110032，熔炉冷却槽110032，锅炉（非机器部件）110047，窑110048，散热器盖110050，水加热器110052，实验室燃烧器110058，石油工业用火炬塔110059，燃烧器110060，杀菌燃烧器110061，洗衣房用煮衣锅110063，洗衣用铜锅110063，加热装置110067，回热器110069，耐火陶土制炉灶配件110070，熔炉进料装置110074，加热用锅炉110077，供暖装置用锅炉管道（管）110078，固体、液体、气体燃料加热器110080，电加热装置110082，加热元件110085，熨斗加热器110086，浸入式加热器110090，胶加热器110100，蒸馏塔110101，蒸馏装置*110120，热交换器（非机器部件）110129，蒸发器110142，轻便锻炉110149，非实验室用炉110150，非实验室用烘箱110150，炉用成型配件110151，熔炉炉栅110152，壁炉炉床110153，炉灰箱110154，燃气锅炉110162，蒸汽锅炉（非机器部件）110165，焚化炉110173，水箱液面控制阀110194，氢氧燃烧器110197，油炉110199，加热板110201，蒸汽供暖装置用气阀110205，精炼蒸馏塔110208，热气流调节器110215，自来水或煤气设备和管道的调节附件110216，自来水或煤气设备和管道的保险附件110217，旋管（蒸馏、加热或冷却装置的部件）110224，炉膛灰渣自动输送装置110231，蒸汽发生设备110232，煤气管道的调节和安全附件110240，蒸汽储存器110242，蒸馏器*110246，供水设备110252，煤气设备的调节和安全附件110259，加热锅炉用管道110264，壁炉（家用）110267，热泵110268，太阳炉110270，暖气锅炉给水设备110273，窑具（支架）110279，工业用层析设备110292，加热用电热丝110293，水族池加热器110308，牙科用烘箱110311，恒温阀（供暖装置部件）110319，工业用微波炉110328，热风枪110340

※ 锅炉报警器C110021，石墨坩埚C110022，回转窑C110058，焙烧炉C110059

（二）烟雾机110370
※ 舞台烟雾机C110049，演出用肥皂泡和泡沫发生器C110050

注： 1. 本类似群各部分之间商品不类似；

2. 蒸汽锅炉（非机器部件）与0737蒸汽机锅炉类似；

3. 自来水或煤气设备和管道的调节附件，自来水或煤气设备和管道的保险附件与1108自来水设备的调节和安全附件类似；

4. 窑具（支架）与第八版及以前版本1907陶瓷窑具交叉检索；

5. 第（二）部分与第七版及以前版本0718舞台烟雾机交叉检索；

6. 第（一）部分与第九版及以前版本1102乙炔发生器交叉检索；

7. 太阳炉与1109太阳能集热器，太阳能收集器类似；

8. 跨类似群保护商品：水箱液面控制阀（1107第（一）部分，1109）；

9. 第（一）部分与第十版及以前版本0731回转窑，焙烧炉交叉检索。

1108 供暖装置及水暖管件

（一）消防栓110049，龙头防溅喷嘴110055，龙头（管和管道用）110068，旋塞（管和管道用）110068，供暖装置110073，水供暖装置110076，中央供暖装置用散热器110083，中央供暖散热器用增湿器110084，水分配设备110096，管道（卫生设备部件）110103，卫生设备用水管110103，引水管道设备110104，喷水器110126，压力水箱110127，散热器（供暖）110198，龙头*110218，自来水龙头垫圈110219，水管用混水龙头110239，自来水设备的调节和安全附件110241，进水装置110276，中央供暖装置用膨胀水箱110313，地暖装置和设备110371

※水塔C110023，暖气片C110024，地漏C110025，水暖装置用管子气门C110038，水暖装置用管子水门C110039，水暖装置用管子水嘴C110040，水暖装置用管子三通C110041，水暖装置用管子四通C110042，水暖装置用管子接头C110043，水暖装置用管子箍C110044，水暖装置用管子补芯C110045

（二）自动浇水装置110001，装饰喷泉110175，滴灌喷射器（灌溉设备配件）110323，农业用排灌机110327，水培种植系统110361

注： 1. 本类似群各部分之间商品不类似；

2. 第（一）部分与0602类似，与第八版及以前版本1107水暖装置交叉检索；

3. 自来水设备的调节和安全附件与1107自来水或煤气设备和管道的调节附件，自来水或煤气设备和管道的保险附件类似，与第十版及以前版本1107供水或供煤气的设备和管道的调节附件，供水或供煤气的设备和管道的保险附件交叉检索；

4. 管道（卫生设备部件），卫生设备用水管，引水管道设备与1109浴室用管子装置类似；

5. 农业用排灌机与0701排水机类似；

6. 第（二）部分与第七版及以前版本0701农业用排灌机交叉检索。

1109 卫生设备（不包括盥洗室用具）

蒸汽浴装置110017，澡盆110033，坐浴浴盆110035，便携式蒸汽浴室110036，沐浴用设备110037，淋浴热水器110038，浴室装置110039，浴室用管子装置110039，（洗下身用的）坐浴盆110046，可移动盥洗室110064，冲水槽110075，抽水马桶110105，淋浴器110121，盥洗池（卫生设备部件）110186，盥洗盆（卫生设备部件）110186，水箱液面控制阀110194，卫生器械和设备110221，卫生间用干手器110223，坐便器110235，马桶座圈110236，太阳能集热器110269，晒皮肤设备（日光浴床）110271，冲水装置110272，水冲洗设备110272，非医用熏蒸设备110278，矿泉浴盆（容器）110291，桑拿浴设备110297，淋浴隔间110298，洗涤槽110299，蒸脸器具（蒸汽浴）110300，小便池（卫生设施）110301，喷射旋涡设备110320，清洁室（卫生装置）110325，水按摩洗浴设备110334，洗浴用微气泡发生器110349

※ 太阳能热水器C110027，冷热湿巾机C110036，冷热柔巾机C110037，太阳能收集器C110051，浴霸C110053，洗涤用热水器（煤气或电加热）C110057

注：1. 非医用熏蒸设备，蒸脸器具（蒸汽浴）与1001医用熏蒸设备类似；
2. 太阳能集热器，太阳能收集器与1104太阳灶以及1107太阳炉类似；
3. 蒸汽浴装置，沐浴用设备，淋浴热水器，淋浴器，桑拿浴设备，蒸脸器具（蒸汽浴），太阳能热水器，洗涤用热水器（煤气或电加热）与第十版及以前版本1104煤气热水器，电热水器，第九版及以前版本1104热水器交叉检索；
4. 浴室用管子装置与1108管道（卫生设备部件），卫生设备用水管，引水管道设备类似，与第九版及以前版本1108排水管道设备交叉检索；
5. 跨类似群保护商品：水箱液面控制阀（1107第（一）部分，1109）。

1110 消毒和净化设备

（一）卫生间用消毒剂分配器110114，消毒设备110115，海水淡化装置110116，水净化装置110123，水过滤器110124，水消毒器110128，污水净化设备110135，饮用水过滤器110147，空气或水处理用电离设备110174，巴氏灭菌器110178，水净化设备和机器110206，消毒器110226，水软化设备和装置110243，非个人用除臭装置110275，油净化器110277，水族池过滤设备110307，游泳池用氯化装置110318，书籍消毒装置110339，医用消毒设备110342

※ 矿泉壶C110028，磁水器C110029，污水处理设备C110030，消毒碗柜C110031，饮水机C110032，化粪池C110052

注：1. 饮水机与1104电热水壶，电热水瓶，电开水器类似，与第十版及以前版本1104电热壶交叉检索；
2. 跨类似群保护商品：空气或水处理用电离设备（1106第（一）部分，1110第（一）部分）。

\# （二）注：原第（二）部分便携式一次性消毒小袋第十一版时删除。

注：本类似群原各部分之间商品不类似。

1111 小型取暖器

暖足器（电或非电的）110087，电暖脚套 110088，电暖器 110137，炉子（取暖器具）110143，便携式取暖器 110280，非医用电加热垫 110296，热水袋 110302，暖床器 110304，非医用电热毯 110305，长柄暖床炉 110306，电热地毯 110310，电热袜 110345，电热服装 110351，USB 供电的暖手器 110364

※ 怀炉 C110033，电热窗帘 C110034，电热马甲 C110061，电热手套 C110062，电热靴 C110063

注：1. 非医用电加热垫，非医用电热毯与 1003 医用电热垫，医用电热毯类似，与第十版及以前版本 1003 医用电毯交叉检索；

2. 本类似群与第九版及以前版本 1104 炉子（取暖器具）交叉检索；

3. 本类似群与第十版及以前版本 0924 原第（二）部分电热袜，电暖衣服，电马甲，电手套，电靴交叉检索。

1112 不属别类的打火器具

点煤气用摩擦点火器 110018，气体引燃器 110019，打火机 *110020

1113 核能反应设备

核燃料和核减速剂处理装置 110193，聚合反应设备 110203，核反应堆 110253

第十二类

运载工具；陆、空、海用运载装置。

【注释】

第十二类主要包括运载工具，陆、空、海用客运或货运装置。

本类尤其包括：

——陆地车辆用马达和引擎；

——陆地车辆用联结器和传动机件；

——气垫船；

——遥控运载工具（非玩具）；

——运载工具部件，例如：保险杠，挡风玻璃，方向盘，轮胎以及履带。

本类尤其不包括：

——铁路用金属材料（第六类）；

——非陆地车辆用马达、引擎、联结器和传动机件（第七类）；

——各类马达和引擎的部件，例如：马达和引擎用启动器、消音器和汽缸（第七类）；

——橡胶履带（履带式建筑工程机械、采矿机械、农业机械和其他重型机械的部件）（第七类）；

——幼儿用三轮脚踏车和滑板车（玩具）（第二十八类）；

——某些特殊的非运输用运载工具或带轮装置，例如：自推进式道路清扫机械（第七类），消防车（第九类），有小脚轮的茶具台（第二十类）；

———某些运载工具部件，例如：运载工具用电池、里程记录仪和收音机（第九类），汽车及自行车用灯（第十一类），汽车用脚垫（第二十七类）。

1201 火车及其零部件

火车车厢连接器120002，铁路车辆轮缘120033，铁路车辆转向架120047，缆索铁道车辆120071，铁路车辆120072，铁路车辆缓冲器120078，电动运载工具120110，铁路冷藏货车120129，卧铺车厢120136，机车120138，铁路车厢120140，铁路餐车120172，陆、空、水或铁路用机动运载工具120193，倾卸装置（铁路货车的部件）120201，火车头烟囱120229，遥控运载工具（非玩具）120257

※ 火车车轮C120009，火车车轮毂C120010，厢式餐车C120022，餐饮车（厢式）C120023

注：1.跨类似群保护商品：厢式餐车（1201,1202），餐饮车（厢式）（1201,1202），卧铺车厢（1201,

1202），电动运载工具（1201，1202，1204第（一）部分，1205，1210），陆、空、水或铁路用机动运载工具（1201，1202，1204第（一）部分，1209，1210），遥控运载工具（非玩具）（1201，1202，1205，1209，1210）；

2. 本类似群与1211类似。

1202 汽车、电车、摩托车及其零部件（不包括轮胎）

叉车120001，洒水车120016，公共汽车120018，大客车120019，卡车120022，弹药车（车辆）120052，拖挂式房车120056，拖车（车辆）120057，消防水管车120066，高尔夫球车（车辆）120068，拖拉机120075，矿车120076，电动运载工具120110，厢式汽车120125，冷藏车120128，运输用军车120144，摩托车120147，跑车120178，翻斗车120183，有轨电车120187，陆、空、水或铁路用机动运载工具120193，小汽车120199，汽车120199，混凝土搅拌车120213，救护车120233，野营车120249，房车120249，雪地机动车120256，遥控运载工具（非玩具）120257，装甲车120271，无人驾驶汽车120279，自动驾驶汽车120279，踏板摩托车120280，赛车运动用汽车120299，机器自动驾驶汽车120300，救援用拖车120307，清障拖车120307，垃圾车120308，运输自行车用拖车120309，装有起重机的卡车120312

※ 油槽车C120001，蓄电池搬运车C120002，厢式餐车C120022，餐饮车（厢式）C120023

陆地车辆连接器120003，防滑链120014，车辆用拖车连接装置120017，汽车引擎盖120023，汽车链120024，汽车底盘120025，车辆倒退警报器120026，货车翻斗120042，车辆引擎罩120054，车篷120055，陆地车辆曲柄轴箱（非引擎用）120058，摩托车撑脚架120097，陆地车辆传动齿轮120103，陆地车辆用电动机120109，陆地车辆用离合器120111，车轴120119，车轴颈120120，毂罩120124，轮毂箍120127，陆地车辆引擎120130，陆地车辆马达120130，卧铺车厢120136，陆地车辆传动马达120139，汽车两侧脚踏板120141，陆地车辆联动机件120142，陆地车辆推进装置120143，陆地车辆用喷气发动机120145，陆地车辆用飞轮120148，汽车上的滑雪板架120161，车轮辐条紧杆120169，后视镜120173，摩托车车座120175，摩托车挎斗120176，陆地车辆涡轮机120192，汽车车身120207，汽车保险杠120209，汽车减震器120210，陆地车辆变速箱120217，车身120222，陆地车辆用驱动链120225，陆地车辆用传动链120226，陆地车辆用扭矩变换器120227，汽车转向指示臂120228，陆地车辆减速齿轮120235，陆地车辆用连杆（非马达和引擎部件）120242，可升降尾板（陆地车辆部件）120243，可升降后挡板（陆地车辆部件）120243，电动后挡板（陆地车辆部件）120243，车用遮阳挡120245，陆地车辆传动轴120246，气囊（汽车安全装置）120247，汽车刹车片120263，备胎罩120264，汽车用点烟器120266，陆地车辆用发动机支架120272，汽车用烟灰缸120282，摩托车链条120283，摩托车车架120284，摩托车车把120285，摩托车引擎120286，摩托车用驮篮120287，铰接式公共汽车用铰接箱120296，摩托车座套120298，汽车用轮毂螺母120304，汽车车身零部件固定用卡子120305，车辆引擎盖锁销120320

※汽车车轮C120011，汽车车轮毂C120012，高压阻尼线（车辆专用）C120013，摩托车车轮C120014，摩托车车轮毂C120015，车辆防盗设备C120020

注：1. 本类似群与1211类似；
    2. 摩托车，踏板摩托车与1204机动自行车，电动自行车，机动三轮车，电动三轮车，助力车，滑板车（车辆），电动代步车（行动迟缓者使用）类似，与第十版及以前版本1204踏板车（机动车辆）交叉检索；
    3. 车辆倒退警报器，车辆防盗设备与0920第一自然段类似；
    4. 本类似群与第九版及以前版本1203交叉检索；
    5. 跨类似群保护商品：厢式餐车（1201，1202），餐饮车（厢式）(1201，1202)，卧铺车厢（1201，1202），电动运载工具（1201，1202，1204第（一）部分，1205，1210），陆、空、水或铁路用机动运载工具（1201，1202，1204第（一）部分，1209，1210），遥控运载工具（非玩具）（1201，1202，1205，1209，1210）；
    6. 本类似群与第九版及以前版本0924汽车用雪茄烟点火器交叉检索；
    7. 摩托车车座与第十版及以前版本1204自行车、脚踏车或摩托车车座交叉检索；
    8. 摩托车座套与第十版及以前版本1204自行车或摩托车座套交叉检索。

#1203 摩托车及其零部件（不包括轮胎）

注：本类似群第十版时移入1202类似群。

1204 自行车、三轮车及其零部件（不包括轮胎）

（一）自行车120044，自行车撑脚架120046，挡泥板120049，自行车链条120061，自行车车把120080，自行车传动齿轮120085，自行车车闸120086，自行车挡泥板120087，自行车轮圈120088，自行车曲柄120089，自行车马达120090，自行车车毂120091，自行车踏板120092，自行车辐条120094，自行车车轮120095，自行车车座120096，电动运载工具120110，自行车用护衣装置120122，送货用三轮脚踏车120162，三轮脚踏车120191，陆、空、水或铁路用机动运载工具120193，机动自行车120196，自行车车架120221，自行车座套120232，自行车车筐120248，自行车用驮篮120254，滑板车（车辆）120258，自行车专用马鞍包120268，自行车车铃120269，电动代步车（行动迟缓者使用）120281，电动自行车120297，自行车用拖车120310，自平衡车120317，自平衡滑板120318，自平衡电动独轮车120319

※机动三轮车C120017，电动三轮车C120018，助力车C120019

（二）自行车打气筒 120093，自行车轮胎用充气泵 120093

注：1. 本类似群各部分之间商品不类似；
2. 第（一）部分与 1211 类似；
3. 第（二）部分与 0808 手动打气筒类似；
4. 机动自行车，电动自行车，机动三轮车，电动三轮车，助力车，滑板车（车辆），电动代步车（行动迟缓者使用）与 1202 摩托车，踏板摩托车类似，与第九版及以前版本 1203 摩托车交叉检索；
5. 自行车马达与第八版及以前版本 0748 自行车电机交叉检索；
6. 跨类似群保护商品：电动运载工具（1201，1202，1204 第（一）部分，1205，1210），陆、空、水或铁路用机动运载工具（1201，1202，1204 第（一）部分，1209，1210）。

1205 缆车，架空运输设备

架空运输设备 120004，缆绳运输车辆 120051，浇铸用车 120067，铁水包用车 120067，电动运载工具 120110，运送滑雪者上山的滑雪缆车 120170，吊椅缆车 120180，绳缆运输装置和设备 120188，轨道缆车 120189，缆车 120190，高架缆车 120190，遥控运载工具（非玩具）120257

注：1. 本类似群与 1211 类似；
2. 跨类似群保护商品：电动运载工具（1201，1202，1204 第（一）部分，1205，1210），遥控运载工具（非玩具）（1201，1202，1205，1209，1210）。

1206 轮椅，手推车，儿童推车

采矿用手推车车轮 120043，运行李推车 120050，窄底手推车 120050，两轮手推车 120050，轮椅 120062，搬运手推车 120065，手摇车 120106，手推车*120106，婴儿车 120163，婴儿车车罩 120164，婴儿车车篷 120165，独轮手推小车 120218，推车（运载工具）用小脚轮 120250，清洁用手推车 120251，购物用手推车 120255，倾卸式斗车 120265，婴儿车专用蚊帐 120277，平卧式婴儿车 120289，平卧式婴儿车专用脚套 120290，婴儿车专用脚套 120291，婴儿车专用包 120293，钓鱼用手推车 120302，手推笼车 120303，宠物推车 120311

※ 折叠行李车 C120004

注：1. 手推车与 2001 手推车（家具）类似，与第九版及以前版本 2001 送茶手推车交叉检索；
2. 婴儿车，平卧式婴儿车与 2001 婴儿学步车类似；
3. 本类似群与 1211 类似。

1207 畜力车辆，雪橇

雪橇（运载工具）120186，马车120219，反冲式雪橇120253，救援用雪橇120306

注：本类似群与1211类似。

1208 轮胎及轮胎修理工具

（一）充气轮胎的内胎120007，运载工具用轮胎120031，自行车车胎120084，充气轮胎的外胎120114，轮胎防滑钉120155，翻新轮胎用胎面120156，充气轮胎120157，补内胎用粘胶补片120194，汽车轮胎120206，自行车内胎120214，自行车用无内胎轮胎120234，运载工具用实心轮胎120288，轮胎内摩丝状填充物120292，扫雪机轮胎120321

※ 飞机轮胎C120005

（二）补内胎用全套工具120008

注：本类似群各部分之间商品不类似。

1209 空用运载工具（不包括飞机轮胎）

空中运载工具120005，热气球120006，水陆两用飞机120012，飞机120027，飞船120030，飞艇120030，降落伞120113，空间运载工具120117，水上飞机120134，水上滑行艇120135，航空器120184，陆、空、水或铁路用机动运载工具120193，航空装置、机器和设备120203，飞机的弹射座椅120223，遥控运载工具（非玩具）120257，军用无人机120273，民用无人机120275，摄影无人机120301，送货用无人机120313，小型遥控摄影无人机120314，旋翼机120315，直升机120316

※ 登机用引桥C120006

注：1. 降落伞与2807滑翔伞类似；
   2. 跨类似群保护商品：陆、空、水或铁路用机动运载工具（1201，1202，1204第（一）部分，1209，1210），遥控运载工具（非玩具）（1201，1202，1205，1209，1210）；
   3. 本类似群与1211类似。

1210 水用运载工具

船120021，渡船120028，船体120035，船壳120035，船钩头篙120036，船舶转向装置120037，

船只分离装置120038，船舶下水台120039，船用螺旋桨120040，桨120041，船只吊杆120048，驳船120063，汽艇120064，舵120070，船舶烟囱120073，船的木龙骨120082，挖泥船120105，电动运载工具120110，船桅120118，双桨艇用桨120131，船尾橹120131，舷窗120133，水上运载工具120149，轮船120150，轮船用螺旋桨（推进器）120151，独木舟桨120153，筏船120159，螺旋桨120166，系索耳（船用）120179，桨架120182，陆、空、水或铁路用机动运载工具120193，游艇120202，气垫船120237，船舶护舷垫120252，遥控运载工具（非玩具）120257，船用桅杆120259，独木舟120274，水下探测用远程控制运载工具120294，海底探测用自动潜航器120295，潜水钟120322

※ 浮桥（橡胶制）C120008

注：1. 跨类似群保护商品：电动运载工具（1201，1202，1204第（一）部分，1205，1210），陆、空、水或铁路用机动运载工具（1201，1202，1204第（一）部分，1209，1210），遥控运载工具（非玩具）（1201，1202，1205，1209，1210）；

2. 本类似群与1211类似。

1211 运载工具零部件

气泵（运载工具附件）120009，运载工具用悬置减震器120010，运载工具用减震弹簧120011，运载工具轮胎用防滑装置120013，运载工具座椅头靠120015，运载工具用行李架120029，运载工具轮胎气门嘴120032，运载工具用扭力杆120034，运载工具用轮子120053，运载工具座椅用安全带120059，运载工具用轮毂120060，运载工具底盘120069，运载工具用履带（滚动带）120074，运载工具用履带（拖拉机型）120074，运载工具缓冲器120077，运载工具用液压回路120079，运载工具用卧铺120081，儿童安全座（运载工具用）120112，运载工具轮平衡器120116，风挡刮水器120121，挡风玻璃刮水器120121，运载工具用行李网120123，运载工具用刹车120126，运载工具座椅套120132，挡风玻璃120154，风挡120154，运载工具用门120160，运载工具用轮辐120168，运载工具用悬挂弹簧120171，运载工具用轮圈120174，运载工具用座椅120177，运载工具底架120185，运载工具内装饰品120195，运载工具用窗户120198，运载工具防盗设备120200，运载工具防眩光装置*120204，运载工具遮光装置*120204，运载工具防盗报警器120211，运载工具用喇叭120212，运载工具用刹车垫120215，运载工具用制动蹄120216，运载工具用盖罩（成形）120224，运载工具用方向盘120230，运载工具用刹车扇形片120236，运载工具用油箱盖120241，运载工具座椅用安全束带120244，运载工具方向盘罩120260，运载工具用扰流板120261，前灯刮水器120262，运载工具用刹车盘120267，运载工具用侧后视镜120276，运载工具用操纵杆120278，运载工具用杯架120323

注：1. 本类似群与1201，1202，1203，1204第（一）部分，1205，1206，1207，1209，1210类似；

2. 运载工具防盗设备，运载工具防盗报警器与0920第一自然段类似；

3. 运载工具防眩光装置，运载工具遮光装置与1101第（二）部分类似。

第十三类

火器；军火及弹药；炸药；焰火。

【注释】

第十三类主要包括火器和烟火产品。

本类尤其包括：

——救援用信号弹、炸药或烟火；

——信号枪；

——个人防护用喷雾；

——爆炸性烟雾信号，信号火箭；

——气枪（武器）；

——武器肩带；

——体育用火器，猎枪。

本类尤其不包括：

——武器用润滑油（第四类）；

——剑（武器）（第八类）；

——除火器外的随身武器（第八类）；

——非爆炸性烟雾信号，救援激光信号灯（第九类）；

——火器用瞄准望远镜（第九类）；

——火炬（第十一类）；

——圣诞拉炮（聚会助兴道具）（第二十八类）；

——火帽（玩具）（第二十八类）；

——玩具气枪（第二十八类）；

——火柴（第三十四类）。

1301 火器，军火及子弹

炮架 130002，机动武器 130007，催泪武器 130008，火器 130009，火器清洁刷 130010，大炮 130014，弹道导弹 130015，弹道武器 130015，装子弹带装置 130016，弹壳 130019，加农炮 130020，枪管 130021，步枪枪管 130021，卡宾枪 130022，步枪 130022，子弹 130023，装弹装置 130024，子弹袋 130025，猎枪 130026，体育用火器 130026，弹药 130027，枪撞针 130028，步枪撞针 130028，角

状火药容器 130029，火器后膛 130031，枪盒 130033，步枪盒 130033，信号火箭 130035，枪（武器）130036，枪托 130037，枪瞄准镜 130038，枪和步枪用瞄准镜 130038，步枪瞄准镜 130038，步枪扳机保险 130040，枪和步枪用扳机保险 130040，打猎铅弹 130041，火器弹药 130042，火箭发射装置 130043，机枪 130046，迫击炮（火器）130047，炮弹 130048，手枪（武器）130049，导弹（武器）130052，左轮手枪 130055，重武器炮耳 130056，发射平台 130057，除瞄准望远镜外的火器用瞄准器 130058，气枪（武器）130059，武器肩带 130063，除瞄准望远镜外的武器用瞄准器 130065，火箭（自动推进武器）130068，捕鲸炮（武器）130069，枪支用消声器 130070，坦克车（武器）130071，弹药带 130074，自动武器用弹药带 130075，鱼雷 130076，随身武器（火器）130077，手榴弹 130078，信号枪 130079，爆炸性或烟火式救援信号弹 130080

※ 炮衣 C130001，防暴捕网器 C130007，捕捉网发射器 C130008

注：瞄准望远镜外的火器用瞄准器，除瞄准望远镜外的武器用瞄准器，枪和步枪用瞄准镜，步枪瞄准镜，枪瞄准镜与0911武器用瞄准望远镜，火器用瞄准望远镜类似。

1302 爆炸物

乙炔硝化棉 130001，爆炸弹药筒 130003，硝酸铵炸药 130005，雷管 130006，起爆栓 130018，火药棉 130030，甘油炸药 130032，炸药 130034，地雷用炸药导火线 130044，地雷（爆炸物）130045，火药 130050，爆炸火药 130051，自燃性引火物 130053，炸药导火线 130060，起爆药（导火线）130061，炸药用引爆信管 130062，炸药点火拉绳 130062，非玩具用火帽 130066

※ 做炸药用木粉 C130002，射钉弹 C130003，发令纸 C130004

1303 烟火，爆竹

焰火 130013，信号烟火 130017，烟火产品 130054，爆炸性烟雾信号 130064，鞭炮 130072

※ 爆竹 C130005，烟花 C130006

1304 个人防护用喷雾

人防护用喷雾 130073

第十四类

贵金属及其合金；首饰，宝石和半宝石；钟表和计时仪器。

【注释】

第十四类主要包括贵金属，某些贵金属制品或镀贵金属制品，首饰和钟表及其零部件。

本类尤其包括：

——首饰，包括仿真首饰，例如：人造宝石首饰；

——衬衫袖扣，领带饰针，领带夹；

——钥匙圈和钥匙链以及上面挂的小饰物；

——首饰用小饰物；

——首饰盒；

——首饰和钟表的零部件，例如：首饰用扣环和珠子，钟表机芯，钟针，表发条，表蒙。

本类尤其不包括：

——作为数据处理设备的智能手表（第九类）；

——非首饰用、非钥匙链用、非钥匙圈用小饰物（第二十六类）；

——按照材质分类的非贵金属制或非镀有贵金属的艺术品，例如：普通金属制（第六类），石、混凝土或大理石制（第十九类），木、蜡、石膏或塑料制（第二十类），瓷、陶瓷、陶土、赤陶或玻璃制（第二十一类）；

——某些按其功能或用途分类的贵金属制品或镀贵金属制品，例如：绘画、装饰、印刷和艺术用金属箔及金属粉（第二类），牙科用金汞合金（第五类），刀叉餐具（第八类），电触点（第九类），金笔尖（第十六类），茶壶（第二十一类），金银线制绣品（第二十六类），雪茄烟盒（第三十四类）。

1401 贵金属及其合金

贵金属锭 140003，铱 140045，未加工或半加工贵金属 140055，未加工的金或金箔 140063，锇 140066，钯 140067，铂（金属）140075，铑 140083，钌 140085，贵金属合金 140104，未加工、未打造的银 140163

※ 海绵钯 C140014

注：本类似群与第十一版及以前版本 0101 第（二）部分海绵钯交叉检索。

1402 贵金属盒

贵金属制盒 140113，首饰盒 140166，首饰包 140170，首饰用礼品盒 140173

注：本类似群与第八版及以前版本 2006 非贵重金属首饰盒交叉检索。

1403 珠宝，首饰，宝石及贵金属制纪念品

玛瑙 140001，黄琥珀首饰 140004，人造琥珀制珍珠（压制的琥珀）140005，护身符（首饰）140006，细银丝（银线）140008，银线（首饰）140009，手镯（首饰）140015，首饰用小饰物 140018，胸针（首饰）140019，链（首饰）140024，项链（首饰）140031，领带夹 140033，硬币 140034，金刚石 140035，贵金属制丝线（首饰）140040，墨玉饰品 140047，未加工或半加工墨玉 140048，铜制代币 140049，珠宝首饰 140050，盒式项链坠 140051，奖章 140052，橄榄石（宝石）140062，贵橄榄石 140062，金线（首饰）140064，饰针（首饰）140069，珍珠（珠宝）140070，半宝石 140073，宝石 140074，尖晶石（宝石）140095，贵金属制塑像 140096，人造珠宝 140097，戒指（首饰）140107，贵金属制艺术品 140109，帽子用首饰 140117，耳环 140118，鞋用首饰 140119，衬衫袖扣 140122，贵金属制半身像 140123，贵金属制小雕像 140146，贵金属制小塑像 140146，别针（首饰）140150，领带饰针 140151，贵金属制徽章 140152，钥匙圈（带小饰物或短链饰物的扣环）140162，钥匙链（带小饰物或短链饰物的扣环）140162，景泰蓝首饰 140165，制首饰用珠子 140167，首饰用扣钩 140168，首饰配件 140169，弧面宝石 140171，贵金属制钥匙圈 140172，赞珠 140175，绣花纺织品制手镯（首饰）140176，钥匙圈用小饰物 140177，钥匙链用小饰物 140177，念珠 140178，贵金属制耶稣受难雕像（非首饰）140179，耶稣受难雕像（首饰）140180，伸缩式钥匙圈 140181，伸缩式钥匙链 140181，帽子用装饰针 140182

※ 金红石（宝石）C140001，人造金刚石 C140002，翡翠 C140003，激光宝石 C140005

※ 玉雕艺术品 C140004，银制工艺品 C140006，玉雕首饰 C140007，角、骨、牙、介首饰及艺术品 C140008，景泰蓝工艺品 C140010

注：1. 本类似群与第八版及以前版本 1402 仿金制品，镀金物品交叉检索；
2. 本类似群与第十版及以前版本 1621 念珠交叉检索。

1404 钟，表，计时器及其零部件

钟针 140002，钟 140011，摆（钟表制造）140013，发条匣（钟表制造）140014，手表 140016，手表带 140017，表带 140017，钟表盘（钟表制造）140021，日晷 140022，钟表发条装置 140023，表链 140025，计时器（手表）140027，精密计时器 140028，瞬时计 140029，计时仪器 140030，电子钟表 140032，原子钟 140042，主时钟 140043，钟外壳 140044，表 140057，表发条 140058，表蒙 140059，表玻璃 140059，钟表机芯 140060，闹钟 140082，簧片（钟表制造）140106，表壳 140144，表用礼品盒 140145，秒表 140164，表针 140174

※ 语言报时钟 C140011，电子万年台历 C140012，表袋（套）C140013

注：本类似群与 0901 智能手表（数据处理）类似。

第十五类

乐器；乐谱架和乐器架；指挥棒。

【注释】

第十五类主要包括乐器及其部件和附件。

本类尤其包括：

——机械乐器及其附件，例如：手摇风琴，机械钢琴，机械钢琴用音量调节器，机器人鼓；

——八音盒；

——电动和电子乐器；

——乐器用弦、簧片、弦轴和踏板；

——音叉，校音扳头；

——弦乐器用松香。

本类尤其不包括：

——录制、传送、放大和重放声音的装置，例如：乐器用电动和电子效果器，哇音踏板，音频接口，混音器，均衡器（音频装置），低音喇叭（第九类）；

——可下载的音乐文件（第九类）；

——可下载的电子乐谱（第九类），印刷好的乐谱（第十六类）；

——投币式自动点唱机（第九类）；

——节拍器（第九类）；

——音乐贺卡（第十六类）。

1501 乐器

手风琴150001，钢琴150008，小六角手风琴150011，手摇风琴150012，低音提琴（乐器）150013，口琴150014，大号（号）150016，钟琴（乐器）150017，响板150018，小铃帽（乐器）150019，齐特拉琴150022，单簧管150023，乐器150025，六角手风琴150026，低音提琴150027，弦乐器150029，号（乐器）150030，短号（乐器）150031，铙钹150032，笛150036，锣150037，单簧口琴（乐器）150038，吉他150039，簧风琴150040，竖琴150041，双簧管150043，电子乐器150044，七弦琴150046，曼陀林150049，风笛150051，三角铁（乐器）150055，奥卡利那笛150056，风琴150057，管风琴150058，鼓（乐器）150066，铃鼓150067，印度手鼓150068，定音鼓150069，长号150070，号角150071，喇叭150072，中提琴150074，小提琴150075，木琴150076，胡琴150081，竹笛150082，琵琶150083，笙

150084，唢呐 150085，手摇铃（乐器）150086，音乐合成器 150087，萨克斯管 150089，巴拉莱卡琴（弦乐器）150090，班卓琴 150091，口风琴 150092，机器人鼓 150094

※ 电子琴 C150001，弹拨乐器 C150002，打击乐器 C150003，筝 C150005，箫 C150009，木鱼 C150011

1502 乐器辅助用品及配件

校音扳头 150002，乐器用簧片 150003，乐器琴弓 150004，乐器琴弓螺帽 150005，弦乐器用弓柄 150006，弓用马毛（乐器用）150007，指挥棒 150009，鼓槌 150010，乐器用肠线 150015，定音鼓架 150020，乐器弦轴 150021，乐器键盘 150024，乐器弦 150028，音叉 150033，吹奏乐器的管口 150034，乐器盒 150035，竖琴弦 150042，机械钢琴用音量调节器 150045，拨弦片 150048，小提琴腮托 150050，音乐盒 150052，活页乐谱翻页器 150053，琴码 150054，鼓面 150059，鼓皮 150059，乐器用踏板 150060，钢琴键盘 150061，钢琴弦 150062，钢琴键 150063，乐器风管 150064，乐器用弱音器 150065，乐器栓塞 150073，乐器音键 150077，乐谱纸卷（钢琴）150078，穿孔乐谱纸卷 150079，乐谱架 150080，乐器架 150088，弦乐器用松香 150093，乐器用木槌 150095，乐器背带 150096

※ 校音器（定音器）C150012，笛膜 C150013

第十六类

纸和纸板；印刷品；书籍装订材料；照片；文具和办公用品（家具除外）；文具用或家庭用黏合剂；绘画材料和艺术家用材料；画笔；教育或教学用品；包装和打包用塑料纸、塑料膜和塑料袋；印刷铅字，印版。

【注释】

第十六类主要包括纸，纸板及某些纸和纸板制品，办公用品。

本类尤其包括：

——切纸刀和切纸机；

——夹持或保护纸的套、封皮或装置，例如：文件夹，夹钱用夹子，支票簿夹，夹纸曲别针，护照套，剪贴集；

——某些办公用机器，例如：打字机，速印机，办公用邮资盖印机，削铅笔器；

——艺术家和室内外油漆匠用绘画涂漆用具，例如：艺术家用水彩颜料碟，画家用画架和调色盘，房屋油漆用辊子，颜料盘；

——某些一次性纸制品，例如：纸围涎，纸手帕和纸桌布；

——某些不按照功能和用途分类的纸制品和纸板制品，例如：包装用纸制袋子、封套和容器，纸制或纸板制雕像、塑像和艺术品，诸如纸制小雕像、镶框或未镶框的平版印刷品、油画和水彩画。

本类尤其不包括：

——颜料（第二类）；

——艺术家用手工具，例如：抹刀，雕塑凿刀（第八类）；

——教学仪器，例如：视听教学仪器、急救训练用人体模型（第九类），玩具模型（第二十八类）；

——某些按其功能和用途分类的纸制品和纸板制品，例如：相纸（第一类），研磨纸（第三类），纸制百叶帘（第二十类），桌用纸制杯盘（第二十一类），纸制床单和枕套（第二十四类），纸衣服（第二十五类），卷烟纸（第三十四类）。

1601 工业用纸

纸 *160006，混凝纸 160191，羊皮纸 160210，纸带（非缝纫用品、非发饰）160244，木浆纸 160279，和纸 160372

※ 砂管纸 C160001，塑料贴面底层纸 C160002，纸粕辊纸（包括羊毛纸、石棉纸、棉料纸）C160003，印刷纸（包括胶版纸、新闻纸、书刊用纸、证券纸、凹版纸、凸版纸）C160004，精布轮纸 C160005，膏

药纸 C160006，制版纸 C160007，铜版纸 C160008，钢纸原纸 C160009，油毡原纸 C160010，植绒纸 C160011

注：纸与 1602，1603，1604，1605，1609 第一、二自然段类似。

1602 技术用纸（不包括绝缘纸）

描图纸 160062，描图布 160063，复写纸 160066，记录机用纸 160067，心电图纸 160140，滤纸 160156，纸制过滤材料 160157，发光纸 160190，速印机用墨纸 160199，录制计算机程序用纸带和卡片 160231，无线电报纸 160233，文件复印机用墨纸 160241，复印纸（文具）160332，蜡纸 160339，绘画和书法用纸 160347

※ 唱片芯纸 C160012，扬声器纸 C160013，石蜡纸 C160014，黑照相卡纸 C160015，蜡光纸 C160016，胶卷感光防护纸 C160017，不透光纸 C160018，电传用纸 C160019，红外线光谱分析纸 C160020，地图纸 C160021，海图纸 C160022，镜头纸 C160023，防腐纸 C160024，制图纸 C160025，裱纸 C160026，有光纸 C160027，绘画用纸 C160028，打字蜡纸 C160030，防锈纸 C160031，传真纸 C160114，热敏纸 C160116

注：1. 本类似群与 1601 纸类似；
2. 本类似群与第十版及以前版本 0107 传真纸，热敏纸交叉检索；
3. 复印纸（文具），复写纸与 1605 纸张（文具），写字纸类似；
4. 绘画和书法用纸与绘画用纸，裱纸类似，与其他技术用纸不类似。

1603 生活用纸

啤酒杯垫 160037，卫生纸 160094，纸制餐桌用布 160186，纸手帕 160198，纸桌布 160200，纸制花盆套 160229，纸制杯盘垫 160254，纸围涎 160276，纸制杯垫 160283，卸妆用薄纸 160294，纸餐巾 160295，纸制餐具垫 160296，纸巾 160306，纸制洗脸巾 160307，抽屉用衬纸（有或没有香味）160344，纸蝴蝶结（非缝纫用品、非发饰）160351，纸制桌旗 160373，医用检查台用垫纸 160382，牙科托盘用纸制罩 160383，纸制带袖围涎 160384，清洁用纸抹布 160391

※ 彩色皱纹纸 C160032，木纹纸 C160033，纸制抹布 C160034

注：1. 本类似群与 1601 纸类似；
2. 卫生纸，纸手帕，卸妆用薄纸，纸餐巾，纸巾，纸制洗脸巾，纸制抹布与 0506 卫生棉条，卫生巾，卫生护垫，浸药液的薄纸，消毒纸巾类似，与第十版及以前版本 0506 卫生垫，第九版及以前版本 0506 月经垫，浸药液的卫生纸交叉检索；

3.卫生纸，纸手帕，卸妆用薄纸，纸餐巾，纸巾，纸制洗脸巾与0306浸化妆水的薄纸，浸卸妆液的薄纸，浸卸妆液的卸妆棉类似，与第九版及以前版本0306浸化妆品的卫生纸，浸化妆品的薄纸交叉检索；

4.啤酒杯垫，纸制杯盘垫，纸制杯垫与2101纸盘，家用纸托盘类似。

1604 纸板

纸或纸板制广告牌160008，卡纸板*160075，缝纫用型板160212，纸或纸板制告示牌160305，纸或纸板制标志牌160327

※ 白纸板C160035，箱纸板C160036，牛皮纸板C160037，提花纸板C160038，过滤纸板C160039，滤芯纸板C160040，防水纸板C160041，雷达纸板C160042，瓦楞原纸（纸板）C160043，盲人书籍纸C160044

注：本类似群与1601纸类似。

1605 办公、日用纸制品

（一）影集160013，剪贴集160013，雪茄用环状标签160016，票160038，绘画便笺簿160041，便笺本160042，小册子160046，绣花图样（纸样）160047，书写本160058，描图图样160061，笔记本160068，卡片*160070，图表160070，索引卡片（文具）160072，纸张（文具）160074，提花机穿孔卡160077，目录册160080，索引卡标签条160081，印刷图表160121，图表160126，信封（文具）160127，纹章牌（纸封签）160137，分类账本160153，索引卡片160154，表格（印刷好的）160158，复制图160167，明信片160174，印刷品160175，手册160180，写字纸160182，小册子（手册）160189，复写本（文具）160192，封条160206，蓝图160223，平面图160223，书签160249，贺卡160250，日历（年历）160269，日历160270，通知卡片（文具）160284，纸制旗160286，临摹用字帖160303，纸制或卡纸板制标签160308，贴纸（文具）160328，音乐贺卡160336，非游戏用集换式卡片160354，传单160360，优惠券（印刷品）160369，印刷好的乐谱160374，纸制横幅160375，纸制旗帜160376，纸质行李领取标签160390

※ 稿纸C160045，口取纸C160046，名片C160048，请帖C160049，证书C160050，练习本C160051，不干胶纸C160097，记事贴C160117

（二）硬纸管160078，混凝纸制小雕像160155，混凝纸制小塑像160155

※ 纸制声管C160047

注：1. 本类似群各部分之间商品不类似；

2. 本类似群与1601纸类似；

3. 第（一）部分与1611家具除外的办公必需品，文具，学校用品（文具），1614书写材料类似；

4. 日历（年历），日历与1606第（一）部分印刷出版物类似；

5. 纸张（文具），写字纸与1602复印纸（文具），复写纸类似；

6. 印刷品与1606，1607第一、二自然段类似；

7. 第（一）部分与第十版及以前版本1615不干胶纸交叉检索；

8. 雪茄用环状标签与第十一版及以前版本第（二）部分雪茄烟用套环交叉检索。

1606 印刷出版物

（一）海报160007，地图册160034，歌曲集160082，书籍160095，地图160164，印刷时刻表160172，印刷出版物160179，说明书160232，漫画书160331

※ 带有电子发声装置的儿童图书 C160113

（二）报纸160032，期刊160033，杂志（期刊）160243，新闻刊物160337

注：1. 本类似群第（二）部分商品与第（一）部分印刷出版物类似，与其他商品不类似；

2. 本类似群与1605第（一）部分印刷品类似；

3. 印刷出版物与1605第（一）部分日历（年历），日历，1607第一、二自然段类似，与第九版及以前版本1605第（一）部分撕页日历交叉检索；

4. 带有电子发声装置的儿童图书与0908学习机，电子教学学习机，带有图书的电子发声装置类似。

1607 照片，图片，图画

图画160014，水彩画160020，雕版版画160028，平版印刷工艺品160029，镶框或未镶框的绘画160030，彩色石印画片160090，印花用图画160119，蚀刻版画160129，书画刻印作品160168，石印品160187，石印油画160204，肖像160228

※ 年画 C160053，宣传画 C160054，油画 C160055，剪纸 C160056

邮票160260

照片（印制的）160147，镶嵌照片用装置160219，照相架160220，照相板160221

※ 照相角 C160057

注：本类似群第一、二自然段与1605第（一）部分印刷品，1606第（一）部分印刷出版物类似。

#1608 纸牌，扑克牌

> 注：本类似群第八版时移入2803类似群。

1609 纸及不属别类的塑料包装物品

锡纸160025，纸板制帽盒160076，锥形纸袋160102，纸制奶油容器160115，包装纸160130，模绘板盒160214，包装用纸袋或塑料袋（信封、小袋）160246，纸制或纸板制盒160280，纸制或纸板制瓶封套160282，包装用再生纤维素纸160288，纸制或塑料制垃圾袋160292，瓶用纸制或纸板制包装物160304，包装用粘胶纤维纸160310，微波烹饪袋160323，咖啡过滤纸160324，淀粉制包装材料160338，纸制或塑料制食品包装用吸收纸160355，纸制或塑料制食品包装用湿度调节纸160356，纸或纸板制（减震或填充用）包装材料160365，纸或纸板制填充材料160366，纸或纸板制衬垫材料160366，宠物垃圾处理用塑料袋160371，医疗器械用灭菌纸袋160378，食品和饮料用镂花模板160386

※ 仿羊皮纸（防油纸）C160059，糖果包装纸C160060，牛皮纸C160061，水泥袋C160062，纸箱C160063
包装用塑料膜160218，包装用塑料气泡膜160285，垫货盘用可伸展塑料膜160325

※ 保鲜膜C160064

> 注：本类似群第一、二自然段与1601纸类似。

1610 办公装订、切削用具

订书钉160010，手压订书机（办公用品）160012，削铅笔机（电或非电）160017，办公室用封口机160056，办公室用打孔器160093，打孔器（办公用品）160141，办公室用信封封口机160146，书籍装订用织物160150，装订带（装订书用）160205，书籍装订材料160236，书籍装订用布160238，书籍装订细绳160239，装订线160239，办公用碎纸机160287，拆信刀160291，削铅笔器（电或非电）160293，书籍装订装置和机器（办公设备）160330，办公用文件层压机160346，切纸机（办公用品）160385

※ 订书机C160065，订书针C160066，卷笔刀C160067，铅笔刀C160068，办公用打孔、切纸两用机C160070，开信封机C160071，起钉器（办公用品）C160111

> 注：本类似群与1611家具除外的办公必需品，文具，学校用品（文具）类似。

1611 办公文具（不包括笔，墨，印，胶水）

办公用夹160010，书挡160018，文件夹（文具）160022，书写用石板160023，活页夹160035，固定书写工具用腕带160045，图钉160048，润湿器（办公用品）160049，封蜡160055，分钱、数钱用托盘160059，护指套（办公用品）160064，文件夹160085，公文套160085，文件夹（办公用品）160092，函件格160101，涂改液（办公用品）160103，修改墨（日光胶版术）160104，封面（文具）160108，文件套（文具）160108，笔筒160113，纸夹子160116，笔袋160133，笔盒160133，擦涂用品160135，擦涂挡板160138，橡皮擦160139，钢笔擦净器160148，家具除外的办公必需品160159，办公室用刮子（擦除器）160169，胶面增湿器（办公用品）160173，压纸器160183，曲别针160202，文具160209，纸张压摺器（办公用品）160224，学校用品（文具）160248，办公桌用书写垫160255，透明软片（文具）160262，办公用橡皮筋160275，木浆板（文具）160278，笔架160281，桌面文具收纳柜（办公用品）160289，文具盒（文具）160300，文具盒（全套）160302，支票簿夹160333，护照夹160340，书写板用涂擦器160348，带夹纸装置的书写板160349，非电的地图指示器160350，夹钱用夹子160353，修正带（办公用品）160357，文件托架（文具）160361，书夹160362，印记清除器160364，动画用赛璐珞片160377，胸卡套（办公用品）160379，姓名卡套用伸缩扣夹（办公用品）160380，别姓名卡套用夹子（办公用品）160381，姓名牌（办公用品）160387，文具用闪粉160389

※ 转盘笔挂C160072，大头针（文具）C160073，回形针C160074，学生读书矫正仪C160076，护视力阅览架C160077，木制参观卡片C160078

注：1. 家具除外的办公必需品，文具，学校用品（文具）与1605第（一）部分，1610，1612，1613，1614，1615，1616商品类似，家具除外的办公必需品也与1618类似；

2. 文件夹（文具），文件夹，文件夹（办公用品）与第八版及以前版本1802文件夹（皮革制）交叉检索；

3. 支票簿夹，护照夹与1802支票夹（皮夹），护照夹（皮夹）类似，与第十版及以前版本1802支票夹（皮革制），护照夹（皮革制）交叉检索；

4. 夹钱用夹子与第八版及以前版本0611普通金属制钱夹交叉检索；

5. 本类似群与第九版及以前版本1614笔盒交叉检索；

6. 封面（文具）与第十版及以前版本1609书籍封皮交叉检索；

7. 本类似群与第十一版及以前版本1605第（一）部分函件格交叉检索。

1612 墨，砚

吸墨用具160051，墨汁160089，墨水*160142，墨水池160144，墨水台160301，块墨160334，砚台160335

※ 墨锭C160079

注：1. 本类似群与1614书写材料类似；

2. 本类似群与1611家具除外的办公必需品，文具，学校用品（文具）类似。

1613 印章，印油

地址印章160004，印章（印）160052，封口印章160053，印台（油墨印台）160054，封印（印章）160149，手印器具160176，编号机160203，印台160247，图章（印）托架160258，图章（印）盒160259，印章架160261

※ 印油（打印油）C160081，朱印油C160082，印台水C160083，印泥C160084，号码机C160085

注：本类似群与1611家具除外的办公必需品，文具，学校用品（文具）类似。

1614 笔

钢笔160002，笔夹160011，铅笔160031，画家用刷（画笔）160050，铅笔芯160105，自动铅笔160114，笔尖160131，金制笔尖160134，书写材料160136，炭笔160160，绘画笔160185，自来水笔160225，笔（办公用品）160242，圆珠笔滚珠160253，画笔160273，笔杆160299，毛笔160342，书写工具160343，记号笔（文具）160359

※ 活动铅笔C160086，蜡笔C160087，蘸水钢笔C160088，圆珠笔油墨C160089，排笔（文具）C160090，曲线笔C160091，笔套C160092，油画棒C160094，素描木炭条C160095，白板笔C160096

注：1. 本类似群与1611家具除外的办公必需品，文具，学校用品（文具）类似；
2. 书写材料与1605第（一）部分，1612类似；
3. 排笔（文具）与2107排笔刷类似。

1615 办公或家庭用胶带或黏合剂

胶带分配器（办公用品）160003，文具用胶带160036，文具用密封化合物160057，文具或家用谷朊胶160264，文具或家用黏合剂（胶水）160265，文具或家用胶条160266，文具或家用胶带160267，办公或家用淀粉浆糊（黏合剂）160271，文具或家用自粘胶带160274，文具或家用胶160290，文具或家用浆糊160290，文具用或家用树胶（黏合剂）160311，文具胶布160312，文具用或家用鱼胶黏合剂160313

注：本类似群与1611家具除外的办公必需品，文具，学校用品（文具）类似，与第十版及以前版本1611粘贴物（文具）交叉检索。

1616 办公室用绘图仪器，绘画仪器

绘图用直角尺 160069，绘图用圆规 160096，曲线板 160107，绘画仪器 160125，画图用描图针 160184，比例绘图仪（绘图器械）160208，制图尺 160234，绘图用直角板 160297，绘图用丁字尺 160298

※ 比例尺 C160098

注：1. 本类似群与 1611 家具除外的办公必需品，文具，学校用品（文具）类似；
2. 本类似群与 0905 规尺（量具），测量用圆规，量具，尺（量器），刻度尺，测量用丁字尺，测量用直角板，测量用直角尺类似，与第十版及以前版本 0905 圆规（测量仪器）交叉检索。

1617 绘画用具（不包括绘图仪器，笔）

画家用靠手架 160019，画家用画架 160087，绘木纹用梳具 160122，绘画板 160123，绘画材料 160124，绘画支架 160151，艺术家用水彩颜料碟 160166，画家用调色板 160207，房屋油漆用辊子 160215，油画布 160216，颜料盒（学校用品）160217，画蔓叶花饰器具 160263，蚀刻针 160309，颜料盘 160358

※ 画箱 C160099，绘画膜 C160100

1618 打字机、誊写机、油印机及其附件（包括印刷铅字、印版）

姓名地址印写机 160005，办公用邮资盖印机 160009，办公用邮资计费器 160009，速印机 160128，电动或非电动打字机 160132，色带 160143，便携式印刷成套工具（办公用品）160178，油印器械及机器 160230，打字机键 160257，非电的信用卡盖印机 160345，条形码碳带 160388

钢字 160001，印模（雕版）160015，凸印版 160040，色带卷轴 160043，印刷铅字 160065，排字架（印刷）160084，数字（打字用铅字）160088，铅字（打字）160097，铅字（数字和字母）160097，排字盘 160098，平版印刷用白垩 160110，打字机辊 160118，模板（文具）160161，活字盘架（印刷用）160162，电铸版 160163，雕刻版 160170，胶版 160171，非纺织品制印刷机垫 160177，石印石 160188，镂花模板 160226，蜡纸模板 160227，铅字排版嵌条 160235，打字机带 160245，姓名地址印写机用印版 160268

※ 胶滚卡盘 C160101，家用油墨辊 C160112

注：1. 本类似群与 1611 家具除外的办公必需品类似；
2. 凸印版，胶版，电铸版与 0705 印刷版，印刷胶版，胶印锌版，外文模板（印刷用）类似；
3. 办公用邮资盖印机，办公用邮资计费器与第九版及以前版本 0902 邮件打戳器交叉检索。

1619 教学用具（不包括教学实验用仪器）

（一）石笔160024，算术表160027，计算表160027，显微镜用生物样本（教学材料）160039，教学材料（仪器除外）160071，教学用组织剖面图160106，粉笔160109，粉笔盒160112，地球仪160165，做标记用粉笔160193，黑板160201，彩色粉笔（蜡笔）160211，喷雾粉笔160368

※ 黑板擦C160104，教学用模型标本C160105，数学教具C160106，磁性写字板C160107，教学挂图C160108，电动吸尘擦C160109，教学教鞭C160110

（二）裁缝用粉块160111，裁缝画线用滑石块160251

注：本类似群各部分之间商品不类似，但第（二）部分商品与第（一）部分粉笔，做标记用粉笔，彩色粉笔（蜡笔）类似，与第八版及以前版本第（一）部分印记用粉笔交叉检索。

1620 室内模型物（不包括教学用模型标本）

建筑模型160021，模型用黏土160026，非牙科用模型蜡160091，制模型用塑料160195，模型材料160196，模型用湿黏土160197，雕塑黏土用模具（艺术家用原材料）160352，模型用聚合物制黏土160363

注：模型用聚合物制黏土与2802橡皮泥（玩具），面泥（玩具）类似，与第十版及以前版本2802橡皮泥交叉检索。

#1621 单一商品

注：本类似群第十一版时移入1403类似群。

第十七类

未加工和半加工的橡胶、古塔胶、树胶、石棉、云母及这些材料的代用品；生产用成型塑料和树脂制品；包装、填充和绝缘用材料；非金属软管和非金属柔性管。

【注释】

第十七类主要包括电绝缘、隔热或隔音材料，以及生产用塑料片、板或杆，和由橡胶、古塔胶、树胶、石棉、云母及这些材料的替代品制成的某些制品。

本类尤其包括：
——修复轮胎用橡胶材料；
——抗污染的浮动屏障；
——非文具、非医用、非家用胶带；
——非包装用塑料膜，例如：窗户用防强光薄膜；
——非纺织用弹性线、橡胶线和塑料线；
——某些由本类的材料制成的不按照功能和用途分类的制品，例如：插花用泡沫支撑物，塑料或橡胶制衬垫填充材料，橡皮塞子，橡胶制减震缓冲器，橡胶制包装袋。

本类尤其不包括：
——消防水龙带（第九类）；
——作为卫生设备部件的管道（第十一类）、金属硬管（第六类）及非金属硬管（第十九类）；
——建筑用隔热玻璃（第十九类）；
——某些按其功能或用途分类的本类原材料制品，例如：树胶脂（第二类），牙科用橡胶（第五类），消防人员用石棉挡板（第九类），补内胎用粘胶补片（第十二类），橡皮擦（第十六类）。

1701 不属别类的橡胶，古塔胶，树胶

巴拉塔树胶170010，生橡胶或半成品橡胶170017，合成橡胶170020，古塔胶170050，乳胶（天然胶）170064，液态橡胶170113，橡胶水170114，未加工或半加工树胶170117

※ 再生橡胶C170001，固体古马隆C170002

注：1. 液态橡胶，橡胶水与0115类似；
  2. 跨类似群保护商品：生橡胶或半成品橡胶（1701，1703第（一）部分）。

1702 非金属密封减震制品

橡皮圈 170004，密封环 170009，防水圈 170009，瓶用橡胶密封物 170012，挡风条 170013，挡风雨条 170013，挡风雨条材料 170015，橡皮塞子 170018，橡胶制瓣阀 170019，橡胶制减震缓冲器 170021，管道垫圈 170030，管道接头垫圈 170030，离合器垫 170039，填缝材料 170040，补漏用化学合成物 170042，密封垫片 170043，填充垫圈 170043，部分加工的刹车衬垫材料 170048，封泥 170066，非金属制管套筒 170067，非金属制管套 170067，保护机器部件用橡胶套 170068，接头用密封物 170069，橡胶或硫化纤维垫圈 170076，非文具用、非医用、非家用胶带 170085，压缩空气管道用非金属附件 170086，管道用非金属加固材料 170089，非文具、非医用、非家用自粘胶带 170092，橡皮挡块 170093，密封管道用胶带 170118，橡胶制门挡 170119，橡胶制窗挡 170120，码头防撞用橡胶垫 170123

※ 高压锅圈 C170004，胶衬 C170005，胶套 C170006，胶壳 C170007，石棉油盘根 C170008，聚氨酯泡沫填缝剂 C170027

注：1. 补漏用化学合成物，聚氨酯泡沫填缝剂与 0115 类似；
2. 本类似群与第十一版及以前版本 0104 已接受商品聚氨酯泡沫填缝剂交叉检索。

1703 橡胶，树脂，纤维制品

（一）半加工醋酸纤维素 170001，半加工丙烯酸树脂 170002，生橡胶或半成品橡胶 170017，橡胶绳 170031，硬橡胶 170036，非纺织用弹性线 170038，非纺织用弹性纱 170038，硫化纤维 170046，塑料焊丝 170047，焊接用塑料线 170047，非包装用再生纤维素箔 170053，非包装用再生纤维素片 170053，半加工合成树脂 170075，半加工人造树脂 170075，橡胶或硫化纤维制阀 170082，非包装用粘胶纤维纸 170083，非纺织用橡胶线 170095，非纺织用碳纤维 170096，半加工塑料物质 170097，硬橡胶铸模 170100，非纺织用塑料纤维 170102，非纺织用塑料线 170105，半加工泡沫塑料制过滤材料 170106，翻新轮胎用橡胶材料 170109，插花用泡沫支撑物（半成品）170112，半加工塑料膜制过滤材料 170124，3D 打印用塑料丝 170125

※ 半成品海绵 C170014，有机玻璃 C170015

（二）汽缸接头 170033，管道用非金属接头 170073，软管用非金属附件 170121，硬管用非金属附件 170122

※ 塑料板 C170024，塑料杆 C170025，塑料条 C170026

（三）非包装用塑料膜 170072，农业用塑料膜 170111，窗户用防强光薄膜（染色膜）170115

※ 农用地膜 C170013，电控透光塑料薄膜 C170016

（四）※ 橡胶榔头 C170010，贮气囊 C170011，渔业用浮球 C170012

注：1. 本类似群各部分之间商品不类似，第（四）部分各商品之间互不类似；
2. 跨类似群保护商品：生橡胶或半成品橡胶（1701，1703第（一）部分）；
3. 管道用非金属接头，软管用非金属附件，硬管用非金属附件与1704浇水软管，非金属软管，纺织材料制软管，运载工具散热器用连接软管，1909第（一）部分第一、二自然段类似，与第九版及以前版本1704车辆取暖器软管，车辆水箱用连接软管交叉检索；
4. 塑料板，塑料杆，塑料条与1909建筑用塑料管，建筑用塑料板，建筑用塑料杆，建筑用塑料条类似。

1704 软管

浇水软管170006，非金属软管170022，纺织材料制软管170025，帆布水龙带170065，运载工具散热器用连接软管170074

注：1. 浇水软管，非金属软管，纺织材料制软管，运载工具散热器用连接软管与1703管道用非金属接头，软管用非金属附件，硬管用非金属附件，1909第（一）部分第一、二自然段类似，与第十一版及以前版本1703软管用非金属接头，第十版及以前版本1703塑料管交叉检索；
2. 帆布水龙带与0916消防水龙带类似。

1705 保温、隔热、隔音材料

（一）石棉防火幕170003，石棉石板170005，保温用非导热材料170016，绝缘、隔热、隔音用材料170023，防热辐射合成物170024，锅炉隔热材料170026，石棉板170035，石棉毡170044，绝缘、隔热、隔音用毡170045，绝缘、隔热、隔音用织物170056，建筑防潮材料170058，绝缘、隔热、隔音用金属箔170059，绝缘、隔热、隔音用矿渣棉170061，绝缘、隔热、隔音用矿棉170062，绝缘、隔热、隔音用玻璃棉170063，石棉纸170071，石棉遮盖物170078，石棉织物170079，石棉布170080，石棉包装材料170081，石棉厚纸板170087，石棉纤维170088，石棉170091，绝缘、隔热、隔音用物体170099，绝缘、隔热、隔音用玻璃纤维170103，绝缘、隔热、隔音用玻璃纤维织物170104，绝缘、隔热、隔音用石膏170110，隔热耐火材料170116

隔音材料170008，隔音用树皮板170037

※ 石棉绳、线、带C170017，石棉粉C170018，玻璃纤维保温板和管C170019，防水隔热粉C170020

（二）防污染的浮动障碍物170108

注：1. 本类似群各部分之间商品不类似；

2. 防水隔热粉与0205防水粉（涂料）类似；

3. 第（一）部分与第八版及以前版本1707石棉包装材料交叉检索；

4. 跨类似群保护商品：绝缘、隔热、隔音用材料（1705第（一）部分，1706），绝缘、隔热、隔音用毡（1705第（一）部分，1706），绝缘、隔热、隔音用织物（1705第（一）部分，1706），绝缘、隔热、隔音用金属箔（1705第（一）部分，1706），绝缘、隔热、隔音用矿渣棉（1705第（一）部分，1706），绝缘、隔热、隔音用矿棉（1705第（一）部分，1706），绝缘、隔热、隔音用玻璃棉（1705第（一）部分，1706），绝缘、隔热、隔音用物体（1705第（一）部分，1706），绝缘、隔热、隔音用玻璃纤维（1705第（一）部分，1706），绝缘、隔热、隔音用玻璃纤维织物（1705第（一）部分，1706），绝缘、隔热、隔音用石膏（1705第（一）部分，1706）；

5. 隔热耐火材料与1907类似。

1706 绝缘用材料及其制品

绝缘、隔热、隔音用材料170023，电容器纸170029，电介质（绝缘体）170034，绝缘、隔热、隔音用毡170045，绝缘手套170049，变压器用绝缘油170051，绝缘油170052，绝缘纸170055，绝缘、隔热、隔音用织物170056，绝缘清漆170057，绝缘、隔热、隔音用金属箔170059，绝缘漆170060，绝缘、隔热、隔音用矿渣棉170061，绝缘、隔热、隔音用矿棉170062，绝缘、隔热、隔音用玻璃棉170063，未加工或部分加工云母170070，铁路轨道用绝缘体170084，电缆绝缘体170094，电网用绝缘体170098，绝缘、隔热、隔音用物体170099，绝缘、隔热、隔音用玻璃纤维170103，绝缘、隔热、隔音用玻璃纤维织物170104，绝缘胶布170107，绝缘胶带170107，绝缘、隔热、隔音用石膏170110

※ 绝缘电瓷C170021，绝缘涂料C170022

注：跨类似群保护商品：绝缘、隔热、隔音用材料（1705第（一）部分，1706），绝缘、隔热、隔音用毡（1705第（一）部分，1706），绝缘、隔热、隔音用织物（1705第（一）部分，1706），绝缘、隔热、隔音用金属箔（1705第（一）部分，1706），绝缘、隔热、隔音用矿渣棉（1705第（一）部分，1706），绝缘、隔热、隔音用矿棉（1705第（一）部分，1706），绝缘、隔热、隔音用玻璃棉（1705第（一）部分，1706），绝缘、隔热、隔音用物体（1705第（一）部分，1706），绝缘、隔热、隔音用玻璃纤维（1705第（一）部分，1706），绝缘、隔热、隔音用玻璃纤维织物（1705第（一）部分，1706），绝缘、隔热、隔音用石膏（1705第（一）部分，1706）。

1707 包装、填充用材料（包括橡胶、塑料制品）

防水包装物170011，橡胶或塑料制衬垫材料170014，橡胶或塑料制填充材料170014，包装用棉绒（堵缝）170032，膨胀接合填料170041，包装用橡胶袋（信封、小袋）170077，橡胶或塑料制（减震或填充用）包装材料170101

1708 单一商品

※ 封拉线（卷烟）C170023

第十八类

皮革和人造皮革；动物皮；行李箱和背包；雨伞和阳伞；手杖；鞭，马具和鞍具；动物用项圈、皮带和衣服。

【注释】

第十八类主要包括皮革、人造皮革及由其制成的某些制品。

本类尤其包括：

——行李箱和背包，例如：手提箱，旅行箱，旅行包，抱婴儿用吊袋，书包；

——行李牌；

——名片夹和钱包；

——皮革或皮革板制箱和盒。

本类尤其不包括：

——医用拐杖（第十类）；

——人用的皮制的服装、鞋、帽（第二十五类）；

——为所装产品定制的包或箱，例如：笔记本电脑专用包（第九类），照相机或摄影设备专用包或箱（第九类），乐器盒（第十五类），带轮或不带轮的高尔夫球袋（第二十八类），滑雪板和冲浪板专用袋（第二十八类）；

——某些按其功能或用途分类的皮革、人造皮革、毛皮制品，例如：磨剃刀的皮带（第八类），抛光用皮革（第二十一类），清洁用麂皮（第二十一类），服饰用皮带（第二十五类）。

1801 皮革和人造皮革，裘皮

动物皮180002，金箔加工用肠膜180008，皮板180022，鞣制过的皮180032，背皮（兽皮的一部分）180038，半加工或未加工皮革180039，仿皮革180042，家畜皮180088，非清洁用麂皮180094，人造革180141

生毛皮180002，小山羊皮180027，软毛皮（仿皮制品）180063，裘皮180067，毛皮180067

注：本类似群与第九版及以前版本1803交叉检索。

1802 不属别类的皮革、人造皮革制品，箱子及旅行袋，日用革制品

（一）（女式）钱包180010，乐谱盒180013，猎物袋（打猎用具）180019，书包180020，卡片盒（皮

夹子）180021，皮制帽盒180023，旅行箱180029，抱婴儿用吊袋180044，工具袋（空的）180047，弹簧用皮套180052，背包180058，手提包骨架180065，钱包（钱夹）180069，带轮购物袋180070，购物袋180071，公文箱180073，爬山用手提袋180074，野营手提袋180075，海滨浴场用手提袋180076，手提包180077，旅行包180078，包装用皮袋（信封、小袋）180079，公文包180083，旅行用具（皮件）180084，手提箱180085，手提箱提手180086，皮革或皮革板制盒180089，链式网眼钱包180090，皮革或皮革板制箱180091，行李箱180092，非专用化妆包180093，硫化纤维盒180098，帆布背包180100，旅行用衣袋180111，钥匙包180113，购物网袋180114，手提旅行箱180115，运动包*180118，抱婴儿用吊带180122，婴儿背袋180123，包*180124，信用卡包180125，名片夹180126，护脊书包180127，行李牌180128，皮制标签180130，购物袋用拎袋器180131，犹太教经文护符匣180132，带轮手提箱180133，可骑行的电动行李箱180137，行李箱专用压缩收纳包180138，会议用文件包180139

※ 人造革箱C180001，帆布箱C180002，支票夹（皮夹）C180008，护照夹（皮夹）C180009

（二）家具用皮装饰180041，家具用皮缘饰180041，皮制家具罩180116

※ 皮褥子C180003，皮床单C180004，皮凉席C180005

（三）士兵装备用皮带180012，皮绳180031，冰鞋系带180035，捆扎用皮带180036，皮制带子180036，皮制下颏带180062，皮活门180087，皮肩带180096，儿童牵引带180136

注：1. 本类似群各部分之间商品不类似；
2. 第（一）部分与第八版及以前版本1402贵重金属钱包，贵重金属链式网眼钱包交叉检索；
3. 支票夹（皮夹），护照夹（皮夹）与1611支票簿夹，护照夹类似，与第十版及以前版本1611支票夹，第九版及以前版本1611支票本（支票簿）夹交叉检索；
4. 皮制家具罩与2407家具罩（宽大的），家具遮盖物，塑料家具罩，纺织品制家具罩类似；
5. 皮褥子，皮床单，皮凉席与2406类似；
6. 第（一）部分与第十版及以前版本1611已接受商品名片夹交叉检索；
7. 第（一）部分与第十版及以前版本1605皮制行李标签交叉检索；
8. 皮制标签与第十版及以前版本1605非纺织品标签交叉检索；
9. 第（三）部分与第十版及以前版本2601儿童牵引带交叉检索。

#1803 裘皮

注：本类似群第十版时移入1801类似群。

1804 雨伞及其部件

伞环180003，雨伞或阳伞的伞骨180007，伞杆180014，雨伞或阳伞骨架180018，伞180043，伞套180051，女用阳伞180066，伞柄180068

1805 手杖

铁头登山杖180001，登山杖180001，手杖*180015，带凳手杖180016，手杖柄180060，徒步杖180140

1806 动物用具

鞍架180004，牵引动物用皮索180005，系狗皮带180005，马鞍扣栓180006，小勒缰180011，动物嚼子（马具）180017，马轭180025，马毯180026，动物用口套180028，动物项圈*180030，马具用带180033，马缰绳180033，皮带（鞍具）180034，马镫橡皮件180045，马镫皮带180046，鞭子180049，秣囊（草料袋）180050，马用护膝180053，动物外套180054，动物用挽具180055，眼罩（马具）180056，挽绳（马具）180057，笼头180059，马笼头180059，九尾鞭180061，缰绳180072，皮肚带180080，马鞍180081，鞍具180082，马鞍套180097，辔头（马具）180112，马鞍用垫180117，马镫180119，马具配件180120，马掌180121，鞍褥180129，马鞍包*180134，宠物服装180135

注：本类似群与第八版及以前版本0615狗用项圈，金属马镫，金属马掌，1402贵重金属马具配件，1708非金属马掌交叉检索。

#1807 肠衣

注：本类似群第十一版时移入2914类似群。

第十九类

非金属的建筑材料；建筑用非金属硬管；柏油，沥青；可移动非金属建筑物；非金属纪念碑。

【注释】

第十九类主要包括非金属建筑材料。

本类尤其包括：

——建筑用半成品木材，例如：横梁、板、护板；

——木制饰面薄板；

——建筑用玻璃，例如：玻璃砖瓦，建筑用隔热玻璃，安全玻璃；

——路标用玻璃颗粒；

——花岗石，大理石，沙砾；

——赤土（建筑材料）；

——太阳能电池组成的非金属屋顶板；

——非金属墓碑和非金属墓；

——石、混凝土或大理石制塑像、半身像和艺术品；

——混凝土制信箱；

——土工布；

——涂层（建筑材料）；

——非金属脚手架；

——非金属制可移动的建筑物或建筑结构，例如：水族池，鸟舍，旗杆，门廊，游泳池。

本类尤其不包括：

——水泥保护剂，水泥防水用制剂（第一类）；

——防火制剂（第一类）；

——木材防腐剂（第二类）；

——建筑用脱模油（第四类）；

——金属信箱（第六类），非金属、非砖石制信箱（第二十类）；

——像、半身像和艺术品：普通金属制（第六类），贵金属制（第十四类），木、蜡、石膏或塑料制（第二十类），瓷、陶瓷、陶土、赤陶或玻璃制（第二十一类）；

——某些非建筑用的非金属管，例如：管道（卫生设备部件）（第十一类），非金属软管和非金属柔性管（第十七类）；

——建筑防潮材料（第十七类）；

——运载工具用窗玻璃（半成品）（第十一类）；

——鸟笼（第十一类）；

——地席，亚麻油地毡及其他铺在已建成地板上的材料（第二十七类）；

——未切锯或未加工的木材（第三十一类）。

1901 半成品木材

木衬条190015，半成品木材190026，木材190027，建筑用木材190027，胶合板190028，成品木材190029，制家用器具用木材190030，已切锯木材190031，铺地木材190032，贴面板190033，木制饰面薄板190033，胶合木板190034，木板条190035，拼花地板条190106，建筑用压缩软木190111，狭木板190125，制桶用木板190125，可塑木料190127，建筑用厚木板190149，铁路用非金属枕木190176，小块木料（木工用）190185，木屑板190186，建筑用木浆板190201，木地板条190248

※ 纤维板C190001，树脂复合板C190002，镁铝曲板C190003，木地板C190035

注：拼花地板条，木地板条，木地板与1909拼花地板，非金属地板类似。

1902 土，沙，石，石料，灰泥，炉渣等建筑用料

板岩粉190008，细沙190010，制陶器用黏土190011，混凝土190023，制砖用土190039，石灰石190043，筑路或铺路材料190051，石灰190052，建筑灰浆190053，砂浆190053，片岩190059，未加工的白垩190072，石英190073，石料190094，黏土*190096，沙砾190099，建筑用砂石190100，炉渣（建筑材料）190104，铺路用道渣190105，碎石190116，建筑用橄榄石190132，建筑石料190141，矿渣石190143，石灰华190145，石砌体190146，砂（铸造砂除外）190166，硅石（石英）190168，赤土（建筑材料）190172，非金属铺路块料190200，含钙泥灰土190211，水族池砾石190233，水族池用沙190234，块石190237，斑岩（石头）190244，水晶石190253

石板190006，屋顶石板片190007，花岗石190098，大理石190120，人造石190142

※ 膨胀珍珠岩C190004，建筑用石粉C190005

注：石板，屋顶石板片，花岗石，大理石，人造石与1906类似。

1903 石膏

雪花石膏190003，熟石膏*190054，石膏（建筑材料）190102

※ 石膏板C190006

1904 水泥

石棉水泥 190004，水泥 *190036，熔炉用水泥 190092，高炉用水泥 190093，镁氧水泥 190118

1905 水泥预制构件

混凝土建筑构件 190024，水泥板 190057，水泥柱 190058，混凝土用非金属模板 190198
※ 水泥管 C190007，水泥电杆 C190008，水泥架 C190009，石棉水泥板 C190010

注：水泥电杆与 1909 电线用非金属杆，非金属电线杆类似。

1906 建筑砖瓦

屋面瓦 190021，砖 190038，建筑用马赛克 190126，非金属屋瓦 190151，建筑用非金属砖瓦 190213，非金属地板砖 190214，非金属砖地板 190249，非金属波形瓦 190250，非金属墙砖 190251
※ 石棉水泥瓦 C190011，水磨石 C190013，瓷砖 C190014

注：本类似群与 1902 石板，屋顶石板片，花岗石，大理石，人造石类似。

1907 非金属耐火材料及制品

石棉灰泥 190005，耐火黏土 190048，熟耐火黏土 190048，防火水泥涂层 190056，非金属耐火建筑材料 190242，耐火砖 190012
※ 耐火砂 C190015，耐火纤维 C190016，硅酸铝耐火纤维 C190017，耐火瓦 C190018，陶瓷纤维棉、毡 C190019，矽砂 C190020，矽砂火泥 C190021，镁泥 C190023，炉用耐火材料（电炉瓷盘）C190024

注：本类似群与 1705 隔热耐火材料类似，与第十版及以前版本 1706 绝缘耐火材料交叉检索。

1908 柏油，沥青及制品

柏油 190013，铺路沥青 190014，沥青 190017，建筑用焦油条 190018，建筑用沥青制成物 190025，沥青（人造沥青）190037，建筑用沥青纸 190046，屋顶用沥青涂层 190082，建筑用毡 190090，煤焦油沥青 190097，路面敷料 190161，沥青（焦油沥青）190171
※ 油膏 C190026，防水卷材 C190027

1909 非金属建筑材料及构件（不包括水泥预制构件）

（一）非金属雨水管190075，非金属水管190076，非金属分岔管190080，建筑用非金属硬管190178，非金属排水管190220，非金属压力水管190232，通风和空调设备用非金属管190235

※ 建筑用塑料管C190033，铝塑复合管C190042

屋脊190009，非金属栏杆190016，非金属折门190022，非金属檐槽190044，建筑用卡纸板190045，建筑用纸板190045，非金属制壁炉罩190049，建筑用非金属框架190050，非金属烟囱190055，非金属隔板190060，建筑用纸190062，非金属檐口190064，非金属檐板嵌条190065，非金属制屋顶防雨板190066，非金属角铁190067，非金属窗190068，非金属门*190069，非金属检修孔盖190070，非金属制屋顶覆盖物190071，非金属楼梯踏板190074，非金属、非塑料制水管阀190077，非金属脚手架190078，电线用非金属杆190079，非金属梁190083，非金属支架190086，建筑用玻璃板（窗）190095，砂石管道190101，非金属固定百叶窗190103，非金属、非纺织品制室外遮帘190107，非金属板条190109，拼花地板190112，非金属楼梯基（楼梯部件）190113，非金属楣190114，门廊（非金属结构）190123，建筑用非金属嵌条190128，建筑用非金属制墙包层190130，建筑用非金属盖板190131，非金属百叶窗190133，非金属围栏190134，非金属栅栏190135，非金属桩190136，非金属板柱190136，建筑用非金属制墙衬料190138，（鸟的）栖木190140，非金属地板190147，非金属天花板190148，建筑用非金属衬板190150，非金属大门190153，非金属门板190154，非金属电线杆190155，非金属搁栅190157，预制非金属台190158，非金属槛190162，建筑用芦苇190163，非金属屋顶190173，非金属格架190177，非金属竖铰链窗190179，彩绘玻璃窗190182，非金属护壁板190189，建筑用非金属加固材料190191，非金属建筑材料190197，非金属柱190206，非金属窗框190208，非金属门框190209，非金属门框架190209，温室用非金属架190210，非金属园艺格架190210，非金属烟囱罩190212，非金属烟囱管帽190216，非金属烟囱接长部件190217，非金属烟囱柱190218，非金属铺地平板190219，非金属或非塑料排水阱（阀）190221，非金属楼梯190222，建筑用非金属嵌板190223，凝结的甘蔗渣（建筑材料）190231，土工布190236，乙烯基壁板190238，非金属防昆虫纱窗190239，光伏电池组成的非金属屋顶板190240，非金属垫路板190241，非金属制街道排水沟190245，非金属旋转栅门190246，建筑用非金属平板190252，非金属装甲门190254，建筑用非金属柱190256，建筑用非金属托架190257，建筑用非金属包层190258，塑料制景观围边190259，建筑物地震隔离用橡胶底座190260，非金属装甲板190261，非金属双开弹簧门190263，非金属折扇门190264，非金属制吸音板190266

※ 岩棉制品（建筑用）C190028，玻璃钢制门、窗C190030，玻璃钢制天花板C190031，玻璃钢建筑构件C190032，塑钢门窗C190038，建筑用塑料板C190039，建筑用塑料杆C190040，建筑用塑料条C190041，塑料地板C190043，橡胶地板C190044，非金属制帐篷桩C190045

（二）非金属铸模190091，发光铺路块料190115

注：1.本类似群各部分之间商品不类似；

2. 建筑用塑料管，建筑用塑料板，建筑用塑料杆，建筑用塑料条与1703塑料板，塑料杆，塑料条类似，与第十版及以前版本1703塑料管交叉检索；

3. 拼花地板，非金属地板与1901拼花地板条，木地板条，木地板类似，与第十版及以前版本1901地板条交叉检索；

4. 非金属地板，塑料地板，橡胶地板与第九版及以前版本2703塑料或橡胶地板块，塑料或橡胶地板革，塑料或橡胶地板砖交叉检索；

5. 电线用非金属杆，非金属电线杆与1905水泥电杆类似；

6. 铝塑复合管与第八版及以前版本0603铝塑复合管（以铝为主）交叉检索；

7. 塑钢门窗与0603金属门，金属固定百叶窗，金属制室外遮帘，金属百叶窗，金属大门，金属竖铰链窗，金属窗等金属制门窗类似，与第十一版及以前版本0603金属制室外百叶帘，第十版及以前版本0603室外金属百叶窗交叉检索；

8. 第（一）部分第一、二自然段与1703管道用非金属接头，软管用非金属附件，硬管用非金属附件，1704浇水软管，非金属软管，纺织材料制软管，运载工具散热器用连接软管类似，与第十一版及以前版本1703软管用非金属接头，第十版及以前版本1703塑料管，第九版及以前版本1704车辆取暖器软管，车辆水箱用连接软管交叉检索；

9. 非金属垫路板与第八版及以前版本2003非金属狭道板交叉检索；

10. 非金属旋转栅门与第九版及以前版本0914自动旋转栅门交叉检索；

11. 光伏电池组成的非金属屋顶板与0922太阳能电池，发电用太阳能电池板类似；

12. 第（一）部分与第十一版及以前版本2003非金属帐篷桩，第八版及以前版本1703铝塑复合管交叉检索。

1910 非金属建筑物

非金属广告栏190001，棚屋190019，集市棚屋190020，非金属电话间190041，非金属电话亭190041，水下建筑工程用沉箱190042，非金属建筑物190061，非金属猪圈190084，非金属牲畜棚190085，非金属火箭发射台190108，可移动的非金属建筑物190119，合成材料制成的路标板和路标条190122，非金属桅杆190124，不发光、非机械的非金属信号板190137，溜冰场（非金属结构）190139，非金属跳水板190152，非金属鸡房190156，（贮液或贮气用）砖石容器190160，不发光、非机械的非金属路牌190164，不发光、非机械的非金属标志190165，可移动的非金属温室190167，非金属筒仓190169，凉亭（非金属结构）190175，鸟舍（非金属结构）190184，非金属下锚柱190187，船只停泊用非金属浮动船坞190188，水族池（建筑物）190190，鸟食台（非金属结构）190194，不发光非金属信号台190195，游泳池（非金属结构）190196，非金属制自行车停放架190199，非金属简易小浴室190203，喷漆用非金属间190205，公路防撞用非金属护栏190227，砖石信箱190228，非金属预制房（成套组件）190243，非金属旗杆（建筑物）190262，非金属制移动式隔音亭190265

※ 非金属跳水台 C190046

> 注：非金属旗杆（建筑物）与第十版及以前版本 2003 旗杆交叉检索。

1911 建筑用玻璃及玻璃材料

磨砂玻璃 190002，建筑用玻璃 190063，路标用玻璃颗粒 190121，建筑用隔热玻璃 190180，窗玻璃（运载工具窗玻璃除外）190181，建筑用窗玻璃 190183，安全玻璃 190192，建筑用彩饰玻璃 190255

※ 镀膜玻璃 C190034

> 注：本类似群与 2113 非建筑用彩饰玻璃，乳白玻璃，半透明玻璃，运载工具用窗玻璃（半成品），不碎玻璃，钢化玻璃类似，与第十版及以前版本 2113 彩饰玻璃，乳色玻璃，第九版及以前版本 2113 车窗玻璃（半成品）交叉检索。

1912 建筑用涂层

涂层（建筑材料）190129

> 注：本类似群与 0205 类似。

1913 建筑用黏合料

制煤砖用黏合料 190040，制砖用黏合料 190040，修路用黏合材料 190110

1914 石、混凝土、大理石雕塑品

石、混凝土或大理石制塑像 190170，石、混凝土或大理石制艺术品 190193，石、混凝土或大理石制半身像 190202，石、混凝土或大理石制小塑像 190224，石、混凝土或大理石制小雕像 190224

1915 棺椁墓碑

墓穴用非金属围栏 190081，非金属墓板 190088，非金属纪念标牌 190089，非金属纪念碑 190117，墓碑 190144，墓石 190144，非金属墓 190174，非金属墓穴 190215，非金属墓（纪念物）190225，非金属墓碑柱 190226，非金属墓碑标牌 190247

第二十类

家具，镜子，相框；存储或运输用非金属容器；未加工或半加工的骨、角、鲸骨或珍珠母；贝壳；海泡石；黄琥珀。

【注释】

第二十类主要包括家具及其部件，由木、软木、苇、藤、柳条、角、骨、象牙、鲸骨、贝壳、琥珀、珍珠母、海泡石以及这些材料的代用品或塑料制成的某些制品。

本类尤其包括：

——金属家具，野营用家具，枪架，报纸陈列架；

——室内窗用百叶帘或遮光帘；

——寝具，例如：床垫，床架，枕头；

——镜子，家具用和梳妆用镜；

——非金属车牌；

——非金属小五金器具，例如：螺栓，螺丝，销钉，家具用脚轮，紧固管道用非金属环；

——非金属、非混凝土制信箱。

本类尤其不包括：

——实验室用特制家具（第九类）或医用特制家具（第十类）；

——室外百叶帘：金属制（第六类），非金属、非纺织品制（第十九类），纺织品制（第二十二类）；

——被单和枕套，鸭绒被和睡袋（第二十四类）；

——某些特殊用途的镜子，例如：光学用镜（第九类），外科或牙科用镜（第十类），后视镜（第十二类），枪用瞄准镜（第十三类）；

——某些按其功能或用途分类的由木、软木、苇、藤、柳条、角、骨、象牙、鲸骨、贝壳、琥珀、珍珠母、海泡石以及这些材料的代用品或塑料制成的产品，例如：制首饰用珠子（第十四类），木地板条（第十九类），家用篮（第二十一类），塑料杯（第二十一类），苇席（第二十七类）。

2001 家具

碗柜200014，药柜200015，长凳（家具）200020，婴儿玩耍用携带式围栏200022，婴儿摇床200023，摇篮200023，图书馆书架200024，床架（木制）200026，瓶架200031，餐具柜200034，书桌200036，办公家具200037，服装架200038，家具200041，索引卡片柜（家具）200043，文件柜200044，椅子（座椅）200050，座椅200050，躺椅200051，头靠（家具）200052，帽架200053，陈列架200057，衣

架 200059，文件柜用搁板 200062，扶手椅 200063，有抽屉的橱 200066，柜台（台子）200067，桌子 *200070，床垫 *200079，有小脚轮的茶具台 200082，制图桌 200083，长沙发 200085，细木工家具 200088，学校用家具 200094，打字机架 200095，打字台 200095，床 *200102，搁物架（家具）200108，花架（家具）200115，花盆台座 200116，枪架 200118，食品橱 200122，砧板桌 200126，衣服罩（衣柜）200129，金属家具 200132，报纸陈列架 200134，杂志架 200135，盥洗台（家具）200137，医院用病床 200138，讲稿小搁台 200141，衣帽架 200144，立式书桌 200152，伞搁架 200164，屏风（家具）200165，搁架（家具）200172，写字台 200180，金属座椅 200182，沙发 200183，长靠椅 200184，床架 200185，金属桌 200188，梳妆台 200189，贮存架 200191，带锁小柜 200192，折叠式躺椅 200194，支架（家具）200196，餐具架 200198，陈列柜（家具）200200，计算机架 200212，送餐车（家具）200222，按摩用床 200229，非医用水床 200230，凳子 200235，理发座椅 200241，衣服罩（储藏用）200252，手推车（家具）200254，婴儿用高椅 200257，婴儿学步车 200258，装有脚轮的计算机架（家具）200266，阅书架（家具）200270，毛巾架（家具）200276，壁挂式婴儿尿布更换台 200278，自立式隔板（家具）200284，充气家具 200288，首饰展示架 200292，搁板置物架 200303，固定式墙边桌 200308，书柜 200309，衣物架 200310，婴儿床 200316，婴儿提篮 200317，衣柜 200320，搁脚凳 200321，非医用充气床 200326，沐浴用椅 200329，婴儿用沐浴椅 200337，膝上桌 200338，便携式书桌 200339，浴室柜（家具）200345

※ 绘图桌 C200001，美容柜（家具）C200002，电视机架 C200003，音响支架（家具）C200004，茶几 C200006，琴凳 C200007，摇椅 C200040

注：1. 手推车（家具）与 1206 手推车类似；
2. 医院用病床，按摩用床与 1004 医用床，医用充气床类似；
3. 本类似群与第九版及以前版本 0611 金属陈列架交叉检索；
4. 婴儿学步车与 1206 婴儿车，平卧式婴儿车类似，与第十版及以前版本 1206 折叠式婴儿车，轻便婴儿车交叉检索；
5. 本类似群与第八版及以前版本 2003 婴儿玩耍用携带式围栏交叉检索；
6. 本类似群与 2012 木制家具隔板，桌面，家具门类似；
7. 食品橱与第十版及以前版本 0611 金属食品柜，金属藏肉柜交叉检索。

2002 非金属容器及附件

澄析葡萄酒用木桶 200017，鱼篮 200021，装卸用非金属货盘 200054，液态燃料用非金属容器 200065，存储和运输用非金属容器 200068，非金属浮动容器 200069，非金属托盘 *200072，非金属大桶 200081，塑料包装容器 200100，非金属桶 200119，板条箱 200128，运输物品用带盖篮 200143，运输用非金属货盘 200145，搬运用非金属货盘 200146，面包店用面包筐 200163，非金属、非砖石蓄水池 200174，非金属、非砖石容器（贮液或贮气用）200174，搅拌灰浆用非金属槽 200206，非金属箱 200207，非金属琵琶桶 200210，装瓶用木箱 200238，非金属筐 200243，非金属、非砖石制信箱 200244，玩具箱 200256，非金属工具盒（空）200301，非金属工具箱（空）200302，非金属制五加仑装汽油罐 200311，木制或塑料制箱 200315，泄油用非金属容器 200325

软木瓶塞 200029，软木塞 200030，桶用非金属龙头 200042，木桶板 200087，容器用非金属盖 200112，非金属桶架 200120，非金属桶箍 200211，桶用非金属塞 200213，非金属密封盖 200214，非金属瓶盖 200219，非金属瓶塞 200220，瓶用非金属紧固塞 200220，瓶用非金属螺旋盖 200285，非玻璃、非金属、非橡胶制塞子 200334

※ 塑料周转箱 C200009，玻璃钢容器 C200010

注：1. 运输物品用带盖篮，非金属筐与 2005 竹篮类似；
2. 面包店用面包筐与 2101 家用面包篮，面包箱类似，与第十版及以前版本 2101 面包篮（家用）交叉检索；
3. 非金属桶，非金属大桶与 2106 水桶，提桶类似。

2003 不属别类的工业、建筑配件

缆绳和管道用非金属夹 200016，纱线、丝线、绳子用绕线木轴 200025，刷子托座 200033，壁炉隔屏（家具）200046，铁路货车用非金属载量规杆 200055，木或塑料梯 200092，乘客登乘用可移动非金属梯 200093，洗涤槽用可拆卸的垫 200099，洗涤槽用可拆卸的垫或罩 200099，软管用非机械、非金属绕轴 200103，软管用非机械、非金属卷轴 200104，楼梯地毯固定杆 200105，工作台 200106，非金属台阶（梯子）200147，非金属阀（非机器部件）200186，挂钥匙用钥匙板 200197，钳工台（家具）200209，塑料排水阱（阀）200231，塑料水管阀 200236，非金属系船浮标 200251，锯木架 200263，锯台（家具）200287，非金属梯凳 200289，非金属制钥匙圈 200294，非金属挂包钩 200304，袋子用塑料封口夹 200313，车辆用塑料坡道 200328，非金属制手持旗杆 200333

※ 非金属球阀 C200011，塑料线卡 C200012，电缆、电线塑料槽 C200013，软梯 C200041

注：1. 本类似群与第十版及以前版本 2807 软梯交叉检索；
2. 钳工台（家具）与第十版及以前版本 0612 金属制钳工台交叉检索。

2004 镜子、画框及部件

镀银玻璃（镜子）200013，相框边条 200190，画框边条 200190，镜子（玻璃镜）200193，画框 200225，画框托架 200226，画框挂杆 200226，镜砖 200261，手持镜子（化妆镜）200274

2005 不属别类的竹、藤、棕、草制品

竹子200019，绣花绷子200032，个人用扇（非电动）200110，藤200133，草编织物（草席除外）200160，稻草编辫状物200161，稻草制镶边200162，芦苇（编织用料）200178，柳条制品200199，竹帘200255，扁担200265

※ 竹编制品（不包括帽、席、垫）C200014，藤编制品（不包括鞋、帽、席、垫）C200015，棕编制品（包括棕箱，不包括席、垫）C200016，草编制品（不包括鞋、帽、席、垫）C200017，柳条提篮编织物C200018，竹工艺品C200019，竹木工艺品C200020，竹篮C200021，麦秆工艺品C200026，草（编织原料）C200042，草工艺品C200043

注：1. 竹木工艺品与2006软木工艺品类似；
2. 竹篮与2002运输物品用带盖篮，非金属筐类似，与第十版及以前版本2002带盖的篮交叉检索；
3. 本类似群与第十版及以前版本2006麦秆工艺品交叉检索。

2006 未加工或半加工的骨、角、牙、介及不属别类的工艺品

黄琥珀200005，动物标本200006，动物爪200010，未加工的或半加工鲸须200018，动物角200035，仿制玳瑁200045，牡鹿角200049，裁缝用人体模型200064，人体模型200064，珊瑚200071，未加工或半加工的动物角200074，象牙棕榈200076，玳瑁壳200089，牡蛎壳200090，海泡石200098，风铃状装饰品200151，珍珠母（未加工或半加工的）200153，鸟类标本200156，装饰珠帘200167，动物蹄200179，木、蜡、石膏或塑料像200187，人造琥珀条200203，人造琥珀板200204，木、蜡、石膏或塑料制艺术品200205，木、蜡、石膏或塑料制半身像200223，贝壳200233，木、蜡、石膏或塑料制小雕像200239，木、蜡、石膏或塑料制小塑像200239，风铃（装饰）200268，木、蜡、石膏或塑料制耶稣受难雕像（非首饰）200324

※ 未加工或半加工角、牙、介制品C200022，漆器工艺品C200023，羽兽毛工艺品C200024，软木工艺品C200025，树皮画C200028，泥塑工艺品C200029，玻璃钢工艺品C200030，树脂工艺品C200031，树脂小雕像C200037，具有造型的手提电话（装饰）C200038

注：软木工艺品与2005竹木工艺品类似。

2007 非金属牌照

展示板200002，树或植物的非金属支桩200091，木制或塑料制招牌200096，非金属车牌200130，非金属标示牌200154，非金属身份牌200154，不发光非金属门牌200155，木头或塑料标志牌200253，可充气广告物200259，塑料钥匙卡（未编码、非磁性）200260，塑料标签200307

注：1. 树或植物的非金属支桩与0620树或植物的金属支桩类似；
2. 塑料标签与第十版及以前版本1605非纺织品标签交叉检索。

2008 食品用塑料装饰品

食品用塑料装饰品200003

2009 禽、畜等动物用制品

蜂箱200001，家养宠物用床200007，家养宠物栖息箱200008，家养宠物窝200009，蜂箱用巢础200039，蜂箱用木格子200040，狗窝200058，巢箱200109，饲料架200117，蜂房200150，猫用磨爪杆200264，宠物靠垫200271，非金属制固定式狗用垃圾袋分配器200295，鸟巢200312

注：本类似群与2114第（一）部分类似。

2010 非金属制身份鉴别手环

非金属制身份鉴别手环200221

注：本类似群与0618商品（除手铐外）类似。

2011 非金属棺材及附件

棺材200047，棺材用非金属附件200048，骨灰盒200267
※ 纸板棺材C200032

2012 家具部件及非金属附件

装饰用木条200027，非金属挂衣钩200080，挂衣杆用非金属钩200080，非金属制固定式毛巾分配器200084，家具用非金属附件200113，床用非金属附件200124，床用非金属脚轮200139，木制家具隔板200148，家具用非金属脚轮200149，非金属的衣服挂钩200166，桌面200169，家具门200170，家具的塑料缘饰200173，球形非金属把手200277，非金属制浴缸扶手200290，家具用非金属角码200306，婴儿床栏用防撞条（非床用织品）200314，家具腿200318，家具脚200319

注：1. 木制家具隔板，桌面，家具门与2001类似；
2. 球形非金属把手与2014非金属门把手，门用非金属附件类似，与第九版及以前版本2103球形瓷把手，第八版及以前版本2103瓷制门把手交叉检索。

2013 垫，枕

床用垫褥（床用织品除外）200077，软垫200078，枕头200157，非医用气枕200158，草垫200159，垫枕200195，非医用气垫200201，非医用气褥垫200202，婴儿游戏围栏用垫200275，婴儿更换尿布用垫200279，野营用睡垫200293，野营床垫200327，婴儿头部支撑垫200330，婴儿防滚垫200331，婴儿头部定型枕200332

※ 羽绒枕头C200033，玉枕C200034，磁疗枕C200035

注：1. 枕头，羽绒枕头与2406床单和枕套，枕套，装饰用枕套类似；
2. 软垫与第十版及以前版本1802皮垫，第八版及以前版本2407坐垫（非纸制），纺织品垫交叉检索；
3. 婴儿更换尿布用垫与2406婴儿更换尿布用布单类似。

2014 非金属紧固件及门窗附件

窗帘环200011，非金属合页200056，非金属螺母200097，非纺织品制窗帘圈200101，窗帘滚轴200121，窗用非金属附件200123，门用非金属附件200125，板条式室内遮帘200136，非金属闩200140，非金属制帐篷地钉200168，窗帘轨200171，窗帘杆200175，窗帘钩200176，窗帘扣200177，运载工具用非金属锁200181，非金属螺丝200215，非金属铆钉200216，非金属钉200217，非金属销钉200217，非金属销栓200217，非金属螺栓200218，缆绳用非金属接线螺钉200224，非金属膨胀螺栓200232，非金属锁（非电）200240，非金属杆200242，遮帘用塑料滑轮200262，窗用木编织室内遮帘200269，窗用室内遮帘（家具）200272，非金属门把手200273，非金属门插销200280，窗用纸制室内遮帘200281，窗用纺织品制室内遮帘200282，非金属门铃（非电动）200283，非金属门环200286，紧固管道用非金属环200291，非金属、非橡胶制门挡200296，非金属、非橡胶制窗挡200297，非金属制窗锁200298，非金属窗栓200299，非金属制门用锁紧装置200300，塑料钥匙200305，鞋用非金属钉200322，鞋用非金属销钉200323，非金属关门器（非电动）200335，非金属制门弹簧（非电动）200335，滑动门用非金属滑轨200336，非金属开门器（非电动）200340，非金属开窗器（非电动）200341，非金属关窗器（非电动）200342，窗用非金属滑轮200343，提拉窗用非金属滑轮200343，非金属挂锁（非电子）200344

注：1. 非金属门把手，门用非金属附件与2012球形非金属把手类似，与第九版及以前版本2103球形瓷把手，第八版及以前版本2103瓷制门把手交叉检索；

2. 塑料钥匙与0610金属钥匙类似，与第十版及以前版本0610钥匙交叉检索；

3. 非金属挂锁（非电子）与0610除金属钥匙以外的其他商品，0920第二、三自然段类似。

第二十一类

家用或厨房用器具和容器；烹饪用具和餐具（刀、叉、匙除外）；梳子和海绵；刷子（画笔除外）；制刷原料；清洁用具；未加工或半加工玻璃（建筑用玻璃除外）；玻璃器皿、瓷器和陶器。

【注释】

第二十一类主要包括家庭和厨房用小型手动器具，化妆和盥洗室用具，玻璃器皿和由瓷、陶瓷、陶土、赤陶或玻璃制成的某些制品。

本类尤其包括：

——家庭和厨房用具，例如：蝇拍，衣夹，搅拌匙，涂油匙和开塞钻，以及上菜用具，例如：方糖钳，冰块夹，馅饼用铲和上菜勺；

——家庭、厨房和烹饪用容器，例如：花瓶，瓶，存钱罐，提桶，鸡尾酒调酒器，烹饪用锅，非电烧水壶以及非电加压炊具；

——厨房用小型手动的切碎机、研磨机、压榨机、碾碎机，例如：蒜压榨器，胡桃钳，杵和研钵；

——碗碟架和饮料瓶架（餐具）；

——化妆和梳洗用具，例如：电动和非电动的梳及牙刷，牙线，美甲用泡沫材料制分趾器，粉扑，专用化妆包；

——园艺用品，例如：园艺手套，窗台花箱，喷壶和浇水软管用喷嘴；

——室内水族池，室内生态培养箱。

本类尤其不包括：

——清洁制剂（第三类）；

——货物存储和运输用金属容器（第六类），货物存储和运输用非金属容器（第二十类）；

——小型电动的切碎机、研磨机、压榨机、碾碎机（第七类）；

——剃须及剃毛装置，理发器和指甲钳，电或非电的修指甲和修脚器具，例如：修指甲成套工具，指甲砂锉，去死皮钳（第八类）；

——刀叉餐具（第八类）和手动的厨房用切割工具，例如：蔬菜切丝器，切比萨饼用刀，奶酪切片机（第八类）；

——除虱梳，刮舌器（第十类）；

——电烹饪器具（第十一类）；

——梳妆镜（第二十类）；

——某些按其功能或用途分类的玻璃制品、瓷器和陶器，例如：假牙用瓷料（第五类），眼镜片（第九类），隔热、隔音用玻璃棉（第十七类），陶瓷砖瓦（第十九类），建筑用玻璃（第十九类），纺织用玻璃纤维（第二十二类）。

2101 厨房炊事用具及容器（包括不属别类的餐具）

盆（容器）210025，黄油碟210030，黄油碟罩210031，盆（碗）210039，碗210039，瓶210045，调味瓶210057，水果杯210089，调味品套瓶210122，午餐盒210140，罐210153，蔬菜盘210154，家用器皿210159，面包屑盘210160，蛋杯210165，纸盘210173，家用纸托盘210180，胡椒瓶210185，家用或厨房用容器210199，色拉碗210203，盐瓶210204，成套杯、碗、碟210207，碟210208，汤碗210214，糖碗210218，杯210220，非电饮料鼎210226，餐具（刀、叉、匙除外）210227，盘210235，糖果盒210244，奶酪盘罩210265，家用托盘210267，碟罩210269，水壶210271，水瓶210271，厨房容器210272，长颈瓶*210289，油和醋用调味套瓶210292，纸或塑料杯210318，饭盒210325，一次性盘子210333，冰块夹210381，色拉夹210382，上菜勺210383，冰淇淋挖勺210386，胡桃钳210387，方糖钳210388，盛葡萄酒用长柄勺210390，食品用可重复使用硅胶盖210402，家用一次性铝箔容器210410

※ 日用搪瓷塑料器皿（包括盆、碗、盘、壶、杯）C210015，磁疗杯C210016，缸C210061

家用面包篮210017，成套的烹饪锅210026，开塞钻（电动或非电动）210043，开瓶器（电动或非电动）210048，烹饪用金属扦210049，菜单卡片夹210064，炖锅210065，大锅210070，模子（厨房器具）210079，鸡尾酒调酒器210082，胶锅210084，家用沥水器210088，桌用刀托210090，壶盖塞210091，锅盖210092，家用非电动搅拌机210096，烹饪锅210101，家用勺形铲210102，烹饪用模具210103，煮奶防溢片210107，厨房用切菜板210108，漏斗210121，家用非电动打蛋器210134，煎锅210136，家用非电动榨水果器210138，蛋糕模子210142，烤盘（烹饪用具）210145，烤架（烹饪用具）210145，烤架支架210146，涂油匙（厨房用具）210156，厨房用非电动碾磨器210158，家用手动研磨机210162，切面包板210169，装备齐全的野餐篮（包括盘、碟）210170，擀面杖（家用）210175，馅饼用铲210177，手动胡椒研磨器210184，厨房用擦菜板210197，餐巾环210200，餐巾架210210，分隔层饰盘210219，烹饪用非电高压锅210236，非电加压炊具210236，非电动搅拌器210238，奶瓶用非电加热器210239，非电烧水壶210246，非纸制、非纺织品制杯垫210258，非电油炸锅210260，家用篮210266，矮脚金属架（餐具）210270，厨房用具210273，非电气炊具210274，烘蛋奶饼的非电铁模210309，面包箱210310，筷子210311，鸡尾酒搅拌棒210314，糕点裱花用袋（裱花袋）210315，饼干模具210316，饼干筒210317，非电加热的火锅210322，餐桌用旋转盘210324，搅拌匙（厨房用具）210326，面条机（手动）210327，切糕点器210328，厨房用刮板210330，蒜压榨器（厨房用具）210332，烘焙垫210346，接油盘210350，非电蒸锅210353，厨房用非电动轧碎机210355，隔热垫210356，涂油管210359，非电墨西哥薄饼压饼器（厨房器具）210363，家用非电鸡蛋分离器210366，非纸制、非纺织品制杯盘垫210371，非纸制、非纺织品制餐具垫210372，厨房用杵210384，厨房用研钵210385，蛋糕裱花嘴210394，烹饪网袋（非微波炉用）210396，家用滴管210398，蒸古斯古斯饭用锅（非电）210399，非电塔吉锅210400，蛋黄分离器210401，煮荷包蛋用盛器210405，手动意式面食制作机210408，剥蒜筒210411

※ 铁锅C210001，铁壶C210002，炒勺C210003，铁桶C210004，蒸屉C210005，笼屉C210006，

笊篱 C210007，铁镬 C210009，笋斗 C210010，纱罩 C210011，笋底 C210012，煤气火锅 C210013，铁丝筛子 C210014，冰棍棒 C210017

注：1. 纸盘，家用纸托盘与1603啤酒杯垫，纸制杯盘垫，纸制杯垫类似，与第九版及以前版本1603纸垫，桌上纸杯垫交叉检索；

2. 瓶与2102，2106，2111各种瓶类似；

3. 本类似群与第八版及以前版本1402功能、用途属于2101类似群的贵金属制品交叉检索，例如：家用贵重金属容器，贵重金属色拉碗，贵重金属缸，贵重金属餐巾环，贵重金属厨房用具等；

4. 开塞钻（电动或非电动），开瓶器（电动或非电动）与0810非电动开罐器类似，与第九版及以前版本0810非电动开罐头器交叉检索；

5. 家用面包篮，面包箱与2002面包店用面包筐类似，与第十一版及以前版本2002面包师用面包筐，第九版及以前版本2002面包筐交叉检索；

6. 盆（容器），铁桶与2106水桶，提桶类似；

7. 第一、二自然段与2102玻璃杯（容器），彩色玻璃器皿，日用玻璃器皿（包括杯、盘、壶、缸），玻璃碗，2103，2105类似，与第八版及以前版本2106非贵重金属罐，非贵重金属水瓶，非贵重金属瓶交叉检索；

8. 本类似群与第十版及以前版本0807胡桃钳，第八版及以前版本1402贵重金属轧胡桃钳交叉检索；

9. 本类似群与第十版及以前版本0812方糖钳，葡萄酒用长柄勺交叉检索；

10. 非纸制、非纺织品制杯盘垫，非纸制、非纺织品制餐具垫与第十版及以前版本2407杯盘垫（非纸制），餐具垫（非纸制）交叉检索。

2102 不属别类的玻璃器皿

玻璃球瓶（容器）210009，小玻璃瓶（容器）210009，玻璃瓶（容器）210022，广口玻璃瓶210033，玻璃塞210042，装饰用玻璃球210044，玻璃杯（容器）210085，彩色玻璃器皿210230，玻璃盒210243，陶瓷或玻璃标志牌210279，酒瓶吊牌210373

※ 日用玻璃器皿（包括杯、盘、壶、缸）C210019，家用玻璃管和棒C210020，抗热管C210021，药瓶C210022，玻璃碗C210059

注：1. 玻璃杯（容器），彩色玻璃器皿，日用玻璃器皿（包括杯、盘、壶、缸），玻璃碗与2101第一、二自然段，2103，2105类似；

2. 本类似群各种瓶与2101瓶类似。

2103 瓷器，陶器（茶具，酒具除外）

酸坛210040，细颈坛210040，家庭用陶瓷制品210068，瓦器210129，锡釉陶器210157，陶制平底锅210181，瓷器210189，陶器210193

※ 日用瓷器（包括盆、碗、盘、壶、餐具、缸、坛、罐）C210024，日用陶器（包括盆、碗、盘、缸、坛、罐、砂锅、壶、炻器餐具）C210025，陶瓷支撑球C210026，耐酸耐碱陶瓷器C210027，仿瓷器C210028，仿陶器C210029

注：本类似群与2101第一、二自然段，2102玻璃杯（容器），彩色玻璃器皿，日用玻璃器皿（包括杯、盘、壶、缸），玻璃碗，2105类似。

2104 玻璃、瓷、陶的工艺品

瓷器装饰品210078，瓷、陶瓷、陶土、赤陶或玻璃制塑像210217，瓷、陶瓷、陶土、赤陶或玻璃制艺术品210234，瓷、陶瓷、陶土、赤陶或玻璃制半身像210252，瓷、陶瓷、陶土、赤陶或玻璃制小雕像210285

※ 唐三彩C210030，水晶工艺品C210054，水晶画C210058

注：本类似群与第十版及以前版本2006水晶画交叉检索。

2105 茶具、酒具、咖啡具及饮水用具

啤酒杯210032，饮用器皿210034，茶叶罐210038，酒具（托盘）210058，细颈圆酒瓶210063，角形饮水器210086，碳酸水用虹吸瓶210118，加气水用虹吸瓶210118，运动用饮水瓶210144，酒具210155，品酒用吸量管210178，品酒用虹吸管210178，茶具（餐具）210209，茶托210212，茶壶210222，有柄大杯210232，滤茶球210248，茶叶浸泡器210248，手动磨咖啡器210254，咖啡具（餐具）210255，非电咖啡过滤器210256，非电咖啡渗滤壶210257，非电咖啡壶210287，滤茶器210288，单柄大酒杯210291，饮水玻璃杯210319，饮用吸管210342，扁酒壶210348，葡萄酒醒酒器210374，茶包托210393，葡萄酒倒酒器210413

注：1. 本类似群与2101第一、二自然段，2102玻璃杯（容器），彩色玻璃器皿，日用玻璃器皿（包括杯、盘、壶、缸），玻璃碗，2103类似；

2. 本类似群与第八版及以前版本1402功能、用途属于2105类似群的贵金属制品交叉检索，例如：贵重金属茶叶罐，贵重金属酒具（托盘），贵重金属茶托等；

3. 本类似群与第十版及以前版本2106旅行饮水瓶，第九版及以前版本2008饮用麦秆吸管，饮用麦管交叉检索；

4. 运动用饮水瓶与第十版及以前版本2106葫芦瓶交叉检索。

2106 家庭日用及卫生器具

（一）搓衣板210006，浇水软管用喷嘴210012，洒水设备210013，洒水器210015，喷壶210016，水桶210023，提桶210023，倾倒用尖嘴管210027，纸巾盒210036，肥皂盒210037，脱靴器210041，家用细筛210061，煤渣用筛（家用器皿）210067，熨衣板套（成形的）210093，领带压平器210094，筛（家用器具）210097，洗涤桶210106，熨斗架210112，卫生纸分配器210116，肥皂分配器210117，鞋撑具210120，洗衣用晾衣架210126，纺织品制桶210127，花和植物用固定物（插花用具）210132，花盆210133，家用除烟器210139，手套撑具210141，压裤器210171，熨衣板210179，喷水壶喷头210183，喷壶莲蓬头210183，花瓶210190，肥皂碟210191，肥皂架210191，便壶210192，垃圾箱210194，垃圾桶210194，浇花和植物用洒水器210206，浇花和植物用喷水器210206，鞋拔210213，衣服撑架210221，纽扣钩210223，存钱罐210224，盥洗室器具210225，非医用气雾剂分配器210233，蜡烛滴环210242，烛台托盘210242，蜡烛架（烛台）210245，烛台210245，非纸制花盆套210253，个人用除臭装置210277，熄烛器210295，婴儿浴盆（便携式）210301，衣夹210313，清理堵塞排水管用手压皮碗210329，毛巾架和毛巾挂环210334，卫生纸架210335，拖把绞干器210339，废纸篓210340，窗台花箱210341，靴撑具210347，蜡烛罐210352，拖把脱水桶210362，零钱罐210376，婴儿充气浴盆210391，便携式婴儿浴盆用支架210392，伞式晾衣架210395，尿布垃圾桶210409，挤牙膏器210412

※ 痰盂 C210031

（二）熏香炉210056，电和非电的芳香油扩香器（香薰藤条除外）210406，芳香油扩香盘210407，香味蜡烛加热器（电或非电）210416

※ 祭祀容器 C210055，香炉 C210057

注：1. 本类似群各部分之间商品不类似；

2. 便壶，痰盂与1004卧床病人用便盆，卧床病人用尿壶类似，与第九版及以前版本1004病床上用便盆，尿壶（容器）交叉检索；

3. 痰盂与1004医用痰盂类似；

4. 水桶，提桶与2101盆（容器），铁桶，2002非金属桶，非金属大桶类似；

5. 第（一）部分与第八版及以前版本1402贵重金属蜡烛架（烛台），贵重金属烛台，贵重金属熄烛器，贵重金属烛环，贵重金属花瓶交叉检索；

6. 本类似群各种瓶与2101瓶类似；

7. 第（二）部分与第八版及以前版本1402贵重金属制祭祀容器交叉检索；

8. 花瓶，花盆，窗台花箱与2114第（二）部分类似。

2107 梳子，刷子（不包括牙刷），制刷原料

（一）梳 *210076，大齿发梳210110，梳子盒210128，电梳210176

※ 篦子 C210033

（二）刷子 *210014，马梳210028，指甲刷210050，马桶刷210051，玻璃灯罩刷210052，鞋刷210071，马刷210073，动物用梳210075，擦洗刷210137，长柄柏油刷210147，电刷（机器部件除外）210251，擦罐和容器用刷210278，洗餐具刷210304，涂油刷210358，滑雪板打蜡刷210364

※ 排笔刷 C210034，动物用牙刷 C210060

（三）制刷用兽毛210010，制刷原料210054，制刷用毛210055，制刷用猪鬃210379，制刷用马毛210380

注：1. 本类似群各部分之间商品不类似；
2. 排笔刷与1614排笔（文具）类似；
3. 第（二）部分与第十一版及以前版本2108已接受项目动物用牙刷交叉检索。

2108 刷牙用具

牙刷210250，牙及牙床清洁用吸水器210262，电动牙刷210276，电动牙刷替换头210375

※ 牙刷盒 C210056

2109 牙签

牙签210105，牙签盒210275，牙线210320

注：本类似群与第八版及以前版本1402贵重金属牙签盒交叉检索。

2110 化妆用具

化妆用具210087，梳妆盒210115，专用化妆包210115，梳妆海绵210123，粉扑210148，空的粉饼盒210195，眉刷210215，喷香水器210228，香水喷瓶210228，修面刷210240，修面刷架210241，擦

皮肤用摩擦海绵210331，卸妆器具210344，化妆用刮板210349，化妆用海绵210354，化妆刷210361，睫毛刷210365，美甲用泡沫材料制分趾器210367，化妆用滴管210397

※ 颊刷C210036，眼影刷C210037

注：1. 本类似群与0306化妆用棉签，化妆棉，唇膏盒类似，与第十版及以前版本0306棉签（梳妆用品），第九版及以前版本0306成套化妆用具交叉检索；
2. 擦皮肤用摩擦海绵与2112沐浴海绵类似；
3. 本类似群与第八版及以前版本1402贵重金属制随身携带的粉饼盒交叉检索；
4. 卸妆器具与第九版及以前版本0924卸妆用电力器具交叉检索。

2111 隔热用具

食物保温容器210007，饮料隔热容器210035，隔热瓶210046，保温瓶210046，冷藏瓶210047，隔热容器210062，冰块模210099，冷却容器（冰桶）210196，冰桶210196，制冰和冷饮的金属容器210211，非电便携式冷藏箱210261，保温袋210323，茶壶保暖套210343，冷却食物和饮料用冷却包210369，可重复使用的冰块210370

※ 暖水瓶C210039，暖水瓶壳C210040

注：1. 本类似群各种瓶与2101瓶类似；
2. 本类似群与第九版及以前版本2610茶壶保暖套交叉检索；
3. 暖水瓶与1104电热水瓶类似。

2112 家务用具

清洁用钢丝绒210005，地毯拍打器（手工具）210008，扫帚210020，扫地毯器210021，金属制擦锅器210066，清洁用布210077，非电动打蜡设备210080，抛光用皮革210100，手动清洁器具210104，非电掸灰设备210111，海绵夹持器210124，家具掸210125，拖把*210135，清洁用废羊毛210163，清洁用垫210168，擦洗垫210168，家用抛光设备和机器（非电动）210186，抛光材料（使发光用）（制剂、纸、石料除外）210187，厨房用擦垫210259，清洁用麂皮210263，擦鞋用非电动打蜡机210264，清洁用废棉纱210268，家用海绵210280，羽毛掸210281，抹布210282，家务手套210290，抛光用手套210294，洗地板布210303，清洁用纤维束210312，园艺手套210321，烤箱用手套210357，厨房用隔热手套210357，烧烤用手套210357，洗车用手套210360，毛球去除器（电动或非电动）210377，抛光用布210378，扫帚柄210389，刮水板（清洁器具）210404，洗碗布210417

※ 擦鞋器C210041，清扫器C210042，钢丝轮C210043，门窗玻璃清洁器C210044，玻璃防雾布

C210045，沐浴海绵 C210047

> 注：1. 家务手套，抛光用手套，园艺手套，洗车用手套与第十版及以前版本2408交叉检索；
> 2. 沐浴海绵与2110擦皮肤用摩擦海绵类似；
> 3. 毛球去除器（电动或非电动）与第十版及以前版本0810毛球修剪器，0806已接受商品毛球修剪器交叉检索；
> 4. 本类似群与第十版及以前版本0609金属扫帚柄，2003非金属扫帚柄交叉检索。

2113 未加工或半加工玻璃（不包括建筑用玻璃）

水晶（玻璃制品）210098，装饰用玻璃粉210114，非建筑用彩饰玻璃210119，玻璃板（原材料）210143，未加工或半加工玻璃（建筑用玻璃除外）210149，非绝缘、非隔热、非隔音用玻璃棉210152，非建筑用玻璃马赛克210161，乳白玻璃210166，半透明玻璃210167，合成灵敏导电玻璃210229，运载工具用窗玻璃（半成品）210231，非纺织用石英纤维210283，非绝缘、非隔热、非隔音、非纺织用玻璃纤维210284，非纺织用玻璃纤维线210286，非建筑用石英玻璃（半成品）210308

※ 不碎玻璃 C210048，钢化玻璃 C210049，半加工玻璃管 C210051

> 注：非建筑用彩饰玻璃，乳白玻璃，半透明玻璃，运载工具用窗玻璃（半成品），不碎玻璃，钢化玻璃与1911类似。

2114 不属别类的动植物器具

（一）饮水槽210001，喂料槽210002，家禽环210011，鸟环210018，鸟食台*210019，鸟笼210059，动物饲料槽210074，人造留窝鸡蛋210164，家养宠物用笼子210302，宠物排泄用盒210306，宠物排泄用盘210306，动物梳毛手套210403，宠物喂食碗210414，宠物自动喂食碗210415

（二）室内植物培养箱210305，室内水族池210336，水缸（室内水族池）210336，水族池罩210337，室内生态培养箱210338

> 注：1. 本类似群各部分之间商品不类似；
> 2. 第（一）部分与2009类似；
> 3. 第（二）部分与2106花瓶，花盆，窗台花箱类似，与第九版及以前版本2106室内养殖池（种植物用），室内培养池（种植物用），第八版及以前版本1620室内观赏植物园（仿自然动物和植物园），室内观赏植物（人工动物或植物园），室内水族池，水族池罩交叉检索。

2115 家用灭虫、灭鼠用具

蝇拍210069，捕虫器210150，捕鼠机210198，捕鼠器210216，诱杀昆虫用电力装置210345，捕蝇器210351，驱蚊剂用插电式扩散器210368

※ 除蚊器C210052

注：本类似群与第九版及以前版本0924诱杀昆虫用电力装置交叉检索。

第二十二类

绳索和细绳；网；帐篷和防水遮布；纺织品或合成材料制遮篷；帆；运输和贮存散装物用麻袋；衬垫和填充材料（纸或纸板、橡胶、塑料制除外）；纺织用纤维原料及其替代品。

【注释】

第二十二类主要包括帆布和制帆用其他材料，绳缆，衬垫、减震和填充材料，纺织用纤维原料。
本类尤其包括：
——用天然或人工纺织纤维、纸或塑料制成的缆和绳；
——渔网，吊床，绳梯；
——运载工具非专用盖罩；
——某些不按照功能或用途分类的包和袋，例如：洗衣用网袋，裹尸袋，邮袋；
——包装用纺织袋；
——动物纤维和纤维纺织原料，例如：兽毛，茧，黄麻，未加工或加工过的羊毛，生丝。
本类尤其不包括：
——金属绳（第六类）；
——乐器弦（第十五类）和球拍线（第二十八类）；
——纸或纸板制衬垫及填充料（第十六类），橡胶或塑料制衬垫及填充料（第十七类）；
——某些按照功能或用途分类的网和包，例如：安全网（第九类），运载工具用行李网（第十二类），旅行用衣袋（第十八类），发网（第二十六类），高尔夫球袋（第二十八类），运动用网（第二十八类）；
——按照材质分类的非纺织品包装袋，例如：包装用纸袋或塑料袋（第十六类），包装用橡胶袋（第十七类），包装用皮袋（第十八类）。

2201 缆，绳，线，带

绑藤本植物的带子220003，麻带220015，非金属绳索220020，绳索*220021，鞭绳220022，绳梯220023，包装带220032，细绳220035，纸绳220038，捆扎纱220042，软百叶帘用梯形带220045，蜡绳220055，包装或捆扎用非金属带220078，捆扎用非金属线220079，装卸用非金属吊带220081，装卸用非金属带220082，装卸用非金属吊索220083，非金属缆220084，农业用非金属捆扎线220086，拉窗绳220088，挂图片用绳220089，包装绳220091，汽车拖缆220103，非金属捆扎物220112

※ 丝绳C220001，绽子绳C220002，塑料打包带C220003，塑料线（包扎用）C220004

2202 网，遮篷，帐篷，防水帆布，帆

（一）伪装网220009，渔网220011，网线220039，捕动物陷网220048，网织物220049，网*220094，洗衣用网袋220106，捕鱼用围网220108，鱼类养殖用网箱220109，动物喂食用网220113

（二）运载工具非专用盖罩220075，伪装罩220085

（三）帆220059，风帆滑雪运动用帆220105

（四）风障布220001，防水帆布220002，船帆用帆布220110，防尘罩布220115
※ 苫布C220006，涂胶布C220007，漆布C220008，阻燃布C220009，涂塑布C220010

（五）吊床220043，纺织品遮篷220058，帐篷*220071，合成材料制遮篷220102，纺织品制室外遮帘220111，遮蔽式露营袋220117
※ 蒙古包C220005

注：1.本类似群各部分之间商品不类似，但第（一）部分伪装网与第（二）部分伪装罩类似；
2.洗衣用网袋与第七版及以前版本2112洗衣袋交叉检索。

2203 袋子，装卸、包装用物品

（一）运输和贮存散装物用麻袋220068，包装用纺织品袋（信封、小袋）220069，邮袋220104，存放尿布专用布袋220116，脏衣收纳袋220118
※ 尼龙编织袋（仿麻袋）C220011，面袋C220012，编织袋C220013，集装袋C220014

（二）草制瓶封套220080，瓶用草制包装物220080，草制瓶用包装物220080

（三）裹尸袋220107

注：本类似群各部分之间商品不类似。

2204 衬垫，填充料，密封物品（不包括橡胶、塑料制品）

刨花220004，锯末220006，棉屑（填塞物）220007，羽绒220028，鸭绒毛220029，非橡胶、非塑料、非纸或纸板制衬垫材料220030，非橡胶、非塑料、非纸或纸板制填充材料220030，非橡胶、非塑料、非纸或纸板制（减震或填充用）包装材料220031，装潢填充用羊毛220033，船用纤维密封圈220036，填充用草220044，被褥用羽毛220057，过滤用软填料220060，衬垫和填充室内装饰品的填料

220061，装潢填充用稻草 220062，装潢填充用羽毛 220064，茅草 220070，填充用海藻 220074，衬垫和填充用废棉絮 220090

2205 纤维原料

木丝 220005，生丝 220008，纤维纺织原料 220010，驼毛 220012，麻纤维 220013，短麻屑 220014，绢丝（废生丝）220016，废丝 220016，椰子纤维 220018，茧 220019，未加工棉花 220025，棉纤维束 220026，马毛*220027，纺织用石英纤维 220037，丝绵 220040，羊毛絮 220041，黄麻 220046，木棉 220047，未加工或已处理过的羊毛 220050，机梳羊毛 220051，精梳羊毛 220052，韧皮（植）220054，生亚麻（亚麻纤维）220056，兽毛 220065，苎麻纤维 220066，酒椰叶纤维 220067，羊毛 220072，剪下的羊毛 220073，纺织纤维 220076，剑麻 220077，纺织用碳纤维 220087，纺织品用塑料纤维 220092，纺织用玻璃纤维 220093，棉籽绒 220101，猪鬃*220114

注：本类似群与第十版及以前版本 2107 猪鬃交叉检索。

第二十三类

纺织用纱和线。

【注释】

第二十三类主要包括纺织用天然或合成的纱和线。

本类尤其包括：

——纺织用玻璃纤维线、弹性线、橡胶线和塑料线；

——绣花、织补和缝纫用线(包括金属线)；

——绢丝，精纺棉，精纺羊毛。

本类尤其不包括：

——某些特定用途的线，例如：电线识别线（第九类），外科用线（第十类），贵金属丝线（首饰）（第十四类）；

——按照材质分类的非纺织品用线，例如：金属捆扎线（第六类）和非金属捆扎线（第二十二类），弹性线、橡胶线或塑料线（第十七类），玻璃纤维线（第二十一类）。

2301 纺织用纱、丝

纱*230001，棉线和棉纱230002，绣花用线和纱230003，毛线和粗纺毛纱230004，麻线和纱230005，椰纤维线和纱230006，丝线和纱230007，精纺棉230008，缝纫线和纱230009，细线和细纱230010，黄麻线和纱230011，精纺羊毛230012，亚麻线和纱230013，人造线和纱230014，纺织线和纱230015，绢丝230016，纺织用弹性线和纱230019

※落丝C230001，棕丝C230002，弹力丝（纺织用）C230003，聚乙烯单丝（纺织用）C230004，长丝C230005，厂丝C230006，人造丝C230007

注：跨类似群保护商品：棉线和棉纱（2301，2302），绣花用线和纱（2301，2302），麻线和纱（2301，2302），椰纤维线和纱（2301，2302），丝线和纱（2301，2302），缝纫线和纱（2301，2302），细线和细纱（2301，2302），黄麻线和纱（2301，2302），亚麻线和纱（2301，2302），人造线和纱（2301，2302），纺织线和纱（2301，2302），纺织用弹性线和纱（2301，2302），毛线和粗纺毛纱（2301，2303）。

2302 线

线 *230001，棉线和棉纱 230002，绣花用线和纱 230003，麻线和纱 230005，椰纤维线和纱 230006，丝线和纱 230007，缝纫线和纱 230009，细线和细纱 230010，黄麻线和纱 230011，亚麻线和纱 230013，人造线和纱 230014，纺织线和纱 230015，纺织用玻璃纤维线 230017，纺织用橡皮线 230018，纺织用弹性线和纱 230019，纺织用塑料线 230020，刺绣用金属线 230032

※ 宝塔线 C230008，蜡线 C230009，尼龙线 C230010

注：1. 跨类似群保护商品：棉线和棉纱（2301，2302），绣花用线和纱（2301，2302），麻线和纱（2301，2302），椰纤维线和纱（2301，2302），丝线和纱（2301，2302），缝纫线和纱（2301，2302），细线和细纱（2301，2302），黄麻线和纱（2301，2302），亚麻线和纱（2301，2302），人造线和纱（2301，2302），纺织线和纱（2301，2302），纺织用弹性线和纱（2301，2302）；

2. 本类似群与第九版及以前版本 2601 绣花用金属线，刺绣用金属线交叉检索。

2303 毛线

毛线和粗纺毛纱 230004，毛线 230012，绳绒线 230031

※ 绒线 C230011，人造毛线 C230012，膨体线 C230013，开司米 C230014

注：跨类似群保护商品：毛线和粗纺毛纱（2301，2303）。

第二十四类

织物及其替代品；家庭日用纺织品；纺织品制或塑料制帘。

【注释】

第二十四类主要包括织物和家用织物覆盖物。

本类尤其包括：

——家庭日用纺织品，例如：床罩，枕套，纺织品毛巾；

——纸制床单和枕套；

——睡袋，睡袋衬里；

——蚊帐。

本类尤其不包括：

——医用电热毯（第十类）和非医用电热毯（第十一类）；

——纸制桌布和餐巾（第十六类）；

——石棉防火幕（第十七类），竹帘和装饰珠帘（第二十类）；

——马毯（第十八类）；

——某些特殊用途的纺织品和织物，例如：书籍装订用织物（第十六类），绝缘、隔热、隔音织物（第十七类），土工布（第十九类）。

2401 纺织品，布料

仿兽皮织物240003，装饰织品240004，台球布240007，织物*240008，筛布240009，硬（麻）布240010，锦缎240011，纺织织物240012，布*240013，挂毯和刺绣用粗帆布240015，麻织物240017，麻布240018，片状纺织品帽衬240019，鞋的衬里织物240020，鞋用织物240021，舍味呢（布料）240023，丝绒240026，棉织品240028，坚质条纹棉布（亚麻布）240031，绉布（织物）240035，重绉纹织物240036，缎子240037，内衣用织物240038，衬料（纺织品）240039，纺织的弹性布料240046，绣花图案布240049，刺绣用描绘布240049，法兰绒（织物）240050，起绒粗呢（布）240052，干酪布240053，凸纹条格细平布240054，粗斜纹布240054，纱布（布）240056，马毛与绒布混织物（粗麻布）240058，印花用丝织品240060，印花棉布240061，平针织物240062，黄麻织品240063，毛料布240064，毛织品240064，亚麻布240067，菱形花纹亚麻布240069，斜纹厚绒布240077，苎麻织品240083，人造丝织品240084，丝绸（布料）240088，薄纱240089，茅草纤维织物240090，塔夫绸（布）240091，编织织物240092，轻薄织物（布料）240094，白布240095，绳绒线织物240111，纺织纤维织物240116，平纹细布240127

※ 牛津布 C240001，帆布 C240002，毛巾布 C240003，蚊帐织布 C240004，衬布 C240005，纱绢 C240006，单丝筛绢 C240007，夏布罗纹 C240008，麻皮布 C240009，苎麻绢纺 C240010，麻绒 C240011，静电植绒布 C240012，呢绒 C240013

2402 特殊用织物

热黏合织物 240001，航空气球用不透气织物 240002，布棚 240016，玻璃布 240048，非文具用胶布 240057，塑料材料（织物代用品）240081，无纺布 240098，纺织品制标签 240102，纺织用玻璃纤维织物 240104，纺织品制过滤材料 240105

※ 金属棉（太空棉）C240014，过滤布 C240015，帘子布 C240016，聚丙烯编织布 C240017，滤气呢 C240018，树脂布 C240020

2403 纺织品壁挂

纺织品制墙上挂毯 240103，纺织品制壁挂 240103

※ 丝织、交织图画 C240021，织锦人像 C240022，丝绒绢画 C240023，剪绢画 C240024，手绣、机绣图画 C240025，丝织美术品 C240026

注：纺纺织品制墙上挂毯，纺织品制壁挂与 2701，2704 非纺织品制壁挂类似，与第十版及以前版本 2704 非纺织品制墙上挂毯，非纺织品制壁毯，第九版及以前版本 2704 非纺织品壁挂，非纺织品制墙帷，非纺织品挂毯（墙上挂帘帷）交叉检索。

2404 毡及毡制品

毡 *240027，纺织品制印刷机垫 240106
※ 造纸毛毯 C240027

2405 毛巾，浴巾，手帕

浴用织品（服装除外）240005，搓澡巾 240055，家庭日用纺织品 240071，纺织品毛巾 240072，纺织品餐巾 240076，纺织品手帕 240078，纺织品洗脸巾 240087，卸妆用布 240101

※ 浴巾 C240029，地巾 C240031

注：跨类似群保护商品：家庭日用纺织品（2405，2406，2407 第（一）部分）。

2406 床上用品

床罩240029，被子240029，床垫遮盖物240030，纸制床罩240032，旅行用毯（膝盖保暖用）240034，床单（纺织品）240040，鸭绒被240045，床单和枕套240068，家庭日用纺织品240071，褥垫套240074，蚊帐240079，枕套240080，睡袋衬里240100，装饰用枕套240112，床上用毯240114，婴儿更换尿布用布单240120，家养宠物用毯240121，婴儿用睡袋240122，婴儿用包被240123，睡袋240124，床沿挂布240125，婴儿床防撞围（床用织品）240126，睡袋防水罩240128

※ 毛巾被C240028，枕巾C240030，被絮C240032，被面C240033，褥子（床用织品）C240034，棉毯C240036，毛毯C240037，丝毯C240038，帐沿C240039，床沿C240040，帐帘C240041，床帏C240042，塑料床单C240043，被罩C240049，床单C240050

注：1. 床单和枕套，枕套，装饰用枕套与2013枕头，羽绒枕头类似；
2. 本类似群与1802皮褥子，皮床单，皮凉席类似；
3. 本类似群与第九版及以前版本2405毛巾被，枕巾交叉检索；
4. 婴儿更换尿布用布单与2013婴儿更换尿布用垫类似；
5. 跨类似群保护商品：家庭日用纺织品（2405，2406，2407第（一）部分）；
6. 睡袋与第十版及以前版本2013野营睡袋交叉检索；
7. 本类似群与第十版及以前版本2502婴儿睡袋，第八版及以前版本2013睡袋交叉检索。

2407 室内遮盖物

（一）非纸制桌旗240022，油布（作桌布用）240025，桌布（非纸制）240033，粗毛台毯240044，家具罩（宽大的）240059，家具遮盖物240059，餐桌用布（非纸制）240070，家庭日用纺织品240071，塑料家具罩240075，纺织品制杯垫240096，纺织品制杯盘垫240097，纺织品制餐具垫240113，垫子用罩240115，纺织品制家具罩240117，野餐垫240129

※ 家电遮盖物C240044，缝纫机罩C240045，台毯C240046

（二）纺织品制窗帘圈240047，门帘240082，纺织品制或塑料制帘240085，网状窗帘240093，纺织品制或塑料制浴帘240119

※ 浴罩C240047

（三）纺织品制马桶盖罩240118

注：1. 本类似群各部分之间商品不类似；
2. 家具罩（宽大的），家具遮盖物，塑料家具罩，纺织品制家具罩与1802皮制家具罩类似，与第十版及以前版本1802皮制家具套交叉检索；

3. 跨类似群保护商品：家庭日用纺织品（2405，2406，2407第（一）部分）；

4. 第（一）部分与第十一版及以前版本2703已接受商品野餐垫交叉检索。

#2408 洗涤用手套

注：本类似群第十版（2013文本）删除。

2409 特殊用布

（一）伊斯兰教隐士用氅（布）240073

（二）※ 哈达 C240048

注：本类似群各部分之间商品不类似。

2410 纺织品制或塑料制旗

纺织品制或塑料制横幅240006，纺织品制或塑料制旗240042，纺织品制或塑料制旗帜240043

2411 寿衣

寿衣240041

第二十五类

服装，鞋，帽。

【注释】

第二十五类主要包括人用的服装、鞋和帽。

本类尤其包括：

——服装、鞋和帽部件，例如：袖口，口袋，成品衬里，鞋跟和后跟，帽檐，帽衬架（支撑架）；

——运动服和运动鞋，例如：滑雪手套，背心式紧身运动衣，骑自行车服装，柔道服和空手道服，足球鞋，体操鞋，滑雪靴；

——化装舞会用服装；

——纸衣服，纸帽子（服装）；

——非纸制围涎；

——西服袋巾；

——非电暖脚套。

本类尤其不包括：

——制鞋用小五金件，例如：金属制鞋钉和鞋销钉（第六类）和非金属制鞋钉和鞋销钉（第二十类），以及用于服装、鞋、帽的缝纫附件和扣件，例如：扣钩，扣子，拉链，饰带，帽带，帽用饰物和鞋用饰物（第二十六类）；

——某些特殊用途的服装、鞋和帽，例如：安全头盔，包括运动用的（第九类），防火服装（第九类），手术衣（第十类），矫形鞋（第十类），以及进行某项运动所必需的服装和鞋，例如：棒球手套，拳击手套，（冰刀）冰鞋，连冰刀的溜冰鞋（第二十八类）；

——电热服装（第十一类）；

——电暖脚套（第十一类），婴儿车和平卧式婴儿车专用脚套（第十二类）；

——纸围涎（第十六类）；

——纸制手帕（第十六类）和纺织品制手帕（第二十四类）；

——动物服装（第十八类）；

——狂欢节面具（第二十八类）；

——玩具娃娃衣（第二十八类）；

——纸制晚会帽（第二十八类）。

2501 衣物

工装裤250010，工作服250010，毛衣250034，套头衫250034，衬衫250042，短袖衬衫250044，服装*250045，裘皮服装250049，套服250056，成品衣250057，马裤（穿着）250063，裤子250064，外套250066，针织服装250071，华达呢（服装）250077，马甲250082，上衣250086，防水服250087，紧身套衫250089，裙子250090，仆侍人员、行会会员等穿的制服250093，运动衫250094，围裙（衣服）250096，皮制长外衣250103，连衣裙250109，大衣250115，轻便大衣250115，宽外袍250117，制服250119，呢绒夹克（服装）250120，夹克（服装）250121，纸衣服250122，带兜帽的风雪大衣250143，仿皮服装250150，皮衣250151，莎丽服250154，T恤衫250155，钓鱼背心250159，裙裤250164，斗篷250165，纱笼250166，紧腿裤（裤子）250168，无袖罩裙250169，背心式紧身运动衣250172，和服250181，绣花服装250184，乳胶服装250188，装有LED灯的服装250190

女用背心250022，平脚短裤250023，紧身围腰（女内衣）250025，内衣250026，睡袍250033，紧身衣裤250051，连裤内衣250053，吸汗内衣250054，胸衣250055，紧身胸衣（内衣）250078，背心250082，海滨浴场用衣250104，睡衣裤250108，睡衣250108，内裤250112，乳罩250114，浴衣250127，衬裙250144，连身衬裙250146，女式连身内衣250147，女式内裤250171，胸贴250192

护衣汗垫250017，衣领（衣服）250020，衬衫前胸250043，可拆的衣领250050，成品衬里（服装的一部分）250068，衬衫抵肩250072，袖口250095，袖口（衣服）250095，服装口袋250106

※ 风衣C250001，羽绒服装C250002，旗袍C250003，妇女腹带C250004，童装C250005，磁疗衣C250006，胸罩衬垫（胸衬、胸垫）C250007，红外线衣C250030，药物用衣C250031，摄影背心C250032

注：1. 内裤，女士内裤与0506月经内裤，卫生内裤类似，与第九版及以前版本0506卫生衬裤，卫生紧身内裤，卫生短内裤，卫生女裤，月经短内裤交叉检索；
2. 童装与2502类似；
3. 本类似群与第九版及以前版本2505莎丽服交叉检索；
4. 跨类似群保护商品：服装（2501，2502，2503，2504，2505），防水服（2501，2504）；
5. 服装与2513婚纱类似。

2502 婴儿纺织用品

服装*250045，婴儿裤（内衣）250058，婴儿全套衣250092，非纸制围涎250128，非纸制带袖围涎250182

注：1. 本类似群与2501童装类似；
2. 跨类似群保护商品：服装（2501，2502，2503，2504，2505）。

2503 特种运动服装

驾驶员服装250002，服装*250045，滑水防潮服250052，骑自行车服装250065，游泳帽250124，游泳裤250125，男用游泳裤250125，游泳衣250126，体操服250149，空手道服250178，柔道服250179，（杂技、舞蹈等演员穿的）紧身连衣裤250180，冲浪服250189

※ 摔跤服C250010

注：跨类似群保护商品：服装（2501，2502，2503，2504，2505）。

2504 不透水服装

服装*250045，防水服250087

※ 雨衣C250011，雨披C250033

注：1. 防水服与0919防水衣类似；
　　2. 跨类似群保护商品：服装（2501，2502，2503，2504，2505），防水服（2501，2504）。

2505 戏装

服装*250045，化装舞会用服装250153

※ 戏装C250012，秧歌服C250013，舞衣C250014

注：跨类似群保护商品：服装（2501，2502，2503，2504，2505）。

#2506 特殊用鞋

注：本类似群第十版时移入2507类似群。

2507 鞋

足球靴250075，足球鞋250075，体操鞋250085，足球鞋钉250134，滑雪靴250145
鞋（脚上的穿着物）*250003，浴室凉鞋250004，浴室拖鞋250005，靴*250014，中筒靴250015，

系带靴子 250019，草鞋 250073，套鞋 250080，高筒橡胶套鞋 250080，拖鞋 250101，海滨浴场用鞋 250105，木鞋 250110，凉鞋 250111，鞋 *250130，运动鞋 *250132，运动靴 *250141，毡靴 250173，短靴 250175

鞋用防滑配件 250001，鞋尖 250016，靴帮 250040，鞋内底 250041，鞋用金属配件 250048，鞋面 250061，护腿鞋罩 250062，护踝鞋罩 250062，护腿鞋罩用系带 250083，裤脚系带 250083，鞋后跟 250116，鞋用滚边 250118，鞋底 250129，鞋跟 250131，鞋跟保护套 250185

※ 跳鞋 C250015，跑鞋（带金属钉）C250016，爬山鞋 C250017，雨鞋 C250018，鞋垫 C250019，爬山鞋（带金属钉）C250029

注：本类似群与第九版及以前版本 2506 交叉检索。

2508 帽

贝雷帽 250009，帽子 250012，无檐便帽 250024，风帽（服装）250027，帽衬架（支撑架）250028，帽檐 250030，帽 250046，耳套（服装）250059，大礼帽 250076，僧帽（帽子）250100，头带（服装）250142，纸帽子（服装）250162，空顶帽 250170，帽（头戴物）250186

※ 斗笠 C250020

2509 袜

长袜 250006，吸汗长袜 250007，长袜后跟 250008，袜 250013，短袜 250036，吊袜带 250037，袜带 250038，吊袜带（长袜用）250039，紧腿裤（暖腿套）250088，暖腿套 250088，非电暖脚套 250133，吸汗袜 250176

※ 袜裤 C250022，袜套 C250023

2510 手套（不包括特种手套）

手套（服装）250067，手笼（服装）250097，露指手套 250099，滑雪手套 250167，连指手套 250187

2511 领带，围巾，披巾，面纱

长皮毛围巾（披肩）250011，脖套 250021，披肩 250032，领带 250060，围巾 250069，裘皮披肩 250074，女式披肩 250102，面纱（服装）250123，班丹纳方绸（围巾）250148，披巾 250152，包头巾 250156，爱斯科式领带 250157，西服袋巾 250161，头巾 250191

※ 领花 C250024，领结 C250025，领巾 C250026

2512 腰带，服装带

衣服吊带 250018，背带 250018，服装带（衣服）250031，腰带 250079，钱带（服装）250160

※ 皮带（服饰用）C250027

注：腰带，皮带（服饰用）与 2603 皮带扣类似。

2513 单一商品

（一）十字褡 250035，修女头巾 250084，神父左臂上佩戴的饰带 250098，（牧师、神父穿的）白麻布长袍 250174

※ 宗教服装 C250034

（二）服装绶带 250070

浴帽 250158

睡眠用眼罩 250163

理发用披肩 250177

※ 婚纱 C250028

注：1. 本类似群各部分之间商品不类似；
　　2. 本类似群第（二）部分为单一商品，各自然段间互不类似；
　　3. 婚纱与 2501 服装类似。

第二十六类

花边，编带和刺绣品，缝纫用饰带和蝴蝶结；纽扣，领钩扣，饰针和缝针；人造花；发饰；假发。

【注释】

第二十六类主要包括缝纫用品，用于佩戴的天然或人造毛发，头发装饰品，以及用于装饰其他物品的、不属别类的小件物品。

本类尤其包括：

——假发套，遮秃假发，假胡须；

——发夹和发带；

——用作缝纫用品或发饰的各类材质制饰带和蝴蝶结；

——礼品包装用非纸制饰带和非纸制蝴蝶结；

——发网；

——扣子和拉链；

——非用于首饰、钥匙圈和钥匙链的小饰物；

——人造花制圣诞花环，包括带灯饰的；

——某些卷发用品，例如：电和非电发卷（非手工具），卷发夹，卷发纸。

本类尤其不包括：

——假睫毛（第三类）；

——作为小五金具的金属钩子（第六类）和非金属钩子（第二十类），窗帘钩（第二十类）；

——某些特种针，例如：文身针（第八类），罗盘仪针（第九类），医用针（第十类），运动球类充气用气针（第二十八类）；

——卷毛发用手工具，例如：烫发钳，卷睫毛夹（第八类）；

——植发用毛发（第十类）；

——首饰用小饰物，用于钥匙圈或钥匙链的小饰物（第十四类）；

——某些饰带和蝴蝶结，例如：纸带和纸蝴蝶结（非缝纫用品、非发饰）（第十六类），艺术体操用彩带（第二十八类）；

——纺织用纱和线（第二十三类）；

——合成材料制圣诞树（第二十八类）。

2601 花边，饰品及编带

发带 260013，衣服饰边 260018，花边 260019，箍袖带 260023，鞋带 260034，衣边带 260047，假

褶边 260056，流苏花边 260060，编带 260062，流苏（缝纫用品）260063，褶边（花边）260066，毛线花边 260067，花边饰品 260068，衣服的金银饰带 260068，缝纫用饰带 260076，饰边小环（花边）260080，裙子荷叶边 260084，服装褶边 260086，松紧带 260095，饰边带 260096，窗帘边幅带 260120，帽带 260139，礼品包装用非纸制饰带和蝴蝶结 260141，缝纫用蝴蝶结 260142

刺绣品 260028，花哨的小商品（绣制品）260028，花彩装饰（绣制品）260057，银线制绣品 260093，金线制绣品 260094

※ 丝边 C260001，帽边 C260002，背包带 C260003，拉链带 C260005，线带 C260006，飘带 C260007，花线扎带 C260008，线轮带 C260009，荷包袋 C260011，绳编工艺品 C260023

注：本类似群与 2602 第一自然段类似。

2602 不属别类的服饰品，饰针

鸵鸟羽毛（服装附属品）260011，帽用饰物 260016，鞋用饰物 260035，绳绒线织物（花边）260037，衣服装饰品 260064，云母亮片（服饰用）260071，鸟羽毛（服装配件）260074，衣服装饰用亮片 260077，羽毛（服装饰件）260082，头饰（小绒球）260083，玫瑰花饰（缝纫用品）260085，非制首饰用珠子 260123，补花（缝纫用品）260128，小饰物（非首饰、非钥匙圈、非钥匙链用）260133，帽子用非装饰别针 260143

发卡 260015，臂章 260024，臂带（服装配件）260024，胸针（服装配件）260027，头发装饰品 260038，卷发夹 260039，发夹 260040，发针 260041，发网 260042，长别针 260090，别针（非首饰）260100，非贵金属制佩戴徽章 260101，装饰徽章（扣）260113，发用蝴蝶结 260114，染发用帽 260115，绶带 260117，卷发纸 260121，电和非电的发卷（非手工具）260127，头发饰带 260140

注：1. 第一自然段与 2601 类似；
2. 电和非电的发卷（非手工具）与 0806 烫发钳，烫发用铁夹，卷发用手工具类似，与第九版及以前版本 0806 卷发用手工具（非电），0924 电热卷发器交叉检索。

2603 纽扣，领钩扣，拉链

鞋扣（鞋链）260001，服装扣 260010，纽扣 *260021，搋扣 260022，背带钩扣 260026，吊带钩扣 260026，皮带扣 260031，鞋钩 260033，鞋眼 260036，胸衣扣 260048，女衫纽扣 260048，挂钩（缝纫用品）260052，拉链 260053，服装扣眼 260073，手提袋拉链 260087，包用拉链 260087，鞋扣 260088，扣子（服装配件）260097，紧身胸衣钩 260098，搭扣带 260116，骑自行车者用的裤夹 260119，地毯钩 260122，内衣胶带 260145

※ 尼龙搭扣 C260012

注：1. 皮带扣与2512腰带，皮带（服饰用）类似；
　　2. 本类似群与第八版及以前版本1403贵重金属扣交叉检索。

2604 假发，假胡须

假胡须260014，假发260043，发辫260044，发束260044，假髭260072，假发套260079，遮秃假发260089，接发片260125，人类的头发260126

2605 缝纫用具（线除外）

针*260002，鞋匠用针260003，缝纫针260004，梳羊毛机用针260005，装订针260006，织补针260007，马具用针260008，编织针260009，针线盒260049，缝纫用顶针260050，钩针260051，针插260055，织渔网的梭260058，除线以外的缝纫用品*260070，针插260078，针盒260091，针匣260092，绣花丝线或绒线用绕轴（非机器部件）260124，针线套装260130，昆虫针260131，绣花针260132，缝针穿线器260134

※ 针织机针C260013，纺织钢针C260014，罗纹针C260015，双头针C260016，经编机针C260017，横机针C260018，棉毛针C260019，毛衣针C260020

注：1. 本类似群与第八版及以前版本1402贵重金属针，贵重金属针盒交叉检索；
　　2. 本类似群与第十版及以前版本1611昆虫针交叉检索；
　　3. 本类似群与第十一版及以前版本0808针钩穿线器，第十版及以前版本0808缝针穿线器交叉检索。

2606 假花

人造花260059，人造水果260061，人造花环260065，人造花制花环260099，除圣诞树以外的人造植物260129，人造圣诞花环260135，带灯饰的人造圣诞花环260136，人造花制圣诞花环260137，带灯饰的人造花制圣诞花环260138

※ 人造盆景C260021，纸拉花C260022

2607 硬托衬骨

妇女紧身衣上衬骨260012，胸罩衬骨260012，织补架260020，衣领托260046，服装垫肩260118

2608 修补纺织品用热粘胶片

修补纺织品用热黏合补片 260081，纺织品装饰用热黏合补片（缝纫用品）260111

2609 亚麻布标记用品

亚麻织品标记用数字或字母 260032，亚麻织品标记用交织字母饰片 260032，亚麻织品标记用数字 260045，亚麻织品标记用字母 260069，竞赛者用号码 260112

#2610 茶壶保暖套

注：本类似群第十版时移入 2111 类似群。

2611 单一商品

提胸贴片 260144

第二十七类

地毯，地席，亚麻油地毡及其他铺在已建成地板上的材料；非纺织品制壁挂。

【注释】

第二十七类主要包括作为覆盖物铺在已建成的地板和墙壁上的制品。

本类尤其包括：

——汽车用脚垫；

——作为地板覆盖物的垫，例如：浴室防滑垫，门前擦鞋垫，体操垫，瑜伽垫；

——人工草皮；

——墙纸，包括纺织品制墙纸。

本类尤其不包括：

——金属制地板、铺地材料和地板砖（第六类），非金属制地板、铺地材料和地板砖（第十九类），木地板条（第十九类）；

——电热地毯（第十一类）；

——土工布（第十九类）；

——婴儿游戏围栏用垫（第二十类）；

——纺织品制壁挂（第二十四类）。

2701 地毯

地毯 270011，小地毯 *270011

注：本类似群与2403纺织品制墙上挂毯，纺织品制壁挂类似，与第九版及以前版本2403纺织品挂毯（墙上挂帘帷），纺织品壁挂交叉检索。

2702 席类

垫席 *270006，苇席 270009

※ 席 C270001，枕席 C270002

2703 垫及其他可移动铺地板用品

浴室防滑垫 270001，地板覆盖物 270002，人工草皮 270003，体操垫 270004，健身用垫 270004，门前擦鞋垫 270008，汽车用脚垫 270010，防滑垫 270012，亚麻油地毡 270014，地毯底衬 270015，乙烯地板覆盖物 270016，滑雪斜坡用编织绳垫 270017，壁炉或烧烤架用耐火地垫 270019，瑜伽垫 270020，榻榻米垫 270021

※ 地垫 C270003，橡胶地垫 C270004

2704 墙纸，非纺织品墙帷及非纺织品壁挂

墙纸 270007，非纺织品制壁挂 270013，纺织品制墙纸 270018，纺织品制墙壁遮盖物 270022

> 注：非纺织品制壁挂与 2403 纺织品制墙上挂毯，纺织品制壁挂类似，与第九版及以前版本 2403 纺织品挂毯（墙上挂帘帷），纺织品壁挂交叉检索。

第二十八类

游戏器具和玩具；视频游戏装置；体育和运动用品；圣诞树用装饰品。

【注释】

第二十八类主要包括玩具和游戏装置，体育设备，娱乐及创意道具，以及某些圣诞树用装饰品。

本类尤其包括：

——娱乐和游戏装置，包括其控制器；

——恶作剧和聚会用创意玩具，例如：狂欢节面具，纸制晚会帽，五彩纸屑，聚会用爆竹和圣诞拉炮；

——打猎和钓鱼用具，例如：钓鱼竿，钓鱼用抄网，诱饵，狩猎用哨子；

——各种运动和游戏设备。

本类尤其不包括：

——圣诞树用的蜡烛（第四类），圣诞树用电灯（第十一类），圣诞树用糖果和巧克力装饰物（第三十类）；

——潜水装备（第九类）；

——性玩具和性爱娃娃（第十类）；

——体育和运动用服装（第二十五类）；

——某些按照其他功能和用途分类的体育运动装备，例如：运动用头盔、护目镜和护齿（第九类），体育用火器（第十三类），健身用垫（第二十七类）；以及某些按照其他功能和用途分类的打猎和钓鱼用具，例如：猎刀（第八类），鱼叉（第八类），猎枪（第十三类），渔网（第二十二类）。

2801 娱乐器械，娱乐物品

游戏器具 *280079

（一）桌式足球桌 280070，游戏机 280128，自动和投币启动的游戏机 280189，视频游戏机器 280214，带有液晶显示屏的便携式游戏机 280215，娱乐场用视频游戏机 280216，游戏机控制器 280217，视频游戏操纵杆 280228，便携式游戏机屏幕专用保护膜 280229，视频游戏机 280255，玩视频游戏用手持设备 280256

（二）游戏套环 280005，秋千 280010，摇摆木马 280014，九柱戏木柱 280022，游戏用弹子 280023，风筝 280036，风筝线轴 280037，游戏用筹码 280040，掷环游戏用铁圈 280097，魔术器械 280105，九柱戏器具 280106，滑梯（玩具）280149，游乐场骑乘玩具 280157，弹球机 280199

※ 电动游艺车 C280001，转椅 C280003，荡椅 C280006，云梯 C280008，浪船 C280010，摇船 C280011，

滚环 C280012，大积木 C280013，转马 C280014

注：1. 本类似群第一自然段商品与各部分商品均类似；

2. 本类似群各部分之间商品不类似；

3. 第（一）部分与第九版及以前版本 0908 与外接显示屏或监视器连用的娱乐器具，与外接显示屏或监视器连用的游戏机，第八版及以前版本 0908 与电视机连用的娱乐器具，与电视连用的游戏机，第七版及以前版本 0908 自动和投币启动的游戏机交叉检索；

4. 大积木与 2802 积木（玩具）类似；

5. 便携式游戏机屏幕专用保护膜与第十版及以前版本 1703 已接受商品便携式游戏机屏幕保护膜交叉检索。

2802 玩具

手枪火帽（玩具）280003，宠物用玩具 280004，玩具气球 280012，玩具娃娃进食瓶 280016，玩具*280024，积木（玩具）280025，盖房玩具 280041，聚会用新奇玩具 280045，多米诺骨牌 280054，玩具手枪 280058，恶作剧玩具 280062，拨浪鼓（玩具）280077，室内游戏玩具 280078，玩具娃娃床 280085，玩具小房子 280086，木偶 280087，牵线木偶 280087，玩具娃娃 280088，演戏面具 280089，狂欢节面具 280090，成比例的模型车 280091，玩具娃娃衣 280103，玩具小屋 280104，陀螺（玩具）280112，滑板车（玩具）280115，玩具气枪 280117，起爆帽（玩具）280118，火帽（玩具）280118，玩具风铃 280145，玩具熊 280151，飞盘（玩具）280158，玩具用马蹄铁 280159，长毛绒玩具 280161，肥皂泡（玩具）280162，玩具车 280163，捕蝴蝶用网 280165，拼图玩具 280168，雪景球 280175，节日悬挂、由儿童击破以获得其中玩具和糖果的彩饰陶罐 280183，遥控玩具汽车 280185，万花筒 280190，五彩纸屑 280192，比例模型套件（玩具）280198，纸制晚会帽 280204，填充玩具 280208，玩具模型 280218，玩具小塑像 280219，面具（玩具）280222，俄罗斯套娃 280223，玩具用控制器 280224，航模用陀螺仪和飞行稳定器 280227，玩具无人机 280230，玩具机器人 280231，婴儿健身架 280234，带安抚巾的毛绒玩具 280235，幼儿用三轮脚踏车（玩具）280236，仿真化妆品玩具 280237，游泳池充气漂浮物 280238，聚会彩炮（聚会助兴道具）280240，橡皮泥（玩具）280241，面泥（玩具）280242，回力镖 280244，游泳池充气游戏器具 280249，游戏用帐篷 280254，儿童游戏屋 280257

※ 玩具风车 C280009，玩具汽车 C280015，智能玩具 C280016，模型飞机材料 C280017，玩具手表 C280018，玩具照相机 C280019，玩具望远镜 C280020，电子永动器（永磁摆动玩具）C280022，礼花玩具（非燃放型礼花）C280023，激光启动的玩具 C280097

注：1. 积木（玩具）与 2801 大积木类似；

2. 本类似群与第七版及以前版本 0911 万花筒交叉检索；

3. 本类似群与第七版及以前版本 1603 五彩纸屑交叉检索；

4. 玩具风车与第十版及以前版本 2801 风车交叉检索；

5. 本类似群与第十版及以前版本 2801 木偶，牵线木偶交叉检索；

6. 橡皮泥（玩具），面泥（玩具）与 1620 模型用聚合物制黏土类似，与第十一版及以前版本 1620 已接受商品橡皮泥交叉检索。

2803 棋，牌及辅助器材

国际跳棋 280049，骰子 280050，国际象棋 280055，国际象棋棋盘 280056，跳棋棋盘 280057，骰子杯 280074，十五子棋 280114，棋盘游戏器具 280156，麻将牌 280160，宾果游戏牌 280178，纸牌 280191，扑克牌 280191，游戏用集换式卡片 280245

※ 棋 C280024，象棋 C280025，跳棋 C280027，围棋 C280028，足球棋 C280029，动物棋 C280030，克朗棋 C280031，全自动麻将桌 C280033

注：本类似群与第七版及以前版本 1608 交叉检索。

2804 球类及器材

运动球类球胆 280001，体育活动用球 280011，台球桌垫 280013，台球 280019，台球球杆用白垩 280020，台球记分器 280021，运动用球 280030，保龄球设备和器械 280031，球拍用肠线 280033，高尔夫球杆 280034，球拍线 280042，板球包 280047，曲棍球棒 280048，带轮或不带轮的高尔夫球袋 280061，运动用网 280064，网球场地用网 280065，球拍 280081，球棒 280081，乒乓球台 280111，羽毛球 280116，台球杆 280121，台球球杆头 280122，台球桌 280123，投币启动式台球桌 280124，网球抛球仪器 280173，修复草皮工具（高尔夫球运动用）280179，高尔夫果岭叉 280179，投球机 280220，高尔夫球袋车 280225，运动球类充气用气针 280232，运动球类充气专用气泵 280233，高尔夫球袋吊牌 280259

※ 网球拍 C280034，羽毛球拍 C280035，乒乓球拍 C280036，板羽球拍 C280037，球网 C280038，门球器材 C280039，球拍胶粒 C280040，球及球拍专用袋 C280041，高尔夫球的清洁机（高尔夫球运动用或高尔夫球场用）C280098，高尔夫球的挑选机（高尔夫球运动用或高尔夫球场用）C280099，高尔夫球的运送机（高尔夫球运动用或高尔夫球场用）C280100，高尔夫球的分配机（高尔夫球运动用或高尔夫球场用）C280101

2805 健身器材

锻炼用固定自行车 280017，锻炼身体肌肉器械 280044，锻炼身体器械 280044，使身体复原的器械 280044，扩胸器（锻炼肌肉用）280051，锻炼用扩胸器 280051，锻炼用固定自行车滚轴 280059，悬挂式

滑行器 280127，哑铃 280221，瘦腰锻炼腰带 280246

※ 握力器 C280042，压力器 C280043，拉力器 C280044，练身手榴弹 C280045，健身球 C280046，健胸器 C280047，健美器 C280048，健身床 C280049，健身摇摆机 C280050

注：本类似群与 2807 杠铃，举重器具类似。

2806 射箭运动器材

箭弓 280007，射箭用器具 280008，靶 280038，泥鸽投射器 280080，泥鸽（靶子）280101，电子靶 280193

2807 体操、举重、田径、冰雪及属于本类的其他运动器材

（一）滑雪板边刃 280009，有舵雪车 280026，体育活动器械 280043，运动铁饼 280052，滑雪板捆绑带 280066，飞镖 280067，鱼叉枪（体育用品）280071，杠铃 280075，海豹皮（盖滑雪板用）280100，冲浪板 280102，滑雪板底部覆盖物 280109，滑雪板 280110，雪橇（体育用品）280113，冲浪皮划艇 280125，帆板 280126，体操器械 280129，击剑用武器 280130，登山套具 280142，滑翔伞 280146，滑板 280148，跳板（运动器材）280150，滑水橇 280152，滑雪板和冲浪板专用袋 280166，风帆滑水板用挽具 280167，风帆滑水板用桅杆 280169，彩弹枪（体育器具）280170，彩弹（彩弹枪用弹药）（体育器具）280171，冲浪板用带 280172，起跑器（体育运动用）280174，趴板（冲浪板）280177，拳击用吊袋 280184，弹弓（体育用品）280188，滑雪单板 280197，上升器（登山设备）280201，蹦床 280209，撑杆跳高用撑杆 280210，桨式冲浪板 280226，艺术体操用彩带 280239，越野滑轮 280250，滑雪杖 280251，越野滑轮用滑行手杖 280252，瑜伽吊床 280253，钢架雪车 280260

※ 单杠 C280051，双杠 C280052，高低杠 C280053，平衡木 C280054，双环 C280055，鞍马 C280056，跳箱 C280057，跳跃器 C280058，吊绳 C280059，铅球 C280060，举重器具 C280061，爬杆 C280062，吊环滑车 C280064，藤圈 C280066，体操凳 C280067，助跑器 C280068，倒立台 C280070，体操台 C280071，跳高架 C280072，撑高跳竿 C280073，运动绳（跳绳、拔河绳）C280074，发令枪 C280077，民族体育运动器具（刀、剑）C280078，飞盘 C280080，沙箱 C280081，运动负重用沙袋 C280083，毽子 C280102

（二）狩猎用哨子 280180

注：1. 本类似群各部分之间商品不类似；

2. 滑翔伞与 1209 降落伞类似；

3. 杠铃，举重器具与 2805 类似；

4. 滑板与第八版及以前版本 2802 滑板（玩具）交叉检索；

5. 第（一）部分与第九版及以前版本 2801 毽子交叉检索。

2808 游泳池及跑道

（一）游泳池（娱乐用品）280095

（二）※ 塑胶跑道 C280084

注：本类似群各部分之间商品不类似。

2809 运动防护器具及冰鞋

（一）击球手用手套（运动器件）280015，拳击手套 280032，护胫（体育用品）280046，竞技手套 280072，游泳脚蹼 280093，击剑用面罩 280131，击剑用防护手套 280132，击剑手套 280132，棒球手套 280141，护肘（体育用品）280143，护膝（体育用品）280144，保护垫（运动服部件）280147，高尔夫球手套 280153，举重用皮带（体育用品）280176，运动员用松香 280186，男性下体弹力护身（体育用品）280196，游泳用打水板 280205，翼型浮袋 280211，游泳浮带 280212，游泳浮力背心 280213，潜水用脚蹼 280247，游泳手蹼 280248，男性运动护裆 280258

※ 运动用护腰 C280085，运动用护掌 C280086，运动用护腿 C280087，运动用护臂 C280088，运动用护肚 C280089，运动腰带 C280090，运动用护面 C280091，运动用护胸 C280092，运动用护腕 C280094，游泳圈 C280103

（二）连冰刀的溜冰鞋 280028，旱冰鞋 280098，（冰刀）冰鞋 280099，轮滑鞋 280182，雪鞋 280187

注：1. 本类似群各部分之间商品不类似；

2. 翼型浮袋，游泳圈，游泳浮力背心与 0919 救生圈，救生衣类似，与第九版及以前版本 0919 游泳救生圈，游泳救生衣交叉检索；

3. 第（一）部分与第十一版及以前版本 2807 第（一）部分游泳用打水板，第九版及以前版本 0919 洗澡或游泳用浮囊，游泳圈交叉检索。

2810 圣诞树用的装饰品

合成材料制圣诞树 280006，圣诞拉炮（聚会助兴道具）280027，圣诞树用烛台 280029，圣诞树用小铃 280039，圣诞树用人造雪 280096，圣诞树用装饰品（灯、蜡烛和糖果除外）280119，圣诞树架 280120

2811 钓具

人造钓鱼饵 280002，钓鱼竿 280035，钓鱼用抄网 280060，钓鱼用浮子 280069，钓鱼钩 280076，狩猎或钓鱼用拟饵 280082，狩猎或钓鱼用假饵 280082，钓鱼用具 280083，钓鱼线 280084，钓鱼用绕线轮 280092，渔篓（捕鱼陷阱）280094，钓鱼用肠线 280107，咬钩指示器（钓具）280154，咬钩传感器（钓具）280155，狩猎或钓鱼用香味诱饵 280194

2812 单一商品

拉拉队用指挥棒 280164

伪装掩蔽物（体育用品）280195

抽奖用刮刮卡 280207

※ 球拍用吸汗带 C280096，运动用吸汗带 C280104

注：1. 本类似群为单一商品，各自然段间互不类似；
2. 抽奖用刮刮卡与第九版及以前版本 16 类 1605 已接受商品彩票，刮刮卡等类似商品交叉检索。

第二十九类

肉,鱼,家禽和野味;肉汁;腌渍、冷冻、干制及煮熟的水果和蔬菜;果冻,果酱,蜜饯;蛋;奶,奶酪,黄油,酸奶和其他奶制品;食用油和油脂。

【注释】

第二十九类主要包括为食用目的而预制或腌制的动物性食品、蔬菜和其他园艺产品。

本类尤其包括:

——以肉、鱼、水果或蔬菜为主的食品;

——可食用昆虫;

——以奶为主的奶饮料;

——牛奶替代品,例如:杏仁浆,椰浆,花生浆,米浆,豆奶;

——腌制蘑菇;

——供人食用的加工过的豆类和坚果;

——人食用的加工过的种子(非用作调味品的)。

本类尤其不包括:

——非食用油和油脂,例如:香精油(第三类),工业用油(第四类),医用蓖麻油(第五类);

——婴儿食品(第五类);

——医用营养食物和物质(第五类);

——膳食补充剂(第五类);

——色拉用调味品(第三十类);

——加工过的种子(用作调味品的)(第三十类);

——裹巧克力的坚果(第三十类);

——新鲜和未加工的水果、蔬菜、坚果和种子(第三十一类);

——动物饲料(第三十一类);

——活动物(第三十一类);

——种植用种子(第三十一类)。

2901 肉,非活的家禽,野味,肉汁

血肠290013,牛肉清汤290014,肉汤290014,牛肉清汤汤料290015,猪肉食品290018,牛肉清汤浓缩汁290023,肉汤浓缩汁290023,炸肉饼290036,肉290046,肉冻290049,猎物(非活)290050,

火腿290063，肉汁290068，培根290076，食用动物骨髓290081，肝酱290088，香肠290097，盐腌肉290098，食用肚290112，家禽（非活）290114，肝290124，腌制肉290137，猪肉290142，裹面糊的香肠290153，日式烤鸡肉串290193，韩式烤牛肉290194，冻干肉290203，热狗肠290214，玉米热狗肠290215，沙嗲烤肉串290235，法式油封鸭290239，法式内脏肠290240，白香肠290241

食用蜗牛蛋290139，人食用蚕蛹290151，预制可食用蚂蚁卵290209，可食用昆虫（非活）290210，软体动物（非活）290251

食用燕窝290143

※风肠C290002，板鸭C290003，肉片C290004，肉干C290005，肉脯C290006，冻田鸡腿C290007，肉松C290008，肉糜C290009，蜂蛹C290010，熏肉C290114

注：1. 肉汁，牛肉清汤，牛肉清汤汤料，肉汤，肉汤浓缩汁，牛肉清汤浓缩汁与2905汤，3016调味肉汁类似；

2. 本类似群与第十版及以前版本2906食用蜗牛蛋交叉检索。

2902 非活水产品

（一）食用海藻提取物290002

（二）鳀鱼（非活）290006，鱼子酱290016，甲壳动物（非活）290037，小龙虾（非活）290040，鱼片290041，鱼（非活）290047，鲱鱼（非活）290055，龙虾（非活）290057，牡蛎（非活）290061，食用鱼胶290062，多刺龙虾（非活）290075，贝壳类动物（非活）290082，贻贝（非活）290083，沙丁鱼（非活）290106，鲑鱼（非活）290107，金枪鱼（非活）290109，鱼制食品290125，蛤（非活）290132，明虾（非活）290135，腌制鱼290136，虾（非活）290138，人食用鱼粉290145，盐腌鱼290149，海参（非活）290150，鱼慕斯290167，加工过的鱼子290170，腌鳕鱼干290227

※鱼翅C290011，鱼肚C290012，鱼肉干C290013，鱼松C290014，鱿鱼（非活）C290015，海米C290016，虾松C290017，海蜇皮C290018，海胆黄C290019，干贝C290020，蛤蜊干C290021，蚬子干C290022，海螺干C290023，蛏干C290024，虾酱C290025

注：1. 本类似群各部分之间商品不类似；

2. 第（一）部分与第九版及以前版本3005螺旋藻（非医用营养品）交叉检索。

2903 罐头食品（软包装食品不包括在内，随原料制成品归组）

鱼罐头290144，水果罐头290146，肉罐头290147，蔬菜罐头290152

※水产罐头C290026，鹌鹑蛋罐头C290027

2904 腌渍、干制水果及制品

（一）腌制水果290017，脱水椰子290021，冷冻水果290025，葡萄干290027，水果蜜饯290035，糖渍水果290035，椰枣290038，炖熟的水果290043，果肉290045，腌橄榄290090，水果色拉290104，果皮290115，碎杏仁290117，水果片290131，浸酒的水果290133，食用花粉290134，蔓越莓蜜饯290156，以水果为主的零食小吃290160，糖煮水果290179，加工过的水果制成的拼盘290191，腌制浆果290198，加工过的水果290237，糖姜290256

油炸土豆片290019，土豆煎饼290148，土豆片290154，低脂土豆片290176，低脂炸土豆片290176

花生酱290007，果酱290024，柑桔酱290079，苹果泥290155，白芝麻酱290157，鹰嘴豆泥290158，鳄梨酱290199，坚果制抹酱290212，压制成型的果泥290229

※ 桂花C290028，青丝C290029，红丝C290030，糖玫瑰C290031，柿饼C290032，百合干C290033，柑饼C290034，干桂圆C290035，陈皮梅C290036，话梅C290037，干荔枝C290038，山楂片C290039，桂花姜C290040，莲子C290041，干枣C290042，以果蔬为主的零食小吃C290093，椰蓉C290099，莲蓉C290100，芝麻蓉C290101，豆沙C290107，芝麻酱C290115

（二）※ 加工过的槟榔C290094

注：1.本类似群各部分之间商品不类似；
2.食用花粉与3103花粉（原材料）类似；
3.第（一）部分与第八版及以前版本3010膨化土豆片交叉检索；
4.第（一）部分与第八版及以前版本3010膨化水果片、蔬菜片交叉检索；
5.跨类似群保护商品：以果蔬为主的零食小吃（2904第（一）部分，2911）；
6.第（一）部分与第十版及以前版本2909水果色拉交叉检索；
7.第（一）部分与第十版及以前版本3007椰茸，莲茸，芝麻茸，豆沙交叉检索。

2905 腌制、干制蔬菜

德式泡菜290020，汤290026，腌小黄瓜290028，腌制蔬菜290029，熟蔬菜290030，干蔬菜290031，姜酱290051，食用腌黄豆290052，蔬菜汤料290066，烹饪用蔬菜汁290067，腌扁豆290077，腌制的洋葱290089，泡菜290095，腌制豌豆290096，制汤剂290099，番茄泥290101，蔬菜色拉290102，烹调用番茄汁290110，腌制块菌290113，腌制蘑菇290120，腌豆290123，腌紫菜290159，朝鲜泡菜290162，腌辣椒290165，蔬菜慕斯290169，食用预制芦荟290172，腌制蒜290173，番茄酱290184，西葫芦泥290185，茄子泥290186，烹饪用花生浆290187，烹饪用杏仁浆290188，腌制洋蓟290190，炸洋葱圈290200，中东炸豆丸子290201，烹饪用柠檬汁290202，冻干蔬菜290206，加工过的甜玉米粒290211，土豆丸子290213，烹饪用椰浆290221，烹饪用米浆290223，黄豆泥饼290231，加工过的蔬菜290236，法式杂菜烩290238，薯饼290244，烹饪用浓缩蔬菜汁290247，烹饪用浓缩水果汁290248，蔬菜制抹酱290249，食用干花290255，腌制姜290257，酸姜290258

※ 咸菜C290044，五味姜C290045，榨菜C290046，五香萝卜C290047，脱水菜C290048，速冻方便菜肴C290049，冬菜C290050，萝卜干C290051，白菜干C290052，干菜笋C290053，大头菜C290054，黑菜C290055，百合菜C290056，酱菜C290057，腐乳C290058，速冻菜C290059，紫菜C290060，海菜C290061，海带C290062，海带粉C290063，笋干C290064，黄花菜C290065，土豆泥C290109，豌豆粒C290110，速冻玉米C290111，蔬菜制肉替代品C290116

注： 1. 酱菜与3016酱菜（调味品）类似；
2. 番茄泥，烹调用番茄汁，番茄酱与3016番茄酱（调味品），番茄调味酱类似，与第十版及以前版本3016番茄酱交叉检索；
3. 汤与2901肉汁，牛肉清汤，牛肉清汤汤料，肉汤，肉汤浓缩汁，牛肉清汤浓缩汁，3016调味肉汁类似，与第十一版及以前版本2901浓肉汁交叉检索；
4. 本类似群与第十版及以前版本2909蔬菜色拉交叉检索；
5. 本类似群与第十版及以前版本3007速冻玉米交叉检索；
6. 本类似群与第十版及以前版本3009烹饪用米浆交叉检索。

2906 蛋品

蛋清290012，蛋黄290064，蛋*290086，蛋粉290087

※ 咸蛋C290066，皮蛋（松花蛋）C290067，鹌鹑蛋C290068

2907 奶及乳制品

黄油290008，黄油乳脂290011，奶油（奶制品）290033，奶酪290034，奶290039，小牛皱胃中的凝乳（制干酪用）290042，酸奶290065，乳清290073，奶制品290074，人造黄油290078，搅打过的奶油290141，凝乳290161，蛋白奶290174，烹饪用奶发酵剂290178，炼乳290180，斯美塔那酸奶油290181，熟酸乳290182，酸牛奶290183，奶粉*290192，植物奶油290205，炸白干酪饼290228，夸克奶酪290252，乡村奶酪290253

※ 牛奶酱C290097

克非尔奶酒（奶饮料）290070，马奶酒（奶饮料）290071，乳酒（奶饮料）290071，奶饮料（以奶为主）290072，豆奶290163，奶昔290164，无酒精蛋奶酒290168，米浆290189，燕麦浆290204，奶替代品290217，杏仁浆290218，花生浆290219，椰浆290220，以椰浆为主的饮料290222，以杏仁浆为主的饮料290224，以花生浆为主的饮料290225，乳酸饮料290254

※ 奶茶（以奶为主）C290069，可可奶（以奶为主）C290070，豆浆 C290112

※ 豆奶粉 C290098，豆浆精 C290113

注：1. 乳清与3202乳清饮料类似；

2. 酸奶与3013冻酸奶（冰冻甜点）类似；

3. 奶，奶制品，奶饮料（以奶为主），蛋白奶，奶粉与0502婴儿用含乳面粉，婴儿食品，婴儿配方奶粉，婴儿奶粉类似；

4. 第三、四自然段与3001加奶可可饮料，加奶咖啡饮料，加奶巧克力饮料，咖啡饮料，可可饮料，巧克力饮料，3002第（二）部分，3202类似，与第十一版及以前版本3001含牛奶的巧克力饮料，第十版及以前版本3011豆汁交叉检索；

5. 本类似群与第十版及以前版本3011豆浆，豆奶粉，豆浆精，3202豆浆精，第九版及以前版本0502蛋白牛奶，白朊牛奶交叉检索。

2908 食用油脂

食用油脂290005，食用可可脂290009，椰子油脂290010，食用菜油290022，食用菜籽油290022，食用油290032，制食用脂肪用脂肪物290053，涂面包片用脂肪混合物290054，食用玉米油290058，食用棕榈果仁油290059，食用芝麻油290060，食用棕榈油290084，食用橄榄油290091，食用骨油290092，猪油290103，食用板油290108，食用葵花籽油290111，椰子脂290121，食用椰子油290122，食用亚麻籽油290175，烹饪用卵磷脂290177，食用特级初榨橄榄油290207，食用豆油290216

※ 类可可脂 C290072

#2909 色拉

注：本类似群第十版时删除。

2910 食用果胶

明胶 *290003，果冻290044，食用果冻290048，烹饪用果胶290093，烹饪用藻酸盐290116，烹饪用琼脂290250

※ 水晶冻 C290073，琼脂（食用）C290074，口香糖胶基 C290075

注：果冻，食用果冻与3004果冻（糖果）类似。

2911 加工过的坚果

加工过的坚果 290085，加工过的花生 290118，加工过的葵花籽 290166，加工过的种子 *290171，糖渍坚果 290195，已调味的坚果 290196，加工过的榛子 290197

※ 加工过的瓜子 C290076，加工过的松子 C290077，加工过的香榧 C290078，加工过的开心果 C290080，糖炒栗子 C290081，开花豆 C290082，五香豆 C290083，熟芝麻 C290085，以果蔬为主的零食小吃 C290093，糖松子 C290102，糖核桃 C290103，鱼皮花生 C290104，琥珀花生 C290105，怪味豆 C290106

注：1. 跨类似群保护商品：以果蔬为主的零食小吃（2904 第（一）部分，2911）；
2. 本类似群与第十版及以前版本 3004 糖松子，糖核桃，鱼皮花生，琥珀花生，怪味豆交叉检索。

2912 菌类干制品

※ 冬菇 C290086，木耳 C290087，干食用菌 C290089

2913 食物蛋白，豆腐制品

烹饪用蛋白 290001，豆腐 290140，腐皮 290230，豆腐饼 290232，丹贝（发酵豆饼）290234
※ 豆腐制品 C290090，腐竹 C290091，食用面筋 C290108

注：本类似群与第十版及以前版本 3011 食用面筋交叉检索。

2914 肠衣

天然或人造的香肠肠衣 290226

注：本类似群与第十版及以前版本 1807 交叉检索。

第三十类

咖啡，茶，可可和咖啡代用品；米，意式面食，面条；食用淀粉和西米；面粉和谷类制品；面包、糕点和甜食；巧克力；冰淇淋，果汁刨冰和其他食用冰；糖，蜂蜜，糖浆；鲜酵母，发酵粉；食盐，调味料，香辛料，腌制香草；醋，调味酱汁和其他调味品；冰（冻结的水）。

【注释】

第三十类主要包括为食用目的而预制或腌制的植物性食品（水果和蔬菜除外），以及食品调味佐料。

本类尤其包括：

——以咖啡、可可、巧克力或茶为主的饮料；

——供人食用的加工过的谷物，例如：燕麦片，玉米片，去壳大麦，碾碎的干小麦，木斯里麦片；

——比萨饼，馅饼（点心），三明治；

——裹巧克力的坚果；

——除香精油外的食品或饮料用调味品。

本类尤其不包括：

——工业用盐（第一类）；

——食品或饮料用调味香精油（第三类）；

——药茶和医用营养食物和物质（第五类）；

——婴儿食品（第五类）；

——膳食补充剂（第五类）；

——药用酵母（第五类），动物食用酵母（第三十一类）；

——咖啡味、可可味、巧克力味或茶味牛奶饮料（第二十九类）；

——汤，牛肉清汤（第二十九类）；

——未加工的谷物（第三十一类）；

——新鲜的香草（第三十一类）；

——动物饲料（第三十一类）。

3001 咖啡，咖啡代用品，可可

咖啡用调味品300010，可可300024，咖啡300026，未烘过的咖啡300027，作咖啡代用品的植物制剂300028，菊苣（咖啡代用品）300036，加奶可可饮料300083，加奶咖啡饮料300084，加奶巧克力饮料300085，咖啡饮料300149，可可饮料300150，巧克力饮料300151，人造咖啡300152，巧克力慕斯酱300204，巧克力抹酱300241，含坚果的巧克力抹酱300242，炼奶焦糖酱300249，已填充的咖啡胶囊300286

※麦乳精C300001，乐口福C300002，巧克力酱C300137

注：1.加奶可可饮料，加奶咖啡饮料，加奶巧克力饮料，咖啡饮料，可可饮料，巧克力饮料与2907第三、四自然段，3002第（二）部分，3202类似，与第十版及以前版本2907马或骆驼乳酒（奶饮料），乳酒（牛奶饮料），3011豆浆，豆汁交叉检索；

2.本类似群与第八版及以前版本2904果仁巧克力酱交叉检索。

3002 茶、茶饮料

（一）茶*300037，用作茶叶代用品的花或叶300221，昆布茶300281

※红茶C300146，绿茶C300147，乌龙茶C300148，黄茶C300149，黑茶C300150，白茶C300151，茉莉花茶C300152，铁观音茶C300153

（二）冰茶300186，茶饮料300187，甘菊茶饮料300248

注：1.本类似群各部分之间商品不类似；

2.第（二）部分与2907第三、四自然段，3001加奶可可饮料，加奶咖啡饮料，加奶巧克力饮料，咖啡饮料，可可饮料，巧克力饮料，3202类似，与第十一版及以前版本3001含牛奶的巧克力饮料，第十版及以前版本2907马或骆驼乳酒（奶饮料），乳酒（牛奶饮料），3011豆浆，豆汁交叉检索。

3003 糖

天然增甜剂300053，糖*300069，烹饪用葡萄糖300077，冰糖*300153，棕榈糖300219

※白糖C300004，红糖C300005，方糖C300007

注：1.天然增甜剂与0113人造增甜剂（化学制剂）类似；

2.跨类似群保护商品：糖（3003，3004）。

3004 糖果，南糖，糖

圣诞树装饰用糖果300008，薄荷糖300019，糖果300020，焦香糖果300032，口香糖*300035，巧克力300038，蛋白杏仁糖果300039，甜食300042，软糖（糖果）300067，糖*300069，麦芽糖300094，糖果锭剂300107，果仁糖300116，甘草糖300118，杏仁糖300138，花生糖300139，甘草茎糖（糖果）300147，果冻（糖果）300176，蛋糕用巧克力装饰物300225，蛋糕用糖果装饰物300226，裹巧克力的坚果300227，镜面糖衣300245，水果糖300267，口气清新用薄荷糖300271，口气清新用口香糖300272，牛轧糖300289

※ 南糖C300008，米花糖C300009，黑麻片C300010，糖粘C300011，酥糖C300012，皮糖C300015，人参糖C300016，羊羹C300017，麦丽素C300019，奶片（糖果）C300021

注：1. 果冻（糖果）与2910果冻，食用果冻类似；
2. 跨类似群保护商品：甜食（3004，3006），糖（3003，3004）。

3005 蜂蜜，蜂王浆等营养食品

食品用糖蜜300095，黄色糖浆300096，蜂蜜300098，蜂胶*300166，蜂王浆*300168，龙舌兰糖浆（天然增甜剂）300244

※ 花粉健身膏C300023，龟苓膏C300024，乳鸽精C300025，冰糖燕窝C300026，虫草鸡精C300027，秋梨膏C300028，苓贝梨膏C300029，燕窝梨膏C300030，桂圆膏C300031，荔枝膏C300032，枇杷膏C300033

注：1. 本类似群与0501第（一）部分的第一、二自然段商品（人用药除外）和0502第二、三自然段类似；
2. 黄色糖浆与3203制饮料用糖浆，杏仁糖浆，制柠檬水用糖浆类似，与第九版及以前版本3203制柠檬汁用糖浆，第六版及以前版本柠檬糖浆交叉检索。

3006 面包，糕点

杏仁糊300004，未发酵面包300013，面包干300015，饼干300016，麦芽饼干300017，华夫饼干300022，小圆面包300023，蛋糕300029，甜食300042，即食玉米片300043，薄烤饼300047，姜饼300055，小蛋糕300068，马卡龙300089，面包*300093，馅饼（点心）300104，三明治300106，糕点300108，小黄油饼干300109，面包卷300110，布丁300115，果馅饼300129，燕麦食品300144，燕麦片300145，燕麦粥300146，薄脆饼干300174，蛋奶冻300175，木斯里麦片（由生燕麦、干果和坚果制的早餐食品）300177，米糕300178，面包屑300189，塔博勒色拉（一种由碾碎的干小麦、韭菜、西红柿、薄荷和欧芹制成的黎巴嫩色拉）300190，哈发糕300191，乳蛋饼300192，以谷物为主的零食小吃300195，以米为主的零食小吃300196，糕点用糖霜（糖衣）300203，甜点慕斯（甜食）300205，奶酪汉堡包（三

明治）300208，人食用小麦胚芽 300213，高蛋白谷物条 300214，谷物棒 300218，米布丁 300228，热狗三明治 300253，油炸面包丁 300264，脆米饼 300268，不含麸质的面包 300275，泡芙 300278，羊角面包 300279，多层酥皮巧克力面包 300280，焦糖炖蛋（甜点）300282，椰丝蛋白饼 300285

※ 汉堡包 C300039，麻花 C300040，油茶粉 C300041，茶汤面 C300042，芝麻糊 C300043，豌豆黄 C300044，蜂糕 C300045，热狗 C300046，月饼 C300132，米粉糊 C300133

注：1. 燕麦食品，燕麦片，燕麦粥与 3008 人食用的去壳谷物，薄片（谷类产品）类似，与第八版及以前版本 3008 麦片交叉检索；
2. 跨类似群保护商品：甜食（3004，3006），以谷物为主的零食小吃（3006，3010），以米为主的零食小吃（3006，3010），人食用小麦胚芽（3006，3008）；脆米饼（3006，3010）。

3007 方便食品

比萨饼 300112，（意大利式）方形饺 300117，肉馅饼 300133，法式肉派 300134，古斯古斯饭 300163，寿司 300170，春卷 300183，墨西哥式夹饼 300184，墨西哥式薄饼 300185，俄式肉饺 300224，包子 300231，饺子 300233，咸薄饼 300235，卷饼 300237，紫菜包饭 300238，面粉制丸子 300243，主要由米制成的冻干食品 300246，石锅拌饭 300250，饭团 300251，方便米饭 300252，土豆薄面饼 300265，泡菜煎饼 300269

※ 炒饭 C300048，粥 C300049，年糕 C300050，粽子 C300051，元宵 C300052，煎饼 C300053，八宝饭 C300054，醪糟 C300056，火烧 C300057，大饼 C300058，馒头 C300059，花卷 C300060，豆包 C300061，盒饭 C300062，肉泡馍 C300064，泡粑 C300065，叶儿粑 C300066

注：方便米饭与 3009 方便面，方便粉丝类似。

3008 米，面粉（包括五谷杂粮）

谷类制品 300034，谷粉 *300057，豆类粗粉 300058，玉米粉 300059，玉米面 300059，大麦粗粉 300061，大豆粉 300062，面粉 300063，蛋糕粉 300071，人食用的去壳谷物 300080，玉米（磨过的）300091，玉米（烘过的）300092，去壳大麦 300100，碾碎的大麦 300105，米 300119，西米 300121，粗面粉 300124，粗燕麦粉 300142，去壳燕麦 300143，薄片（谷类产品）300161，玉米片（碾碎的玉米粒）300197，玉米粗粉 300198，人食用小麦胚芽 300213，坚果粉 300229，制咸薄饼用混合粉 300236，加工过的藜麦 300258，碾碎的干小麦 300259，加工过的荞麦 300260，荞麦粉 300261，制面糊用混合粉 300283

※ 汤圆粉 C300072，生糯粉 C300073，米粉（粉状）C300134，小米 C300145，红豆 C300142，绿豆 C300143，黄豆 C300144

注：1. 人食用的去壳谷物，薄片（谷类产品）与3006燕麦食品，燕麦片，燕麦粥类似；
　　2. 跨类似群保护商品：人食用小麦胚芽（3006，3008）；
　　3. 本类似群与第十版及以前版本3011豆粉交叉检索。

3009 面条及米面制品

意式面食300003，做蛋糕用面团300072，通心粉300090，面条300103，意大利面条300126，意式细面条300132，食用麦芽膏300164，人食用麦芽300165，面条为主的预制食物300202，生面团300220，油酥面团300222，食物制作用生米糊300232，拉面300234，可食用纸300239，可食用米纸300240，主要由意式面食制成的冻干食品300247，乌冬面300273，荞麦面条300274，吣沙300277，食用威化纸300284

※ 挂面C300074，方便面C300075，方便粉丝C300075，玉米浆C300076，春卷皮C300077，米粉（条状）C300078

注：1. 方便面，方便粉丝与3007方便米饭类似；
　　2. 可食用纸，可食用米纸与第十版及以前版本1609已接受商品包装用糯米纸交叉检索。

3010 谷物膨化食品

玉米花300044，以谷物为主的零食小吃300195，以米为主的零食小吃300196，脆米饼300268
※ 大米花C300079，虾味条C300080，锅巴C300081，米果（膨化食品）C300082

注：跨类似群保护商品：以谷物为主的零食小吃（3006，3010），以米为主的零食小吃（3006，3010），脆米饼（3006，3010）。

#3011 豆粉，食用预制面筋

注：本类似群第十一版时豆粉移入3008类似群，食用面筋移入2913类似群。

3012 食用淀粉及其制品

烹饪食品用增稠剂300050，食用淀粉300065，香肠黏合料300088，土豆粉*300114，木薯淀粉300127，木薯粉*300128

※ 百合粉 C300088，魔芋粉 C300089，栗粉 C300090，菱角粉 C300091，蕨粉 C300093，粉丝（条）C300094，藕粉 C300095，地瓜粉 C300096，马铃薯粉 C300097，龙虾片 C300098，南瓜粉 C300099

3013 食用冰，冰制品

冰淇淋 300046，冰淇淋凝结剂 300074，天然或人造冰 300075，小吃用冰 300076，果汁刨冰 300125，食用冰 300136，冰淇淋粉 300137，冻酸奶（冰冻甜点）300181，（加入饮料用的）冰块 300254，蜜红豆刨冰 300270，冰棍 300288

※ 冰糕 C300101，冰砖 C300102

注：1. 冻酸奶（冰冻甜点）与 2907 酸奶类似；
2. 果汁刨冰与 3202 无酒精果汁，无酒精果汁饮料，果汁，葡萄汁，柠檬水，未发酵的葡萄汁，果汁冰水（饮料），无酒精饮料，无酒精鸡尾酒，带果肉果汁饮料，酸梅汤，植物饮料，乌梅浓汁（不含酒精）等含果汁的饮料类似，与第十版及以前版本 3202 无酒精果茶交叉检索。

3014 食盐

食物防腐盐 300014，食盐 300049，芹菜盐 300123

注：本类似群与 3015，3016 类似。

3015 酱油，醋

醋 300081，啤酒醋 300148，酱油 300179
※ 酱油防腐粉 C300103，醋精 C300104

注：本类似群与 3014，3016 类似。

3016 芥末，味精，沙司，酱等调味品

海藻（调味品）300002，茴香子 300006，八角大茴香 300007，非医用浸液 300009，调味料 300012，肉桂（调味品）300030，腌制刺山柑花蕾（调味品）300031，咖喱粉（调味品）300033，丁香（调味品）300040，调味品 300041，姜黄 *300051，香辛料 300054，多香果（香料）300056，芥末粉 300060，除香精油外的蛋糕用调味品 300070，姜粉 300073，番茄酱（调味品）300082，芥末 300101，肉豆蔻

300102，辣椒（调味品）300111，胡椒 300113，藏红花（佐料）300120，调味酱汁 300122，烹饪用香草调味品 300130，除香精油外的食物用调味品 300140，除香精油外的饮料用调味品 300141，酱菜（调味品）300162，佐料（调味品）300167，海水（烹饪用）300169，番茄调味酱 300171，蛋黄酱 300172，（印度式）酸辣酱（调味品）300182，色拉用调味品 300188，调味肉汁 300193，味噌 300194，腌制香草（调料）300201，水果酱汁（调味料）300206，腌泡汁 300207，香蒜酱 300209，火腿糖汁 300210，烹饪用亚麻籽（调味品）300212，意式面食调味酱 300217，蒜末（调味品）300230，用作调味品的加工过的种子 300255，芝麻（调味品）300256，酸辣泡菜（调味品）300257，蔓越莓酱（调味品）300262，苹果酱（调味品）300263，酸角（调味品）300276，烹饪用橙花水 300287，哈里萨辣酱（调味品）300290，姜酱（调味品）300291

※ 涮羊肉调料 C300105，豆豉 C300106，香糟 C300107，虾油 C300108，糟油 C300109，蚝油 C300110，鱼露 C300111，鲜虾露 C300112，鸡精（调味品）C300113，鱼沙司 C300114，虾味汁 C300115，桂皮 C300116，果子油 C300117，辣椒油 C300118，花椒粉 C300119，鱼味粉 C300120，五香粉 C300121，海味粉 C300122，食用烟熏多味料 C300123，蒜汁 C300124，味精 C300125，调味酱 C300126，豉油 C300127，料酒 C300141

注：1. 酱菜（调味品）与 2905 酱菜类似；

2. 番茄酱（调味品），番茄调味酱与 2905 番茄泥，烹调用番茄汁，番茄酱类似；

3. 本类似群与 3014，3015 类似；

4. 调味肉汁与 2901 肉汁，牛肉清汤，牛肉清汤汤料，肉汤，肉汤浓缩汁，牛肉清汤浓缩汁，2905 汤类似，与第十一版及以前版本 2901 浓肉汁交叉检索；

5. 除香精油外的饮料用调味品与第十一版及以前版本 3203 饮料香精交叉检索；

6. 本类似群与第十版及以前版本 3301 料酒交叉检索；

7. 跨类似群保护商品：除香精油外的蛋糕用调味品（3016，3018），除香精油外的食物用调味品（3016，3018），除香精油外的饮料用调味品（3016，3018）。

3017 酵母

发面团用酵素 300066，发酵剂 300086，酵母*300087，泡打粉 300199，苏打粉（烹饪用小苏打）300200，烹饪用酒石酸氢钾（塔塔粉）300215

※ 曲种 C300128，酱油曲种 C300129，烹饪用小苏打 C300130，烹饪用碱 C300131，烹饪用酶 C300135

3018 食用香精，香料

食用芳香剂 300011，食品用香料（含醚香料和香精油除外）300048，除香精油外的蛋糕用调味品

300070，制糖果用薄荷 300097，香兰素（香草代用品）300131，除香精油外的食物用调味品 300140，除香精油外的饮料用调味品 300141

※ 葡萄酒提味用烤制的天然碎木片 C300136

注：1. 除香精油外的饮料用调味品与第十一版及以前版本 3203 饮料香精交叉检索；
2. 跨类似群保护商品：除香精油外的蛋糕用调味品（3016，3018），除香精油外的食物调味品（3016，3018），除香精油外的饮料用调味品（3016，3018）。

3019 单一商品

搅稠奶油制剂 300045

家用嫩肉剂 300135

食用预制谷蛋白 300078，烹饪用谷蛋白添加剂 300216

注：本类似群为单一商品，各自然段间互不类似。

第三十一类

未加工的农业、水产养殖业、园艺、林业产品；未加工的谷物和种子；新鲜水果和蔬菜，新鲜芳香草本植物；草木和花卉；种植用球茎、幼苗和种子；活动物；动物的饮食；麦芽。

【注释】

第三十一类主要包括没有经过任何为了食用目的处理的田地产物和海产品，活动物和植物，以及动物饲料。

本类尤其包括：

——未加工的谷物；

——新鲜的水果和蔬菜，包括经过清洗或打蜡处理的；

——植物残体；

——未加工的藻类；

——未切锯木材；

——待孵蛋；

——新鲜蘑菇和块菌；

——动物用便溺垫物，例如：香砂，宠物用砂纸。

本类尤其不包括：

——微生物培养物和医用水蛭（第五类）；

——动物用膳食补充剂和含药物的饲料（第五类）；

——半成品木材（第十九类）；

——人造鱼饵（第二十八类）；

——米（第三十类）；

——烟草（第三十四类）。

3101 未加工的林业产品

树木310008，圣诞树*310009，树干310010，灌木310011，未切锯木材310017，制木浆的木片310018，未加工木材310019，植物310071，籽苗310072，未加工软木310078，棕榈叶（棕榈树叶）310100，棕榈树310101，未加工树皮310139

※ 树苗 C310028

注：跨类似群保护商品：植物（3101，3103），籽苗（3101，3103）。

3102 未加工的谷物及农产品（不包括蔬菜，种子）

燕麦 310012，未加工可可豆 310020，小麦 310061，谷（谷类）310066，玉米 310082，大麦 *310095，黑麦 310118，未加工的食用芝麻 310120，未加工稻谷 310144，未加工的食用亚麻籽 310160，未加工的甜玉米棒（剥皮的或未剥皮的）310164，未加工藜麦 310165，未加工荞麦 310166

3103 花卉，草本植物

啤酒花果穗 310038，蛇麻球果 310038，自然花制花环 310044，草制覆盖物 310046，自然花 310055，装饰用干花 310056，花粉（原材料）310057，干草 310058，自然草皮 310063，新鲜的园艺草本植物 310070，植物 310071，籽苗 310072，啤酒花（蛇麻子）310073，球茎 310091，花卉球茎 310091，荨麻 310096，藤本植物 310104，辣椒（植物）310106，装饰用干植物 310107，蔷薇丛 310117，芦荟（植物）310148

注：1. 花粉（原材料）与 2904 食用花粉类似；
2. 跨类似群保护商品：植物（3101，3103），籽苗（3101，3103）。

3104 活动物

供展览用动物 310005，活动物 310006，贝壳类动物（活的）310041，孵化蛋（已受精）310045，鱼卵 310089，蚕种 310090，活鱼 310103，蚕 310119，活家禽 310123，小龙虾（活的）310133，甲壳动物（活的）310134，龙虾（活的）310135，贻贝（活的）310136，牡蛎（活的）310137，多刺龙虾（活的）310140，海参（活的）310145，鲱鱼（活的）310154，鲑鱼（活的）310155，沙丁鱼（活的）310156，金枪鱼（活的）310157，鳗鱼（活的）310162，可食用昆虫（活的）310163，锦鲤（活的）310167，软体动物（活的）310168

※ 蚕蛹（活的）C310002，虾（活的）C310023

3105 未加工的水果及干果

（一）新鲜柑橘 310002，未加工的坚果 310004，新鲜浆果 310013，甘蔗 310021，新鲜栗子 310027，新鲜柠檬 310032，椰子壳 310033，椰子 310034，干椰肉 310040，新鲜水果 310062，桧树果 310064，可乐果 310074，新鲜榛子 310087，新鲜橄榄 310093，新鲜桔 310094，松树球果 310105，新鲜葡萄 310115，扁桃（水果）310125，新鲜花生 310126，新鲜水果制果篮 310161

※ 鲜枣 C310003，新鲜西瓜 C310004，新鲜甜瓜 C310005，新鲜香蕉 C310006，新鲜苹果 C310007，新鲜石榴 C310008，新鲜枇杷 C310009，新鲜芒果 C310010，新鲜樱桃 C310011，新鲜荔枝 C310012，

新鲜菠萝 C310013，新鲜柚子 C310014，新鲜杨梅 C310015，新鲜猕猴桃 C310016，新鲜桃 C310017，新鲜梨 C310018，新鲜杏 C310019

（二）※ 新鲜槟榔 C310024

注：本类似群各部分之间商品不类似。

3106 新鲜蔬菜

人或动物食用的未加工海藻 310003，新鲜甜菜 310015，新鲜角豆（带荚）310022，新鲜蘑菇 310024，菊苣根 310029，新鲜菊苣 310030，新鲜黄瓜 310037，新鲜蔬菜 310042，新鲜南瓜 310043，鲜豆（带荚）310054，新鲜莴苣 310075，新鲜小扁豆（带荚）310076，新鲜洋葱 310092，新鲜韭葱 310108，新鲜豌豆（带荚）310109，新鲜土豆 310110，大黄（新鲜蔬菜）310116，新鲜块菌 310121，新鲜菠菜 310149，新鲜洋蓟 310153，新鲜蒜 310158，新鲜西葫芦 310159，食用鲜花 310170，新鲜姜 310171，新鲜黄豆（带荚）310172

※ 鲜食用菌 C310020，新鲜青蒜 C310025，食用新鲜芦荟 C310026，食用新鲜仙人掌 C310027

注：1. 大黄（新鲜蔬菜）与第十版及以前版本 3103 大黄交叉检索；
  2. 人或动物食用的未加工海藻与第十版及以前版本 3108 人或动物食用海藻交叉检索。

3107 种子

未加工谷种 310023，蘑菇繁殖菌 310025，培育植物用胚芽（种子）310065，植物种子 310068

3108 动物饲料

动物食品 310007，牲畜用盐 310014，糠 310016，油渣饼 310026，饲料饼 310026，动物饲料用氧化钙 310028，狗食用饼干 310031，鸟食 310035，牲畜用菜籽饼 310036，动物食用糠料 310039，动物食用酿酒废料 310048，渣滓（饲料）310049，饲养备料 310050，动物催肥剂 310052，家畜催肥剂 310052，米粉饲料 310053，牲畜强壮饲料 310059，牲畜饲料 310060，饲料 310060，动物食用谷类 310067，家禽食用去壳谷物 310069，动物食用酵母 310077，亚麻粉（饲料）310079，牲畜食用玉米饼 310083，果渣 310086，水果渣 310086，动物食用谷粉 310088，鸟用乌贼骨 310097，稻草（饲料）310099，家畜催肥熟饲料 310102，下蛋家禽用备料 310111，动物饲料 310112，动物食用植物根 310114，蒸馏器蒸馏后余渣 310122，动物食用豆科类种子和豆荚 310124，动物食用花生粗粉 310127，动物食用花生饼 310128，动物食用谷类加工副产品310129，动物食用谷类残余产品310129，甘蔗渣（原料）310131，鱼饵（活的）310132，宠物食品310138，动物可食用咀嚼物310141，宠物饮料310142，动物食用鱼粉310143，动物食用亚麻籽310150，动物食用亚麻籽粉310151，动物食用小麦胚芽310152，冻干鱼饵310169

3109 麦芽

酿酒麦芽310084

3110 动物栖息用干草等制品

动物栖息用干草310080，动物栖息用泥炭310081，动物垫窝用干稻草310098，宠物用砂纸（垫窝用）310146，宠物用香砂310147

第三十二类

啤酒；无酒精饮料；矿泉水和汽水；水果饮料及果汁；糖浆及其他制饮料用无酒精制剂。

【注释】

第三十二类主要包括不含酒精的饮料及啤酒。

本类尤其包括：

——无酒精饮料；

——软饮料；

——非用作牛奶替代品的米制饮料和豆制饮料；

——能量饮料，等渗饮料，富含蛋白质的运动饮料；

——制作饮料用无酒精原汁和果汁。

本类尤其不包括：

——饮料用调味品：香精油（第三类），非香精油（第三十类）；

——医用营养饮料（第五类）；

——以奶为主的奶饮料，奶昔（第二十九类）；

——牛奶替代品，例如：杏仁浆，椰浆，花生浆，米浆，豆奶（第二十九类）；

——烹饪用柠檬汁，烹调用番茄汁（第二十九类）；

——以咖啡、可可、巧克力或茶为主的饮料（第三十类）；

——宠物饮料（第三十一类）；

——酒精饮料（啤酒除外）（第三十三类）。

3201 啤酒

啤酒 320002，姜汁啤酒 320003，麦芽啤酒 320004，以啤酒为主的鸡尾酒 320052，大麦啤酒 320059，香迪啤酒 320062

制啤酒用麦芽汁 320005，制啤酒用蛇麻子汁 320021，麦芽汁（发酵后成啤酒）320025

3202 不含酒精饮料

无酒精果汁 320001，姜汁汽水 320003，无酒精果汁饮料 320006，乳清饮料 320007，制作饮料用无酒精原汁 320009，果汁 320010，水（饮料）320012，锂盐矿水 320014，矿泉水（饮料）320015，气泡水 320017，佐餐饮用水 320018，葡萄汁 320019，柠檬水 320020，蔬菜汁（饮料）320022，未发酵的葡萄汁 320026，苏打水 320028，果汁冰水（饮料）320029，番茄汁（饮料）320030，无酒精饮料 320031，加气水 320035，碳酸水 320035，菝葜（无酒精饮料）320041，无酒精的开胃酒 320042，无酒精鸡尾酒 320043，带果肉果汁饮料 320044，等渗饮料 320045，无酒精苹果酒 320047，格瓦斯 320048，以蜂蜜为主的无酒精饮料 320049，果昔 320050，无酒精芦荟饮料 320051，大豆为主的饮料（非奶替代品）320053，富含蛋白质的运动饮料 320054，米制饮料（非奶替代品）320055，咖啡味非酒精饮料 320056，茶味非酒精饮料 320057，软饮料 320058，能量饮料 320060，含有水果干的无酒精饮料 320061

※ 可乐 C320002，酸梅汤 C320003，绿豆饮料 C320004，果子粉 C320009，果子晶 C320010，蒸馏水（饮料）C320011，饮用蒸馏水 C320012，纯净水（饮料）C320013，植物饮料 C320015，豆类饮料 C320016，姜汁饮料 C320017，乌梅浓汁（不含酒精）C320018，豆汁 C320022

注：1. 乳清饮料与 2907 乳清类似；

2. 本类似群与 2907 第三、四自然段，3001 加奶可可饮料，加奶咖啡饮料，加奶巧克力饮料，咖啡饮料，可可饮料，巧克力饮料，3002 第（二）部分类似，与第十一版及以前版本 3001 含牛奶的巧克力饮料，第十版及以前版本 2907 马或骆驼乳酒（奶饮料），乳酒（牛奶饮料），3011 豆浆，豆汁交叉检索；

3. 无酒精果汁，无酒精果汁饮料，果汁，葡萄汁，柠檬水，未发酵的葡萄汁，果汁冰水（饮料），无酒精饮料，无酒精鸡尾酒，带果肉果汁饮料，酸梅汤，植物饮料，乌梅浓汁（不含酒精）等含果汁的饮料与 3013 果汁刨冰类似，与第九版及以前版本 3013 刨冰（冰），加果汁的碎冰（冰块）交叉检索；

4. 格瓦斯（无酒精饮料）与第九版及以前版本 3201 克瓦斯淡啤酒（无酒精饮料）类似。

3203 糖浆及其他供饮料用的制剂

制作饮料用无酒精配料 320008，制饮料用糖浆 320011，制作加气水用配料 320013，制作碳酸水用配料 320013，制柠檬水用糖浆 320023，杏仁糖浆 320027，起泡饮料用锭剂 320033，起泡饮料用粉 320034

注：制饮料用糖浆，杏仁糖浆，制柠檬水用糖浆与 3005 黄色糖浆类似。

第三十三类

酒精饮料（啤酒除外）；制饮料用酒精制剂。

【注释】

第三十三类主要包括酒精饮料，酒精饮料的原汁和浓缩汁。

本类尤其包括：

——葡萄酒，加烈葡萄酒；

——含酒精的苹果酒和梨酒；

——烈酒，利口酒；

——酒精饮料原汁，果酒（含酒精），苦味酒。

本类尤其不包括：

——医用饮料（第五类）；

——无酒精饮料（第三十二类）；

——啤酒（第三十二类）；

——制作酒精饮料用无酒精混合物，例如：软饮料，苏打水（第三十二类）。

3301 含酒精的饮料（啤酒除外）

薄荷酒330001，果酒（含酒精）330002，苦味酒330003，茴芹酒（利口酒）330004，茴香酒（利口酒）330005，开胃酒*330006，亚力酒330007，蒸馏饮料330008，苹果酒330009，鸡尾酒*330010，柑香酒330011，蒸煮提取物（利口酒和烈酒）330012，葡萄酒330013，杜松子酒330014，利口酒330015，蜂蜜酒330016，樱桃酒330017，烈酒（饮料）330018，白兰地330019，酸酒（低等葡萄酒）330020，梨酒330021，清酒（日本米酒）330022，威士忌330023，酒精饮料原汁330024，酒精饮料浓缩汁330025，酒精饮料（啤酒除外）330026，含水果酒精饮料330031，米酒330032，朗姆酒330033，伏特加酒330034，预先混合的酒精饮料（以啤酒为主的除外）330035，甘蔗制酒精饮料330036，谷物制蒸馏酒精饮料330037

※ 汽酒C330001，青稞酒C330003，黄酒C330004，食用酒精C330006，烧酒C330007，白酒C330008

第三十四类

烟草和烟草代用品；香烟和雪茄；电子香烟和吸烟者用口腔雾化器；烟具；火柴。

【注释】

第三十四类主要包括烟草和烟具，以及某些用于吸烟和烟具的附件和容器。

本类尤其包括：

——非医用烟草代用品；

——用于电子香烟、吸烟者用口腔雾化器的调味品（香精油除外）；

——烟用草本植物；

——鼻烟；

——某些与烟草和烟具有关的附件和容器，例如：吸烟用打火机，烟灰缸，烟草罐，鼻烟壶，雪茄保润盒。

本类尤其不包括：

——医用无烟草香烟（第五类）；

——电子香烟用电池和充电器（第九类）；

——汽车用烟灰缸（第十二类）。

3401 烟草及其制品

烟草 340003，嚼烟 340012，雪茄 340013，非医用含烟草代用品的香烟 340019，香烟 340020，小雪茄 340025，烟用草本植物 *340028，鼻烟 340033

※ 烟丝 C340001，烟末 C340002

3402 烟具

雪茄及香烟烟嘴上黄琥珀烟嘴头 340002，烟袋 340004，香烟嘴 340005，烟斗 340009，雪茄切刀 340014，雪茄烟盒 340015，香烟盒 340016，雪茄烟嘴 340017，袖珍卷烟器 340021，香烟烟嘴 340022，香烟烟嘴头 340023，烟斗通条 340026，烟斗搁架 340030，烟草罐 340032，鼻烟壶 340034，烟灰缸 340036，吸烟者用痰盂 340037，（防止烟草变干的）保润盒 340038，吸烟者用口腔雾化器 340041，水烟袋 340045

注：本类似群与第八版及以前版本1402贵重金属雪茄烟盒，贵重金属香烟盒，贵重金属雪茄烟盒（匣），贵重金属制雪茄烟盒，贵重金属制香烟盒，贵重金属制雪茄烟烟嘴，贵重金属制香烟嘴，贵重金属烟灰缸交叉检索。

3403 火柴

火柴 340001，火柴架 340031，火柴盒 340035

注：本类似群与第八版及以前版本1402贵重金属火柴盒架，贵重金属火柴盒交叉检索。

3404 吸烟用打火机

吸烟用打火机 340007，点烟器用气罐 340008，打火石 340027，吸烟打火机用火芯 340044
※ 吸烟打火机用丁烷储气筒 C340004，丁烷气（吸烟用）C340005

3405 烟纸，过滤嘴

香烟过滤嘴 340006，小本卷烟纸 340010，烟斗吸水纸 340011，卷烟纸 340024
※ 烟用过滤丝束 C340006

3406 香烟用调味品

除香精油外的烟草用调味品 340042，除香精油外的电子香烟用调味品 340043

3407 电子香烟及其部件

电子香烟 340039，电子香烟烟液 340040

注：本类似群商品与第十一版及以前版本3401电子香烟，电子香烟烟液，及其他属于本类似群的已接受商品交叉检索。

服 务

第三十五类

广告；商业经营；商业管理；办公事务。

【注释】

第三十五类主要包括由个人或组织提供的服务，其主要目的在于：
（1）对商业企业的经营或管理进行帮助；
（2）对工商企业的业务活动或者商业职能的管理进行帮助；
以及由广告部门为各种商品或服务提供的服务，旨在通过各种传播方式向公众进行广告宣传。

本类尤其包括：
——为他人将各种商品（运输除外）归类，以便顾客浏览和购买；这种服务可由零售商店、批发商店、自动售货机、邮购目录或借助电子媒介提供，例如：通过网站或电视购物节目；
——有关书面讯息和记录的登记、抄录、写作、编纂或者系统化服务，以及数学或者统计数据的汇编服务；
——广告机构的服务，以及直接或邮寄散发说明书，或者散发样品的服务；本类可能涉及有关其他服务（如银行借贷）的广告，或者无线电广告。

本类尤其不包括：
——与工商企业的经营或者管理无直接关系的估价和编写工程师报告的服务（查阅按字母顺序排列的服务分类表）。

3501 广告

张贴广告 350003，广告材料分发 350008，货物展出 350023，直接邮件广告 350024，广告材料更新 350027，样品散发 350028，广告材料出租 350035，广告宣传本的出版 350038，广告 350039，广告宣传 350039，无线电广告 350040，电视广告 350044，商业橱窗布置 350046，广告代理 350047，为广告或推销提供模特服务 350049，广告空间出租 350070，通过邮购定单进行的广告宣传 350077，计算机网络上的在线广告 350084，在通信媒体上出租广告时间 350087，为零售目的在通信媒体上展示商品 350092，广告稿的撰写 350099，广告版面设计 350101，广告片制作 350104，点击付费广告 350113，广告概念开发 350121，广告牌出租 350125，广告脚本编写 350132，制作电视购物节目 350137，广告传播策略咨询 350139，通过体育赛事赞助推广商品和服务 350141，户外广告 350152

※ 广告设计 C350001，广告策划 C350002，广告材料起草 C350007

3502 工商管理辅助业

商业管理辅助 350001，商业询价 350002，商业信息代理 350006，成本价格分析 350007，商业管理和组织咨询 350018，商业管理咨询 350020，工商管理辅助 350025，经营效率专家服务 350029，市场分析 350031，商业评估 350032，商业调查 350033，商业组织咨询 350036，商业研究 350041，公共关系 350042，商业管理顾问 350048，市场营销研究 350051，商业专业咨询 350062，经济预测 350063，组织商业或广告展览 350064，提供商业信息 350065，民意测验 350066，商业企业迁移的管理服务 350069，饭店商业管理 350078，组织商品交易会 350082，价格比较服务 350091，为消费者提供商品和服务选择方面的商业信息和建议 350093，特许经营的商业管理 350096，外包服务（商业辅助）350097，统计资料汇编 350100，为广告宣传目的组织时装表演 350103，提供商业和商务联系信息 350110，商业中介服务 350114，为第三方进行商业贸易的谈判和缔约 350116，为建筑项目进行商业项目管理服务 350118，通过网站提供商业信息 350119，为公司提供外包行政管理 350122，补偿项目的商业管理（替他人）350124，飞行常客计划管理 350128，消费者忠诚度计划管理 350131，为需要资金的企业匹配潜在投资人的商业中介服务 350136，公共关系传播策略咨询 350138，替他人进行商业合同谈判 350140，竞争情报服务 350142，市场情报服务 350143，礼物登记服务（为出售目的管理商品清单）350149，临时性商业管理 350151，关于响应招标的管理辅助 350154，媒体关系服务 350156，商业游说服务 350159，为商业或广告目的提供用户评价 350160，为商业或广告目的提供用户排名 350161，为商业或广告目的提供用户评级 350161，为商业和营销目的进行消费者分析 350164

※ 投标报价 C350003，为广告或销售组织时装展览 C350008

3503 替他人推销

进出口代理 350005，拍卖 350030，替他人推销 350071，替他人采购（替其他企业购买商品或服务）350085，市场营销 350106，电话市场营销 350107，为商品和服务的买卖双方提供在线市场 350120，定向市场营销 350150，软件出版框架下的市场营销 350155

3504 人事管理辅助业

职业介绍 350012，人事管理咨询 350019，人员招收 350068，演员的商业管理 350079，为挑选人才而进行的心理测试 350090，运动员的商业管理 350105，自由职业者的商业管理 350115

※ 表演艺术家经纪 C350005

注：1. 为挑选人才而进行的心理测试与第七版及以前版本 4203 心理测试服务交叉检索；
2. 表演艺术家经纪与第十一版及以前版本 3605 经纪交叉检索。

#3505 商业企业迁移

> 注：本类似群第十一版时删除。

3506 办公事务

复印服务 350009，办公机器和设备出租 *350013，打字 350022，速记 350043，谈话记录（办公事务）350045，计算机文档管理 350061，文秘 350072，为外出客户应接电话 350074，文字处理 350075，替他人订阅报纸 350076，将信息编入计算机数据库 350080，计算机数据库信息系统化 350081，复印机出租 350083，在计算机档案中进行数据检索（替他人）350086，报刊剪贴 350088，替他人预订电信服务 350094，对购买定单进行行政处理 350095，开发票 350098，为推销优化搜索引擎 350111，网站流量优化 350112，在计算机数据库中更新和维护数据 350117，替他人写简历 350126，为商业或广告目的编制网页索引 350127，预约安排服务（办公事务）350129，预约提醒服务（办公事务）350130，书面的讯息和数据的登记 350133，已登记信息的更新和维护 350134，为商业或广告目汇编信息索引 350135，在共享工作设施内出租办公设备 350158，电话总机应接服务 350162，医疗转诊的行政服务 350165

※ 计算机录入服务 C350006

3507 财会

会计 350015，簿记 350015，绘制账单、账目报表 350016，商业审计 350017，拟备工资单 350067，税款准备 350073，税务申报服务 350123，财务审计 350144

> 注：商业审计，税款准备，税务申报服务，财务审计与 3602 税审服务类似。

3508 单一服务

自动售货机出租 350089

寻找赞助 350102

销售展示架出租 350109

> 注：1. 本类似群为单一服务，各自然段间互不类似；
> 2. 自动售货机出租与第七版及以前版本 4227 自动售货机出租，自动售货机租赁交叉检索。

3509 药品、医疗用品零售或批发服务

药用、兽医用、卫生用制剂和医疗用品的零售服务 350108，药用、兽医用、卫生用制剂和医疗用品的批发服务 350148

（一）※ 药品零售或批发服务 C350009，药用制剂零售或批发服务 C350010，卫生制剂零售或批发服务 C350011，医疗用品零售或批发服务 C350012

（二）※ 兽药零售或批发服务 C350013，兽医用制剂零售或批发服务 C35001

注：1. 本类似群第一自然段服务与各部分服务均类似；
2. 本类似群各部分之间服务不类似。

第三十六类

保险；金融事务；货币事务；不动产事务。

──────【注释】──────

第三十六类主要包括金融业务和货币业务提供的服务以及与各种保险契约有关的服务。

本类尤其包括：

——与金融业务和货币业务有关的服务，即：

（1）银行及其有关的机构的服务，例如：外汇经纪人或清算机构；

（2）不属于银行的信贷部门的服务，例如：信贷合作社团、私人金融公司、放款人等的服务；

（3）控股公司的"投资信托"服务；

（4）股票及财产经纪人的服务；

（5）与承受信用代理人担保的货币业务有关的服务；

（6）与发行旅行支票和信用证有关的服务；

——融资租赁服务；

——不动产管理人对建筑物的服务，即出租、估价或融资服务；

——与保险有关的服务，例如：保险代理人或经纪人提供的服务，为被保险人和承保人提供的服务。

3601 保险

事故保险承保 360001，保险精算 360003，保险经纪 360010，保险承保 360012，火灾保险承保 360034，健康保险承保 360038，海上保险承保 360039，人寿保险承保 360044，保险咨询 360055，提供保险信息 360060

注：保险经纪与第十一版及以前版本 3605 经纪交叉检索。

3602 金融事务

分期付款的贷款 360002，信用社 360006，债务托收代理 360009，银行 360013，共有基金 360016，资本投资 360017，兑换货币 360019，发行旅行支票 360020，金融票据交换 360021，金融票据交换所 360021，保险库（保险箱寄存）360022，组织收款 360023，金融贷款 360024，财政估算 360025，金融评估（保险、银行、不动产）360026，保付代理服务360027，融资服务360029，金融管理360030，抵押贷款360040，银行储蓄服务360041，融资租赁360042，有价证券经纪360043，金融分析360046，支票核查360053，金融咨询360054，信用卡支付处理360056，借记卡支付处理360057，电子转账360058，提供金融信息360059，租金托收360063，发行有价证券360065，贵重物品存放360066，证券交易行情360067，发行信用卡360068，支付退休金360070，金融赞助360071，网上银行360072，贸易清算（金融）360073，修理费评估（金融评估）360103，碳信用证经纪360104，活立木的金融评估360105，羊毛的金融评估360107，公积金服务360109，股票经纪服务360110，债务咨询服务360111，为建筑项目安排资金360112，通过网站提供金融信息360113，补偿支付的金融管理（替他人）360114，基金投资360115，股票和债券经纪360116，通过使用会员卡为他人在参与机构提供折扣360117，关于响应招标的金融评估360120，石油、天然气和采矿业开发成本的金融评估360121，金融研究360122，知识产权资产的金融评估360125，为成本估算目的准备报价360126，众筹360127，电子钱包支付服务360128

※期货经纪C360001，陆地车辆赊售（融资租赁）C360003，通信设备赊售（融资租赁）C360004，税审服务C360005，与信用卡有关的调查C360006

注：1. 有价证券经纪，碳信用证经纪，股票经纪服务，股票和债券经纪，期货经纪与第十一版及以前版本3605经纪交叉检索；

2. 金融评估（保险、银行、不动产）与3604不动产估价类似；

3. 税审服务与3507商业审计，税款准备，税务申报服务，财务审计类似，与第十版及以前版本3507审计交叉检索；

4. 活立木的金融评估与第九版及以前版本3502建筑木材评估交叉检索；

5. 羊毛的金融评估与第九版及以前版本3502羊毛评估交叉检索；

6. 知识产权资产的金融评估与第十一版及以前版本4227无形资产评估交叉检索。

3603 珍品估价

古玩估价360051，艺术品估价360052，珠宝估价360061，首饰估价360061，钱币估价360062，邮票估价360064

3604 不动产事务

不动产出租360004，不动产代理360007，不动产经纪360008，不动产估价360014，不动产管理360032，公寓管理360033，公寓出租360035，农场出租360036，住所代理（公寓）360045，办公室（不动产）出租360069，共用办公室出租360119

※商品房销售C360007

注：1. 不动产估价与3602金融评估（保险、银行、不动产）类似；
   2. 不动产经纪与第十一版及以前版本3605经纪交叉检索。

3605 海关经纪

海关金融经纪服务 360011

3606 担保

担保 360018，保释担保 360118

3607 慈善募捐

募集慈善基金 360015

3608 受托管理

信托 360028，受托管理 360028

3609 典当

典当经纪 360031，典当 360108

注：典当经纪与第十一版及以前版本3605经纪交叉检索。

第三十七类

建筑服务；安装和修理服务；采矿，石油和天然气钻探。

【注释】

第三十七类主要包括建筑领域的服务，以及为恢复物品原样或保持现状而进行的不改变其物理或化学特征的修复服务。

本类尤其包括：

——建筑或拆除房屋、道路、桥梁、堤坝或通信线路的服务，以及建筑领域其他服务，例如：室内外油漆，粉刷，管道铺设，安装暖气设备，盖屋顶；

——造船；

——建筑工具、机器和设备出租，例如：推土机出租，起重机出租；

——各种修理服务，例如：修理电器、计算机硬件、家具、仪器、工具；

——各种修复服务，例如：建筑物修复，家具修复和艺术品修复；

——维修服务，旨在使物品保持原样而不改变其任何属性；

——清洁各种物品，例如：窗户、运载工具，以及洗熨衣服。

本类尤其不包括：

——货物的物理贮存（第三十九类）；

——物品或物质的转化处理服务，包括改变其主要特性的加工处理服务，例如：布料剪裁，染色，耐火处理（第四十类），金属的铸造、电镀和处理（第四十类），服装定制，服装制作，刺绣（第四十类），食物和饮料的防腐处理（第四十类）；

——计算机软件的安装、维护和更新（第四十二类），网站的创建和托管（第四十二类）；

——建筑制图和建筑学服务（第四十二类）。

3701 建设、维修信息服务

建筑施工监督 370031，提供建筑信息 370104，提供维修信息 370105，建筑咨询 370131

※ 工程进度查核 C370001

注：本类似群与第九版及以前版本 4217 建筑咨询交叉检索。

3702 建筑工程服务

铺沥青 370005，推土机出租 370013，建筑设备出租 370020，建筑 *370029，水下建筑 370030，拆除建筑物 370036，仓库建筑和修理 370041，建筑物防水 370042，挖掘机出租 370044，熔炉的安装与修理 370047，工厂建造 370052，建筑物隔热隔音 370054，砖石建筑 370059，码头防浪堤建筑 370061，管道铺设和维护 370063，用浮石磨光 370069，粉刷 370070，安装维修水管 370071，港口建造 370074，铆接 370081，清洗机出租 370090，搭脚手架 370093，砌砖 370101，铺路 370109，用砂纸打磨 370110，水下修理 370111，商业摊位及商店的建筑 370115，建筑用起重机出租 370120，盖房顶 370122，安装门窗 370128，电缆铺设 370140

※ 商品房建造 C370015

注：本类似群与第八版及以前版本 3704 屋顶修复交叉检索。

3703 开采服务

采矿 370107，采石服务 370108，钻井 370114，深层油井或气井的钻探 370133，水力压裂服务 370142

3704 建筑物装饰修理服务

清洁建筑物（内部）370009，室内装潢修理 370017，清扫烟囱 370026，招牌的油漆或修理 370040，清洁窗户 370045，贴墙纸 370064，室内装潢 370067，室内外油漆 370068，涂清漆服务 370086，清洁建筑物（外表面）370112，扫路机出租 370121，清扫街道 370124，除雪 370149

注：本类似群与第十版及以前版本 3702 扫路机出租交叉检索。

3705 供暖设备的安装与修理

锅炉清洁和修理 370011，燃烧器保养与修理 370012，加热设备安装和修理 370024

3706 机械、电器设备的安装与修理

（一）电器的安装和修理 370003，办公机器和设备的安装、保养和修理 370014，空调设备的安装和修理 370028，厨房设备安装 370035，灌溉设备的安装和修理 370053，机械安装、保养和修理 370058，冷冻设备的安装和修理 370078，计算机硬件安装、维护和修理 370116，修复磨损或部分损坏的发动机

370118，修复磨损或部分损坏的机器370119，鼓粉盒的再填充370130，防洪设备的安装和修理370148，墨盒的再填充370150

※ 卫生设备的安装和修理C370003，浴室设备的安装和修理C370004，照明设备的安装和修理C370005

（二）清除电子设备的干扰370117

（三）※ 医疗器械的安装和修理C370002

注：本类似群各部分之间服务不类似。

3707 陆地机械车辆维修

汽车保养和修理370006，运载工具加润滑油服务370049，运载工具清洗服务370055，运载工具上光服务370072，运载工具防锈处理服务370082，车辆服务站（加油和保养）370083，运载工具保养服务370085，运载工具清洁服务370087，运载工具故障修理服务370089，运载工具电池充电服务370137，电动运载工具充电服务370151

※ 车辆加油站C370006

注：跨类似群保护服务：运载工具加润滑油服务（3707，3708，3709），运载工具清洗服务（3707，3708，3709），运载工具上光服务（3707，3708，3709），运载工具防锈处理服务（3707，3708，3709），运载工具保养服务（3707，3708，3709），运载工具清洁服务（3707，3708，3709），运载工具故障修理服务（3707，3708，3709），运载工具电池充电服务（3707，3708，3709），电动运载工具充电服务（3707，3708，3709）。

3708 飞机维修

飞机保养与修理370008，运载工具加润滑油服务370049，运载工具清洗服务370055，运载工具上光服务370072，运载工具防锈处理服务370082，运载工具保养服务370085，运载工具清洁服务370087，运载工具故障修理服务370089，运载工具电池充电服务370137，电动运载工具充电服务370151

注：跨类似群保护服务：运载工具加润滑油服务（3707，3708，3709），运载工具清洗服务（3707，3708，3709），运载工具上光服务（3707，3708，3709），运载工具防锈处理服务（3707，3708，3709），运载工具保养服务（3707，3708，3709），运载工具清洁服务（3707，3708，

3709），运载工具故障修理服务（3707，3708，3709），运载工具电池充电服务（3707，3708，3709），电动运载工具充电服务（3707，3708，3709）。

3709 造船服务

造船370021，运载工具加润滑油服务370049，运载工具清洗服务370055，运载工具上光服务370072，运载工具防锈处理服务370082，运载工具保养服务370085，运载工具清洁服务370087，运载工具故障修理服务370089，运载工具电池充电服务370137，电动运载工具充电服务370151

注：跨类似群保护服务：运载工具加润滑油服务（3707，3708，3709），运载工具清洗服务（3707，3708，3709），运载工具上光服务（3707，3708，3709），运载工具防锈处理服务（3707，3708，3709），运载工具保养服务（3707，3708，3709），运载工具清洁服务（3707，3708，3709），运载工具故障修理服务（3707，3708，3709），运载工具电池充电服务（3707，3708，3709），电动运载工具充电服务（3707，3708，3709）。

3710 影视器材维修

照相器材修理370002，电影放映机的修理和维护370046

3711 钟表修理

钟表修理370051

3712 保险装置的维修

保险库的保养和修理370018，保险柜的保养和修理370027，修保险锁370125

3713 特殊处理服务

防锈370037，重新镀锡370080

注：重新镀锡与4002镀锡类似。

3714 轮胎维修服务

轮胎翻新 370077，轮胎硫化处理（修理）370113，轮胎动平衡服务 370138
※ 橡胶轮胎修补 C370016

3715 家具的修复、保养

家具保养 370001，家具修复 370060，木工服务 370132

3716 衣服、皮革的修补、保护、洗涤服务

洗烫衣服 370010，服装翻新 370022，修补衣服 370032，皮革保养、清洁和修补 370034，皮毛保养、清洁和修补 370048，清洗衣服 370050，清洗亚麻制品 370056，熨衣服 370062，亚麻制品熨烫 370079，清洗尿布 370102，干洗 370103，洗衣机出租 370135

注：皮革保养、清洁和修补，皮毛保养、清洁和修补与 4010 皮革修整，鞣革，皮革染色，裘皮染色，裘皮上光，皮毛防蛀处理，使裘皮具有缎子光泽类似。

3717 灭虫，消毒服务

消毒 370038，灭害虫（非农业、非水产养殖业、非园艺、非林业目的）370091，医疗器械的杀菌 370141，虫害防治服务（非农业、非水产养殖业、非园艺、非林业目的）370143
※ 外科设备消毒 C370014，灭鼠（非农业、非园艺、非林业目的）C370017

3718 单一服务

电梯安装和修理 370004
火警器的安装与修理 370015，防盗报警系统的安装与修理 370016
修鞋 370025
电话安装和修理 370084，手机电池充电服务 370153
磨刀 370106
气筒或泵的修理 370073
雨伞修理 370065，阳伞修理 370066
人工造雪 370123
艺术品修复 370126

乐器修复 370127，乐器调音 370139

游泳池维护 370129

排水泵出租 370134

维修电力线路 370136

洗碗机出租 370144，碗碟干燥机出租 370145

※ 手工具修理 C370008

※ 珠宝首饰修理 C370009

※ 娱乐体育设备的安装和修理 C370011

注：本类似群为单一服务，各自然段间互不类似。

第三十八类

电信服务。

【注释】

第三十八类主要包括允许至少一方与另一方通信的服务，以及用于播放和传输数据的服务。

本类尤其包括：

——数字文件和电子邮件的传送；

——提供全球计算机网络用户接入服务；

——无线电广播和电视播放；

——视频点播传输；

——提供互联网聊天室和在线论坛；

——电话和语音邮件服务；

——电话会议和视频会议服务；

本类尤其不包括：

——无线电广告（第三十五类）；

——电话市场营销服务（第三十五类）；

——通信活动中可能包含的内容或主题，例如：可下载的影像文件（第九类），通过网站提供商业信息（第三十五类），通过视频点播服务提供不可下载的电影和电视节目（第四十一类）；

——通过电信连接进行的服务，例如：可下载数字音乐的在线零售服务（第三十五类），网上银行（第三十六类）；

——广播和电视节目制作（第四十一类）；

——电信技术咨询（第四十二类）；

——在线社交网络服务（第四十五类）。

3801 进行播放无线电或电视节目的服务

无线电广播 380003，电视播放 380005，新闻社服务 380012，有线电视播放 380021，无线广播 380048

注：本类似群与 3802 卫星传送类似。

3802 通信服务

信息传送 380004，电报传送 380006，电报业务 380007，电报通信 380008，电话业务 380009，电话通信 380010，电传业务 380011，移动电话通信 380022，计算机终端通信 380023，计算机辅助信息和图像传送 380024，电子邮件传输 380025，传真发送 380026，提供电信信息 380027，寻呼（无线电、电话或其他电子通信工具）380028，信息传输设备出租 380029，光纤通信 380030，传真设备出租 380031，调制解调器出租 380032，电信设备出租 380033，电话机出租 380034，卫星传送 380035，电子公告牌服务（通信服务）380036，提供与全球计算机网络的电信连接服务 380037，电信路由节点服务 380038，电话会议服务 380039，提供全球计算机网络用户接入服务 380040，全球计算机网络访问时间出租 380041，为电话购物提供电信渠道 380042，提供互联网聊天室 380043，提供数据库接入服务 380044，语音邮件服务 380045，在线贺卡传送 380046，数字文件传送 380047，视频会议服务 380049，提供在线论坛 380050，数据流传输 380051，无线电通信 380052，视频点播传输 380053，播客视频传输 380054，智能手机出租 380055

※ 由电脑进行的电话号码簿查询 C380001

注： 1. 卫星传送与 3801 类似；

2. 提供全球计算机网络用户接入服务，提供数据库接入服务与第八版及以前版本 4220 为计算机用户间交换数据提供即时连接服务交叉检索。

第三十九类

运输；商品包装和贮藏；旅行安排。

【注释】

第三十九类主要包括通过铁路、公路、水上、空中或管道将人、动物或货物从一处运送到另一处所提供的服务和与此有关的必要服务，以及各类存储设施、仓库或其他类型的建筑物为保存或看管货物所提供的贮藏服务。

本类尤其包括：

——车站、桥梁、铁路、渡轮和其他运输设施的运营；

——出租运输用运载工具和雇用其操作人员，例如：司机和船舶、飞机的驾驶员；

——与运输、贮存和旅行有关的出租服务，例如：停车位出租，车库出租，集装箱出租；

——海上拖曳作业，卸货，港口和码头作业，营救遇险船只及其货物；

——货物的包装、灌装、打包和递送；

——自动售货机的补货和自助取款机的现金补充；

——由经纪人及旅行社提供的有关旅行或货运的信息服务，以及提供有关运输的价目、时刻表和方式的信息服务；

——为运输目的检查运载工具或货物；

——能源和电力的分配，水的分配和供应；

本类尤其不包括：

——关于旅行或运输的广告（第三十五类）；

——人或货物在运输过程中的保险服务（第三十六类）；

——保养和修理运载工具或其他用于运输人或货物的运输工具（第三十七类）；

——导游服务（第四十一类）；

——电子数据存储（第四十二类）；

——由旅行社或经纪人提供的预订旅馆房间或其他临时住宿处（第四十三类）。

3901 运输及运输前的包装服务

（一）救护车运输390006，搬运390021，观光旅游运输服务390025，卸货390026，货运390039，运送家具390047，运输390048，运送乘客390051，货物发运390060，运送旅客390063，废物的运输和贮藏390064，搬迁390065，货运经纪390072，运输经纪390073，提供运输信息390077，救护运输

390082，运输预订390083，提供交通信息390098，物流运输390101，收集可回收物品（运输）390111，通过在线应用替他人安排客运服务390117

（二）商品包装390022，商品打包390086，礼品包装390109

（三）导航390052，导航系统出租390107

注：1. 本类似群各部分之间服务不类似；
2. 卸货与3902码头装卸类似；
3. 搬迁与第十一版及以前版本3505交叉检索；
4. 货运经纪，运输经纪与第十一版及以前版本3605经纪交叉检索；
5. 运输，货运与3902第（二）部分，3903，3904空中运输，3905马车运输，3912管道运输类似；
6. 废物的运输和贮藏与3906类似；
7. 第（三）部分与第十版及以前版本3904导航，导航系统出租交叉检索；
8. 运送乘客，运送旅客与3902第（二）部分船运货物以外的服务，3903汽车运输，公共汽车运输，铁路运输，出租车运输，有轨电车运输，3904空中运输类似。

3902 水上运输及相关服务

（一）运载工具故障牵引服务390007，船只出租390012，破冰390013，拖运390014，船只营救390015，驳船服务390016，船舶经纪390023，拖曳390054，船只打捞390055，海上救助390057，船只存放390071，水下营救390085，码头装卸390093

（二）游艇运输390011，渡船运输390036，河运390037，船运货物390038，船只运输390049，海上运输390061，驳船运输390103

注：1. 本类似群各部分之间服务不类似；
2. 船舶经纪与第十一版及以前版本3605经纪交叉检索；
3. 码头装卸与3901卸货类似；
4. 第（二）部分与3901运输，货运类似；
5. 第（二）部分船运货物以外的服务与3901运送乘客，运送旅客类似；
6. 跨类似群保护服务：运载工具故障牵引服务（3902第（一）部分，3903，3904）。

3903 陆地运输

运载工具故障牵引服务390007，汽车运输390009，公共汽车运输390010，铁路运输390018，出租车运输390058，有轨电车运输390059，装甲车运输390062，贵重物品的保护运输390106，自助取款机的现金补充390113，自动售货机的补货390115

注：1. 本类似群与3901运输，货运类似；
2. 本类似群与第九版及以前版本3901贵重物品的保护运输交叉检索；
3. 汽车运输，公共汽车运输，铁路运输，出租车运输，有轨电车运输与3901运送乘客，运送旅客类似；
4. 跨类似群保护服务：运载工具故障牵引服务（3902第（一）部分，3903，3904）。

3904 空中运输

空中运输390004，运载工具故障牵引服务390007，航空器出租390102，航空发动机出租390105，民用无人机的操控390118

注：1. 空中运输与3901货运，运输，运送乘客，运送旅客类似；
2. 跨类似群保护服务：运载工具故障牵引服务（3902第（一）部分，3903，3904）。

3905 其他运输及相关服务

（一）汽车出租390008，停车场服务390033，车库出租390040，停车位出租390042，运载工具（车辆）出租390044，铁路客车车厢出租390045，铁路货车车厢出租390046，司机服务390074，车辆行李架出租390081，赛车出租390091，客车出租390104，拖拉机出租390110，车辆共享服务390114，拼车服务390120

※ 自行车出租C390004

（二）马车运输390017，马匹出租390019

注：1. 本类似群各部分之间服务不类似；
2. 马车运输与3901运输，货运类似。

3906 货物的贮藏

货物贮存390028，贮藏390034，仓库贮存390034，仓库出租390035，冰箱出租390043，冷冻食品柜出租390043，提供关于贮藏服务的信息390076，集装箱出租390080，电子数据或文件载体的物理贮

存 390094，冰柜出租 390099，出租电酒窖 390112，行李寄存 390116

注：本类似群与 3901 废物的运输和贮藏类似。

3907 潜水工具出租

潜水钟出租 390078，潜水服出租 390079

注：本类似群与 4105 浮潜设备出租类似，与第八版及以前版本 4105 潜水贴身设备租赁，潜水设备出租交叉检索。

3908 供水电气服务

给水 390003，配水 390030，配电 390031，能源分配 390090
※ 煤气站 C390002，液化气站 C390003

3909 水闸管理服务

操作运河水闸 390032

3910 投递服务

包裹投递 390020，货物递送 390027，快递服务（信件或商品）390075，信件投递 390087，投递报纸 390088，邮购货物的递送 390089，鲜花递送 390096，邮件的邮资盖印服务 390097

注：本类似群与第十一版及以前版本 3901 第（一）部分货物递送交叉检索。

3911 旅行安排

旅行陪伴 390002，安排游艇旅行 390024，旅游交通安排 390050，旅行座位预订 390056，旅行预订 390084，为旅行提供行车路线指引 390108

注：本类似群与 4105 第（六）部分类似。

3912 单一服务

管道运输 390041

轮椅出租 390092

替他人发射卫星 390095

灌装服务 390100

注：1. 本类似群为单一服务，各自然段间互不类似；
　　2. 管道运输与3901运输，货运类似。

第四十类

材料处理；废物和垃圾的回收利用；空气净化和水处理；印刷服务；食物和饮料的防腐处理。

【注释】

第四十类主要包括对物品、有机物或无机物进行机械或化学加工、处理或者制造的服务，包括定制生产服务。

按分类的要求，只有在为他人提供的情况下，商品的制造或生产才被视为服务。

如果制造或生产不是为履行满足客户的特殊需要、要求或规格的产品订单，则一般从属于制造商交易活动中的主要商业行为或是商品。

如果物质或物品被其处理、加工或制造方交易给第三方，则一般不视为服务。

本类尤其包括：

——物品或物质的转化处理服务，以及任何改变其主要特性的加工处理服务，例如：染服装；如果在维修和保养时进行了这样的处理，也属于第四十类，例如：汽车保险杠的镀铬处理；

——在物质生产或建筑物建造过程中的材料处理服务，例如：切割、加工成形，磨光或金属镀层方面的服务；

——材料接合，例如：锡焊和焊接；

——食品加工和处理，例如：榨水果，面粉加工，食物和饮料的防腐处理，食物熏制，食物冷冻；

——根据他人的订单和规格要求定制生产产品（须明确的是：某些国家和地区的商标注册主管部门要求必须指明制造的产品），例如：汽车定制生产；

——牙科技师服务；

——缝被子，刺绣，服装定制，纺织品染色，纺织品精加工。

本类尤其不包括：

——不需要改变物品或物质基本特性的服务，例如：家具保养或修理服务（第三十七类）；

——建筑服务，例如：油漆和粉刷（第三十七类）；

——清洁服务，例如：洗熨衣服，清洁窗户，清洁建筑物内外表面（第三十七类）；

——防锈，例如：运载工具防锈处理服务（第三十七类）；

——某些定制服务，例如：汽车定制喷漆（第三十七类）；

——食物装饰，食物雕刻（第四十三类）。

4001 综合加工及提供信息服务

打磨 400001，层压 400040，研磨 400041，研磨抛光 400048，材料刨削处理 400050，材料锯切服务 400052，定做材料装配（替他人）400083，提供材料处理信息 400087，材料硫化处理 400101，喷砂处理

服务400122

※ 碾磨加工 C400006

注：1. 打磨与4002，4004，4006，4007类似；
2. 碾磨加工与4002，4008，4015药材加工类似；
3. 层压与4002，4004类似；
4. 研磨，研磨抛光，喷砂处理服务与4002，4006，4007类似；
5. 材料刨削处理，材料锯切服务与4002，4004，4006类似。

4002 金属材料处理或加工服务

磁化400004，镀银400007，锡焊400011，镀镉400013，镀铬400017，金属电镀400018，涂金400024，电镀400026，镀锡400027，铁器加工400029，铣削加工400031，镀锌400034，金属处理400042，金属回火400043，镀镍400045，镀金400085，激光划线400086，精炼400093，锅炉制造400099，金属铸造400100，配钥匙400108，焊接服务400125

注：1. 镀锡与3713重新镀锡类似；
2. 本类似群服务项目与4001打磨，碾磨加工，层压，研磨，研磨抛光，喷砂处理服务，材料刨削处理，材料锯切服务类似。

4003 纺织品化学处理或加工服务

纺织品精加工400005，织物漂白400008，布料边饰处理400010，织物定型处理400014，布料防水处理400036，织物防水处理400036，布料耐火处理400037，纺织品耐火处理400037，织物耐火处理400037，服装防皱处理400038，羊毛加工400039，织布机整经400046，染色400056，纺织品染色400057，布料化学处理400058，纺织品化学处理400058，纺织品防蛀处理400059，布料染色400060，布料预缩处理400069，布匹漂洗400120

注：本类似群与第八版及以前版本3716布匹漂洗交叉检索。

4004 木材加工服务

木器制作400009，木材砍伐和加工400067

注：本类似群与4001打磨，层压，材料刨削处理，材料锯切服务类似。

4005 纸张加工服务

纸张加工 400006，书籍装订 400049，纸张处理 400061

4006 玻璃加工服务

吹制玻璃器皿 400062，玻璃窗着色处理（表面涂层）400065，光学玻璃研磨 400088，车窗染色服务 400126

注：本类似群与 4001 打磨，研磨，研磨抛光，喷砂处理服务，材料刨削处理，材料锯切服务类似，与第九版及以前版本 4002 研磨加工，研磨抛光交叉检索。

4007 陶器加工服务

烧制陶器 400015

注：本类似群与 4001 打磨，研磨，研磨抛光，喷砂处理服务类似，与第九版及以前版本 4002 研磨加工，研磨抛光交叉检索。

4008 食物、饮料加工服务

榨水果 400032，食物熏制 400033，面粉加工 400044，食物和饮料的防腐处理 400066，油料加工 400091，食物冷冻 400117，替他人酿造啤酒 400128，定制生产面包 400129，食品和饮料的巴氏杀菌 400130，替他人酿造葡萄酒 400131，葡萄酒酿造咨询 400132

※ 茶叶加工 C400001，饲料加工 C400002

注：本类似群与 4001 碾磨加工类似，与第九版及以前版本 4002 碾磨加工交叉检索。

4009 剥制加工服务

动物标本剥制 400055，动物屠宰 400094，剥制加工 400095

4010 皮革、服装加工服务

服装制作 400012，染鞋 400016，皮革染色 400019，裘皮定型 400020，布料剪裁 400021，裘皮时装加工 400028，皮毛防蛀处理 400030，皮革修整 400047，马具（鞍具）制作 400051，服装定制 400053，鞣革 400054，刺绣 400063，皮革加工 400064，裘皮上光 400070，使裘皮具有缎子光泽 400071，裘皮染色 400072，缝被子 400092，服装修改 400098，针织机出租 400112

注：1. 皮革修整，鞣革，皮革染色，裘皮染色，裘皮上光，皮毛防蛀处理，使裘皮具有缎子光泽与 3716 皮革保养、清洁和修补，皮毛保养、清洁和修补类似，与第十版及以前版本 3716 皮革保养、清洗和修补，皮毛保养、清洗和修补交叉检索；
2. 本类似群与第七版及以前版本 4227 针织机出租交叉检索。

4011 影像加工处理服务

电影胶片冲洗 400002，图样印刷 400022，照相底片冲洗 400023，照片冲印 400089，照相凹版印刷 400090，分色 400107，平版印刷 400110，印刷 400111，胶印 400113，照相排版 400114，丝网印刷 400115

注：本类似群与第七版及以前版本 4215 交叉检索。

4012 污物处理服务

废物和垃圾的回收利用 400068，废物处理（变形）400097，废物和垃圾的销毁 400105，废物和垃圾的焚化 400106，净化有害材料 400109，废物和可回收材料的分类（变形）400116，废物再生 400124

注：本类似群与第七版及以前版本 4225 交叉检索。

4013 空气调节服务

空气净化 400003，空气除臭 400081，空气清新 400082，空调设备出租 400118，空间供暖设备出租 400119

注：本类似群与第八版及以前版本 3705 取暖设施出租，3706 空调设备出租交叉检索。

4014 水处理服务

水处理 400025

4015 单一服务

艺术品装框 400084

雕刻 400035

牙科技师服务 400102

能源生产 400103

发电机出租 400104

超低温冷冻服务（生命科学）400121

锅炉出租 400123

替他人定制 3D 打印 400127

※ 药材加工 C400003

※ 燃料加工 C400004

※ 化学试剂加工和处理 C400005

注：1. 本类似群为单一服务，各自然段间互不类似；

2. 药材加工与 4001 碾磨加工类似，与第九版及以前版本 4002 碾磨加工交叉检索。

第四十一类

教育；提供培训；娱乐；文体活动。

【注释】

第四十一类主要包括由个人或团体提供的人或动物智力开发方面的服务，以及用于娱乐或消遣时的服务。

本类尤其包括：
——有关人员教育或动物训练的各种形式的服务；
——旨在人们娱乐、消遣或文娱活动的服务；
——为文化和教育目的向公众展示可视艺术作品或文学作品。

4101 教育

学校（教育）410002，函授课程410011，体育教育410012，教学410017，教育410017，培训410017，提供教育信息410048，教育考核410049，幼儿园410058，实际培训（示范）410061，寄宿学校教育服务410075，宗教教育410080，就业指导（教育或培训顾问）410102，辅导（培训）410189，职业再培训410195，学校教育服务410199，家教服务410202，通过模拟装置进行的培训服务410207，茶道训练（茶艺训练）410210，传授技术（培训）410218，为用户进行无人机驾驶资格的教育考核410221

注：1. 幼儿园与4304类似，与第七版及以前版本4221日间托儿所（看孩子）交叉检索；
2. 就业指导（教育或培训顾问）与第七版及以前版本4227职业指导交叉检索。

4102 组织和安排教育、文化、娱乐等活动

组织教育或娱乐竞赛410010，安排和组织学术讨论会410044，安排和组织会议410045，安排和组织大会410046，组织文化或教育展览410051，组织体育比赛410059，安排和组织专家讨论会410070，安排和组织专题研讨会410072，安排和组织培训班410076，安排选美竞赛410077，组织舞会410082，组织表演（演出）410083，安排和组织音乐会410185，为娱乐目的组织时装表演410188，安排和组织现场教育论坛410203，组织角色扮演娱乐活动410215

※ 为娱乐组织时装展览C410003

4103 图书馆服务

出借书籍的图书馆 410023，流动图书馆 410041

4104 出版服务

（一）文字出版（广告宣传文本除外）410016，书籍出版 410024，电子书籍和杂志的在线出版 410091，电子桌面排版 410092，提供不可下载的在线电子出版物 410099，除广告以外的版面设计 410187

（二）※ 录像带发行 C410001

> **注**：1. 本类似群各部分之间服务不类似；
> 2. 录像带发行与 4105 电影发行类似，与第十一版及以前版本 4105 电影胶片的分配（发行）交叉检索。

4105 文娱、体育活动的服务

（一）电影摄影设备出租 410006，电影摄影棚服务 410008，演出用布景出租 410013，无线电文娱节目 410015，唱片出租 410018，电影胶片出租 410019，除广告片外的影片制作 410020，收音机和电视机出租 410025，广播和电视节目制作 410026，戏剧制作 410029，演出制作 410030，电视文娱节目 410031，舞台布景出租 410032，电影放映 410057，录音棚服务 410063，录像机出租 410068，录像带出租 410069，配音 410079，音响设备出租 410085，剧院或电视演播室用灯光设备出租 410086，摄像机出租 410088，非广告剧本的编写 410089，录像带剪辑 410090，配字幕 410093，作曲 410097，摄影报道 410100，摄影 410101，新闻记者服务 410103，翻译 410104，手语翻译 410105，录像带录制 410106，微缩摄影 410182，文稿撰写 *410184，书法服务 410186，口译服务 410192，音乐制作 410196，提供不可下载的在线音乐 410200，提供不可下载的在线视频 410201，歌曲创作 410204，剧本编写 410205，通过视频点播服务提供不可下载的电影 410208，通过视频点播服务提供不可下载的电视节目 410209，艺术品出租 410212，电影发行 410217，为活动提供音响工程服务 410222，为活动提供视频编辑服务 410223，为活动提供灯光师服务 410224，除广告片外的影片导演 410225

※ 译制 C410002，电影外语配音 C410005，诙谐诗创作 C410006，出租电子书阅读器 C410007

（二）游乐园服务 410003，娱乐服务 410004，演出 410007，马戏表演 410009，提供娱乐设施 410014，综艺表演 410027，管弦乐团 410028，俱乐部服务（娱乐或教育）410043，迪斯科舞厅 410047，提供娱乐信息 410050，假日野营娱乐服务 410055，现场表演 410056，筹划聚会（娱乐）410060，提供关于消遣活动的信息 410064，演出座位预订 410078，游戏厅服务 410084，通过计算机网络在线提供的游戏服务 410094，提供卡拉OK服务 410095，夜总会娱乐服务 410098，票务代理服务（娱乐）410183，音乐主持服务410191，为娱乐或文化目的提供用户评价410226，为娱乐或文化目的提供用户排名410227，为娱乐或文化目的提供用户评级410227，脸部彩绘410230

※ 棋牌室服务C410008

（三）体操训练410021，提供体育设施410035，提供高尔夫球设施410053，健身俱乐部（健身和体能训练）410054，浮潜设备出租410065，体育设备出租（车辆除外）410066，体育场设施出租410067，体育野营服务410071，体育比赛计时410073，网球场出租410087，运动场出租410190，私人健身教练服务410193，健身指导课程410194，合气道训练410211，柔道训练410220，训练模拟器出租410228，为训练目的提供体能评估服务410229

（四）玩具出租410197

（五）游戏器具出租410198

（六）导游服务410206，登山向导服务410214

（七）提供博物馆设施（表演、展览）410062

※ 公园C410009，植物园C410010，植物展览C410011，天文馆服务C410012，画展服务C410013，艺术展览C410014

注：1. 本类似群各部分之间服务不类似；
2. 第（一）部分与第七版及以前版本4222交叉检索；
3. 第（一）部分与第七版及以前版本4223交叉检索；
4. 第（一）部分与第七版及以前版本4219交叉检索；
5. 电影发行与4104录像带发行类似；
6. 浮潜设备出租与3907类似，与第八版及以前版本4105第（三）部分潜水贴身设备租赁，潜水设备出租交叉检索；
7. 剧院或电视演播室用灯光设备出租与4306照明设备出租类似；
8. 第（六）部分与3911类似；
9. 第（一）部分与第十一版及以前版本第（二）部分书法服务交叉检索；
10. 第（七）部分与第十一版及以前版本第（三）部分提供博物馆设施（表演、展览）交叉检索。

4106 驯兽

动物训练410005，动物园服务410033

4107 单一服务

为艺术家提供模特服务 410036

组织彩票发行 410081

室内水族池出租 410213

注：1. 本类似群为单一服务，各自然段间互不类似；
    2. 组织彩票发行与第六版及以前版本 3602 经营彩票交叉检索。

第四十二类

科学技术服务和与之相关的研究与设计服务；工业分析、工业研究和工业品外观设计服务；质量控制和质量认证服务；计算机硬件与软件的设计与开发。

【注释】

第四十二类主要包括由人提供的涉及复杂活动领域的理论和实践服务，例如：科学实验室服务，工程学，计算机编程，建筑学服务或室内设计。

本类尤其包括：

——保护计算机数据、个人和金融信息安全的计算机服务及技术服务，以及监测未经授权接入数据和信息，例如：计算机病毒的防护服务，数据加密服务，为侦测网络身份盗用而进行的个人身份信息电子监控；

——软件即服务（SaaS），平台即服务（PaaS）；

——为医务目的所做的科学研究服务；

——建筑学和城市规划服务；

——某些设计服务，例如：工业品外观设计，计算机软件与计算机系统设计，室内设计，包装设计，平面美术设计，服装设计；

——测量；

——石油、天然气、矿产勘测服务。

本类尤其不包括：

——某些研究服务，例如：商业研究（第三十五类），市场营销研究（第三十五类），金融研究（第三十六类），宗谱研究（第四十五类），法律研究（第四十五类）；

——商业审计（第三十五类）；

——计算机文档管理服务（第三十五类）；

——金融评估服务（第三十六类）；

——采矿，石油和天然气钻探（第三十七类）；

——计算机硬件安装、维护和修理（第三十七类）；

——音响工程服务（第四十一类）；

——某些设计服务，例如：园林景观设计（第四十四类）；

——医疗和兽医服务（第四十四类）；

——法律服务（第四十五类）。

#4201 提供饮食供应，临时住宿服务

注：本类似群第八版时移入 4301 类似群。

#4202 提供房屋设施的服务

注：本类似群第八版时移入 4302 类似群。

#4203 医疗、社会福利服务

注：本类似群第八版时拆分移入 4303、4401 类似群。

#4204 卫生、美容服务

注：本类似群第八版时移入 4402 类似群。

#4205 兽医服务

注：本类似群第八版时拆分移入 4305、4403 类似群。

#4206 农业服务

注：本类似群八版时移入 4404 类似群。

#4207 法律服务

注：本类似群第九版时移入 4506 类似群。

#4208 安全服务

> 注：本类似群第八版时移入4501类似群。

4209 提供科学技术研究服务

（一）技术研究 420040，技术项目研究 420061，工程学 420064，物理研究 420096，机械研究 420101，替他人研究和开发新产品 420161，城市规划 420192，节能领域的咨询 420207，环境保护领域的研究 420208，提供关于碳抵消的科学信息、建议和咨询 420212，水质分析 420216，科学实验室服务 420217，能源审计 420218，科学研究 420222，电信技术咨询 420233，撰写科技文稿 420236，自然灾害领域的科学和技术研究 420251，关于专利地图的科学和技术研究 420253，电信技术领域的研究 420255，焊接领域的研究 420256

※ 工程绘图 C420015

（二）质量控制 420157，活立木的质量评估 420213，羊毛质量评估 420214

※ 质量检测 C420006，质量评估 C420007，质量体系认证 C420008

> 注：1. 本类似群各部分之间服务不类似；
> 2. 第（一）部分与第十版及以前版本4214物理研究，机械研究交叉检索；
> 3. 工程绘图与4217建筑制图类似；
> 4. 质量检测与4214材料测试类似；
> 5. 技术研究，技术项目研究，科学研究与4210地质研究，4211化学研究，化妆品研究，4212细菌学研究，生物学研究、医学研究类似；
> 6. 科学实验室服务与4212医学实验室服务类似。

4210 提供地质调查、研究、开发服务

油田开采分析 420008，油井测试 420042，地质勘测 420062，油田勘测 420063，土地测量 420079，石油勘探 420095，地质勘探 420118，地质研究 420119，校准（测量）420136，水下勘探 420167，测量 420193，石油、天然气和矿业领域的勘探服务 420252

> 注：地质研究与4209技术研究，技术项目研究，科学研究类似。

4211 提供化学研究服务

化学分析 420007，化学服务 420030，化学研究 420031，化妆品研究 420045

注：化学研究，化妆品研究与 4209 技术研究，技术项目研究，科学研究类似。

4212 提供生物学、医学研究服务

细菌学研究 420017，生物学研究 420190，临床试验 420224，医学研究 420257
※ 医学实验室服务 C420015

注：1. 细菌学研究，生物学研究、医学研究与 4209 技术研究，技术项目研究，科学研究类似；
2. 本类似群与第十一版及以前版本 4209 已接受服务医学研究交叉检索；
3. 医学实验室服务与 4209 科学实验室服务类似。

4213 提供气象情报服务

气象信息 420076，气象预报 420234

4214 提供测试服务

材料测试 420058，纺织品测试 420109，车辆性能检测 420195

注：材料测试与 4209 质量检测类似。

#4215 印刷业

注：本类似群第八版时移入 4011 类似群。

4216 外观设计服务

工业品外观设计 420049，包装设计 420050，造型（工业品外观设计）420165

4217 建筑物的设计、咨询服务

建筑学服务 420011，建筑学咨询 420036，建筑制图 420038，室内装饰设计 420048，室内设计 420237，建筑领域的研究 420254

※ 建设项目的开发 C420013

注：建筑制图与 4209 工程绘图类似。

4218 服装设计服务

服装设计 420142

注：夜礼服出租，衣服出租，服装租赁，制服出租第八版时移入 4503 类似群。

#4219 提供语言文字服务

注：本类似群第八版时移入 4105 类似群。

4220 计算机编程及相关服务

计算机出租 420083，计算机编程 420090，计算机软件设计 420139，计算机软件更新 420140，计算机硬件设计和开发咨询 420141，计算机软件出租 420159，恢复计算机数据 420175，计算机软件维护 420176，计算机系统分析 420177，计算机系统设计 420194，计算机程序复制 420197，把有形的数据或文件转换成电子媒体 420198，替他人创建和维护网站 420199，托管计算机站（网站）420200，计算机软件安装 420201，计算机程序和数据的数据转换（非有形转换）420203，计算机软件咨询 420204，网络服务器出租 420205，计算机病毒的防护服务 420206，提供互联网搜索引擎 420209，文档数字化（扫描）420210，计算机系统远程监控 420215，网站设计咨询 420219，软件即服务（SaaS）420220，信息技术咨询服务 420221，服务器托管 420223，远程数据备份 420225，电子数据存储 420226，通过网站提供计算机技术和编程信息 420227，云计算 420229，外包商提供的信息技术服务 420230，计算机技术咨询 420232，计算机安全咨询 420235，手机解锁 420238，为检测故障监控计算机系统 420239，为他人创建和设计网络信息索引（信息技术服务）420240，互联网安全咨询 420241，数据安全咨询 420242，数据加密服务 420243，为侦测非授权访问和数据外泄而进行的计算机系统监控 420244，为侦测网络身份盗用而进行的个人身份信息电子监控 420245，为侦测网络诈骗而进行的信用卡活动电子监控 420246，软件出版

框架下的软件开发 420247，平台即服务（PaaS）420248，计算机平台的开发 420249，通过技术手段为电子商务交易进行用户认证服务 420260，通过单点登录技术为在线应用软件进行用户认证服务 420261

#4221 提供人员服务

注：本类似群第八版时拆分移入 4304、4502 类似群。

#4222 提供照相、录像服务

注：本类似群第八版时移入 4105 类似群。

#4223 新闻记者服务

注：本类似群第八版时移入 4105 类似群。

4224 提供艺术品鉴定服务

艺术品鉴定 420132

#4225 物品清仓服务

注：本类似群第八版时移入 4012 类似群。

#4226 殡仪服务

注：本类似群第八版时移入 4404、4504 类似群。

4227 单一服务

平面美术设计 420144，名片设计 420250，广告宣传材料的平面设计 420258

（人工降雨时）云的催化 420202

笔迹分析（笔迹学）420211

地图绘制服务 420228

能耗记录表出租 420259

※ 替他人称量货物 C420012

注：本类似群为单一服务，各自然段间互不类似。

第四十三类

提供食物和饮料服务；临时住宿。

【注释】

第四十三类主要包括由个人或机构为消费者提供食物和饮料的服务，以及为使在宾馆、寄宿处或其他提供临时住宿的机构得到床位和寄宿所提供的服务。

本类尤其包括：
——为旅游者提供住宿预订服务，尤其是通过旅行社或经纪人提供的服务；
——为动物提供膳食。

本类尤其不包括：
——出租可永久使用的住房、公寓等不动产（第三十六类）；
——由旅行社提供的旅行服务（第三十九类）；
——食物和饮料的防腐处理服务（第四十类）；
——迪斯科舞厅服务（第四十一类）；
——寄宿学校（第四十一类）；
——疗养院（第四十四类）。

4301 提供餐饮，住宿服务

住所代理（旅馆、供膳寄宿处）430004，备办宴席 430010，咖啡馆 430024，自助餐厅 430025，餐厅 430027，临时住宿处出租 430028，寄宿处 430066，饭店 430073，餐馆 430102，寄宿处预订 430104，旅馆预订 430105，自助餐馆 430107，快餐馆 430108，酒吧服务 430138，假日野营住宿服务 430145，预订临时住所 430162，汽车旅馆 430183，食物雕刻 430193，临时住宿的接待服务（抵达及离开的管理）430194，日式料理餐厅 430195，供应乌冬面和荞麦面的餐馆 430196，食物装饰 430197，蛋糕裱花 430198，关于膳食制备的信息和咨询 430199，私人厨师服务 430200

※ 流动饮食供应 C430002，茶馆 C430003

注：本类似群与第七版及以前版本 4201 交叉检索。

4302 提供房屋设施的服务

提供野营场地设施 430026，旅游房屋出租 430071，活动房屋出租 *430160，会议室出租 430187，帐篷出租 430189，水烟休息室服务 430201

注：本类似群与第七版及以前版本 4202 交叉检索。

4303 养老院

养老院 430013

注：本类似群与4401第（二）部分类似，与第七版及以前版本4203养老院，疗养院（非医疗），疗养院，休养所，疗养院（诊所或小型私人医院），济贫院交叉检索。

4304 托儿服务

日间托儿所（看孩子）430098

注：本类似群与4101幼儿园类似，与第七版及以前版本4221日间托儿所（看孩子）交叉检索。

4305 为动物提供食宿

动物寄养 430134

注：本类似群与4403动物养殖，水产养殖服务类似，与第十版及以前版本4403动物饲养，宠物饲养，第七版及以前版本4205动物寄养，动物饲养，宠物饲养，动物喂养，为动物提供膳食，爱畜饲养交叉检索。

4306 单一服务

（一）出租椅子、桌子、桌布和玻璃器皿 430186
※ 餐具出租 C430004，家具出租 C430005

（二）烹饪设备出租 430190
※ 家用电烤面包片机出租 C430006，家用微波炉出租 C430007

（三）饮水机出租 430191
※ 饮料分配机出租 C430008

（四）照明设备出租 *430192
※ 被子出租 C430009，地毯出租 C430010
※ 厨房操作台出租 C430011，厨房洗涤槽出租 C430012

注：1.本类似群各部分之间服务不类似；

2. 本类似群第（四）部分为单一服务，各自然段间互不类似；

3. 第（一）部分与第七版及以前版本4227出租椅子、桌子、桌布和玻璃器皿交叉检索；

4. 第（四）部分第一自然段与4105剧院或电视演播室用灯光设备出租类似。

第四十四类

医疗服务；兽医服务；人或动物的卫生和美容服务；农业、水产养殖、园艺和林业服务。

【注释】

第四十四类主要包括由个人或机构向人或动物提供的医疗（包括替代疗法）、卫生和美容服务，以及与农业、水产养殖、园艺和林业领域相关的服务。

本类尤其包括：

——医院；

——远程医疗服务；

——牙科，验光和心理健康服务；

——医疗诊所服务和由医学实验室提供的、用于诊断和治疗的医学分析服务，例如：X光检查和取血样；

——治疗服务，例如：理疗和语言障碍治疗；

——配药咨询和药剂师配药服务；

——血库和人体组织库服务；

——康复中心和疗养院服务；

——饮食营养建议；

——矿泉疗养；

——人工授精和体外授精服务；

——动物养殖；

——动物清洁；

——人体穿孔和文身；

——与园艺有关的服务，例如：植物养护，园林景观设计，庭院风景布置，草坪修整；

——与花卉艺术有关的服务，例如：插花，花环制作；

——除草，虫害防治服务（为农业、水产养殖业、园艺或林业目的）。

本类尤其不包括：

——虫害防治（为农业、水产养殖业、园艺和林业目的除外）（第三十七类）；

——灌溉设备的安装和修理服务（第三十七类）；

——救护运输（第三十九类）；

——动物屠宰及其标本制作（第四十类）；

——树木砍伐和加工（第四十类）；

——动物驯养（第四十一类）；

——为体育锻炼目的而设的健康俱乐部（第四十一类）；

——医学科学研究服务（第四十二类）；

——为动物提供膳食（第四十三类）；

——养老院（第四十三类）；

——殡仪（第四十五类）。

4401 医疗服务

（一）医疗诊所服务 440021，医疗按摩 440032，医院 440059，医疗保健 440060，医疗辅助 440087，理疗 440097，牙科 440113，血库 440133，接生 440152，医疗护理 440153，配药咨询 440154，整形外科 440156，头发移植 440180，心理专家服务 440185，芳香疗法服务 440193，人工授精 440194，物质滥用病人的康复 440195，体外授精 440196，远程医学服务 440198，药剂师配药服务 440204，治疗服务 440205，医疗设备出租 440208，保健站 440209，替代疗法服务 440210，语言障碍治疗 440211，健康咨询 440212，牙齿正畸服务 440214，为残障人士提供医疗咨询 440215，姑息治疗 440218，人体组织库 440221，动物辅助疗法 440224，医学实验室为诊断和治疗目的提供的医学分析服务 440225，医学筛检 440226，上门护理 440229

（二）康复中心 440043，休养所 440106，护理院 440114，老年人护理中心 440147，疗养院 440219

（三）※饮食营养指导 C440001

注：1. 本类似群各部分之间服务不类似；
2. 各部分与第七版及以前版本 4203 相对应的各自然段分别交叉检索；
3. 医疗按摩与 4402 按摩类似；
4. 第（一）部分与第七版及以前版本 4204 按摩（医疗）交叉检索；
5. 第（二）部分与 4303 类似。

4402 卫生、美容服务

公共卫生浴 440018，蒸汽浴 440019，美容服务 440020，理发 440034，按摩 440086，修指甲 440151，文身 440197，桑拿浴服务 440200，日光浴服务 440201，矿泉疗养 440202，化妆师服务 440203，打蜡脱毛 440213，人体穿孔 440216，头发造型器具出租 440230

注：1. 本类似群与第七版及以前版本 4204 交叉检索；
2. 按摩与 4401 医疗按摩类似。

4403 为动物提供服务

动物养殖 440009，兽医辅助 440111，动物清洁 440131，宠物清洁 440173，水产养殖服务 440207，蜂箱出租 440223

※ 人工授精（替动物）C440002，体外授精（替动物）C440003

注：1. 本类似群与第七版及以前版本 4205 交叉检索；
2. 动物养殖，水产养殖服务与 4305 类似。

4404 农业、园艺服务

庭院风景布置 440012，花环制作 440037，园艺学 440072，园艺 440077，农场设备出租 440084，植物养护 440094，空中和地面化肥及其他农用化学品的喷洒 440115，花卉摆放 440143，草坪修整 440148，树木修剪 440166，灭害虫（为农业、水产养殖业、园艺或林业目的）440168，除草 440171，园林景观设计 440199，为碳抵消目的植树 440206，再造林服务 440217，虫害防治服务（为农业、水产养殖业、园艺或林业目的）440220，为园艺维护出租动物 440222，葡萄栽培服务 440227，葡萄栽培咨询 440228，植物栽培 440231

※ 灭鼠（为农业、园艺或林业目的）C440004

注：1. 本类似群与第七版及以前版本 4206 交叉检索；
2. 花环制作与第七版及以前版本 4226 花圈制作交叉检索；
3. 灭鼠（为农业、园艺或林业目的）与第十一版及以前版本 3717 灭鼠交叉检索。

4405 单一服务

配镜服务 440092

卫生设备出租 440188

注：1. 本类似群为单一服务，各自然段间互不类似；
2. 配镜服务与第七版及以前版本 4227 眼镜行交叉检索；
3. 卫生设备出租与第七版及以前版本 4227 卫生设备出租交叉检索。

第四十五类

法律服务；为有形财产和个人提供实体保护的安全服务；由他人提供的为满足个人需要的私人和社会服务。

― 【注释】―

本类尤其包括：

——由律师、法律助理和私人律师为个人、组织、团体、企业提供的服务；

——与个人和有形财产的实体安全相关的调查和监视服务；

——为个人提供的与社会活动相关的服务，例如：社交护送服务，婚姻介绍所，葬礼服务。

本类尤其不包括：

——为商业运作提供直接指导的专业服务（第三十五类）；

——为处理与保险有关的金融或货币事务和服务有关的服务（第三十六类）；

——护送旅客（第三十九类）；

——安全运输（第三十九类）；

——各种个人教育服务（第四十一类）；

——歌唱演员和舞蹈演员的表演（第四十一类）；

——为保护计算机软件所提供的计算机编程服务（第四十二类）；

——计算机和互联网安全咨询及数据加密服务（第四十二类）；

——由他人为人类和动物提供的医疗、卫生或美容服务（第四十四类）；

——某些出租服务（查阅按字母顺序排列的服务分类表和一般性说明中有关服务分类的第 2 条）。

4501 安全服务

私人保镖 450001，侦探服务 450003，夜间护卫服务 450006，寻人调查 450053，警卫服务 450099，实体安全保卫咨询 450117，安全及防盗警报系统的监控 450194，行李安检 450196，个人背景调查 450199，工厂安全检查 450202，追踪被盗财产 450222，救生员服务 450243

注： 本类似群与第七版及以前版本 4208 交叉检索。

4502 提供人员服务

社交陪伴 450002，社交护送（陪伴）450002，临时照看婴孩 450195，临时看管房子 450197，临时照料宠物 450198，遛狗服务 450232

※ 家务服务 C450001

> 注：本类似群与第七版及以前版本 4221 中除日间托儿所（看孩子）外的其他服务交叉检索。

4503 提供服饰服务

晚礼服出租 450046，服装出租 450081，个人服装搭配咨询 450227，协助穿着和服 450234

> 注：本类似群与第七版及以前版本 4218 夜礼服出租，衣服出租，服装租赁，制服出租交叉检索。

4504 殡仪服务

火化服务 450047，下葬服务 450056，殡仪 450057，尸体防腐服务 450220，举行葬礼 450229

> 注：本类似群与第七版及以前版本 4226 交叉检索。

4505 单一服务

开保险锁 450033

交友服务 450005，婚姻介绍 450112，在线社交网络服务 450218

消防 450179，火警报警器出租 450203，灭火器出租 450204

组织宗教集会 450184，举行宗教仪式 450231

领养代理 450193

失物招领 450200

保险箱出租 450215

宗谱研究 450216

计划和安排婚礼服务 450217

为特殊场合释放鸽子 450219

互联网域名租赁 450233

> 注：1. 本类似群为单一服务，各自然段间互不类似；
> 2. 本类似群各自然段与第七版及以前版本 4227 各单一服务交叉检索；
> 3. 计划和安排婚礼服务与第九版及以前版本 4102 组织安排婚庆活动，婚庆主持（司仪）交叉检索；
> 4. 保险箱出租与第九版及以前版本 3602 保险箱出租交叉检索。

4506 法律服务

调解 450201，仲裁 450205，知识产权咨询 450206，版权管理 450207，知识产权许可 450208，为法律咨询目的监控知识产权 450209，法律研究 450210，诉讼服务 450211，计算机软件许可（法律服务）450212，域名注册（法律服务）450213，替代性纠纷解决服务 450214，法律文件准备服务 450221，许可的法律管理 450223，代写私人信件 450228，与合同谈判相关的法律服务（替他人）450230，关于响应招标的法律建议 450235，软件出版框架下的许可（法律服务）450236，法律监测服务 450237，关于专利地图的法律咨询 450239，司法辩护服务 450240，移民领域的法律服务 450244，合规性审计 450246，合法性审计 450247

※ 知识产权代理服务 C450002

注：本类似群与第八版及以前版本 4207 交叉检索。